A ORIGEM DA ESPÉCIE

ALBERTO MUSSA
A ORIGEM DA ESPÉCIE

o roubo do fogo e a
noção de humanidade

1ª edição

EDITORA RECORD
RIO DE JANEIRO • SÃO PAULO
2021

CIP-BRASIL. CATALOGAÇÃO NA PUBLICAÇÃO
SINDICATO NACIONAL DOS EDITORES DE LIVROS, RJ

M977o

Mussa, Alberto
A origem da espécie: o roubo do fogo e a noção de humanidade / Alberto Mussa. – 1ª ed. – Rio de Janeiro: Record, 2021.

ISBN 978-85-01-11747-2

1. Ensaio brasileiro. I. Título.

19-56964

CDD: 869.3
CDU: 82-31(81)

Vanessa Mafra Xavier Salgado – Bibliotecária – CRB-7/6644

Copyright © Alberto Mussa, 2021

Projeto gráfico de capa e miolo: Leonardo Iaccarino
Diagramação: Beatriz Carvalho
Imagem de capa: Jose A. Bernat Bacete / Getty Images

Todos os direitos reservados. Proibida a reprodução, armazenamento ou transmissão de partes deste livro, através de quaisquer meios, sem prévia autorização por escrito.

Texto revisado segundo o novo Acordo Ortográfico da Língua Portuguesa.

Direitos exclusivos desta edição reservados pela
EDITORA RECORD LTDA.
Rua Argentina, 171 – Rio de Janeiro, RJ – 20921-380 – Tel.: (21) 2585-2000.

Impresso no Brasil

ISBN 978-85-01-11747-2

Seja um leitor preferencial Record.
Cadastre-se no site www.record.com.br e receba informações sobre nossos lançamentos e nossas promoções.

Atendimento e venda direta ao leitor:
sac@record.com.br

Para o espírito de Yonne Leite.

PLANO GERAL

chave de leitura   13

preâmbulo   17

PRIMEIRA PARTE
o que nos torna humanos

1. uma notável coincidência   25
2. exercício de restauração   77
3. um mito muito realista   111
4. genes, línguas, mitos   161

SEGUNDA PARTE
mar de histórias

estrutura dos verbetes   175

5. o fogo roubado   179
6. o fogo doado   251
7. o fogo buscado   269
8. o fogo inventado   279
9. o fogo colhido   289

10. o fogo vendido   297
11. correlatos do fogo   301

APÊNDICES

etnolinguística do fogo   311
aritmética do fogo   319
genótipos do roubo do fogo   325

fontes, leituras, menções   333
biografia do autor   347

Assim, a despeito dos traços fantásticos
que distorcem muitos deles,
os mitos da origem do fogo
provavelmente contêm
um substancial elemento de verdade;
e fornecem pistas
que nos ajudam a tatear
na escuridão do passado humano,
através das inúmeras idades
que precederam a emergência da História.

Sir James George Frazer,
Myths of the origin of fire

AGRADEÇO

a **João Cezar de Castro Rocha**, que discutiu comigo o alcance estético, ou propriamente "literário", da narrativa mítica; e me estimulou a escrever este livro;

a **Carlos Fausto**, a quem devo o aprimoramento do meu primeiro capítulo, além da eliminação de um capítulo defeituoso; e

a **Eduardo Viveiros de Castro**, que me deu muitas sugestões e a segurança necessária para a aventura de publicar este ensaio.

chave
de
leitura

código dos mitos

O inventário de mitos sobre a origem do fogo foi dividido em seis categorias, com numeração independente: os do fogo roubado (que recebem "R" antes do número), os do fogo doado (D), os do fogo buscado (B), os do fogo inventado (I), os do fogo colhido (C), e os do fogo vendido (V). A sétima categoria, dos mitos correlatos, que não tratam exatamente da origem do fogo mas parecem ter com ela algum tipo de relação *subtextual*, tem "S" antes do número.

*nomenclatura dos
filos e famílias linguísticas*

classificação de Ruhlen / Glottolog	neste livro
atlântico-congo	afro-atlântico
koman	komânico
sudânico central	sudânico
indo-hitita	indo-europeu
urálico-yukaghir	urálico
caucasiano	caucásico
abkhaz-adyge	circássico
túrquico	turcaico
sumeriano	sumérico
hurriano	húrrico
coreano	coreico
chukchi-kamchatkano	beríngico
dravidiano	dravídico
sino-tibetano	tibeto-sínico
grande andamanês	andamânico
australiano	austrálico
Oyster Bay	óstrico
tasmaniano	tasmânico
esquimó-aleúte	esquimó

preâmbulo

Este livro não é nenhum tratado científico; não se prende a categorias teóricas rigorosas, como as que embasam o pensamento de filósofos, etnólogos, arqueólogos, paleontólogos, geneticistas, linguistas, matemáticos.

Escrevi um mero ensaio literário, de espírito bastante livre, sobre as múltiplas versões de um dado mito, certamente muito antigo, que poderíamos denominar "o roubo do fogo".

O roubo do fogo me fascina há cerca de três décadas, quando mergulhei pela primeira vez nas *Mitológicas* de Lévi-Strauss. Mas foi só quando enfrentei uma obra menor de Sir James Georg Frazer, *Myths of the origin of fire*, que intuí seu verdadeiro alcance: a leitura sistemática daquelas narrativas, somadas às que eu já conhecia, me propunha uma série de questões meio incômodas, relativas ao cerne da noção de humanidade.

O livro de Frazer me fez pôr em prática a arte de ler mitologia, do jeito que vi em Lévi-Strauss. As *Mitológicas* demonstram que o sentido profundo de um mito não está no que ele diz diretamente — mas sobrevém principalmente do contraste com outros mitos: de outros povos, outras línguas, outros lugares. Assim, a leitura de um mito, de um único deles, pode vir a consistir, de fato, num processo infinito.

A vontade de escrever este livro, contudo, só me veio depois de ler o tratado colossal de Michael Witzel: *The origins of the world's mythologies*. Embora tenha me identificado com seus princípios teóricos (baseados no velho e poderoso método histórico-comparativo), não concordei com o tratamento aplicado ao *corpus*, em algumas partes, nem com a interpretação de certos resultados. Não concordei, sobretudo, com o caráter secundário atribuído aos mitos sobre a origem do fogo.

O roubo do fogo (creio eu) é uma das três ou quatro histórias mais antigas que ainda se contam sobre a face da Terra. É ainda o mais antigo programa ideológico que se conhece, e que termina por estabelecer o próprio conceito de humanidade. Mas é também o mito que expõe, ou pressupõe, a vocação etnocêntrica da espécie humana — decorrente, em grande parte, da própria capacidade que dispomos de falar, de empregar uma linguagem articulada.

Mas não convém precipitar demais o que se irá dizer — ou concluir.

Pessoas próximas, amigas, com quem comentei o plano deste livro, chegaram a me desaconselhar, a pedir que eu não o publicasse — já que um tema como esse não calha bem a romancistas.

Entendo a ponderação: mitos pertencem, sobretudo, ao campo da etnologia. São ainda objeto da filosofia, da história das religiões, da sociologia, da psicologia, da psicanálise, de outros ramos do conhecimento. Foram também objeto do folclore, disciplina que saiu de moda e cedeu seu lugar à moderna mitologia comparada, cujos métodos se aproximam dos da paleolinguística, da genética e da arqueologia.

Que faz, então, um romancista, um contador de histórias como eu, no terreno do mito? Respondo: mitos são, no fim das contas, apenas mais um gênero de narrativa; embora seja, para mim, o gênero por excelência — o mais exuberante, o mais perfeito entre todos, por condensar o máximo de conteúdo com um mínimo de expressão.

Mito é uma história que se passa numa época ou era não coincidente com a da ordem cósmica atual. Pode se situar, assim, no tempo das origens, como no do episódio bíblico de Adão e Eva; ou mesmo no futuro, quando se trata da mitologia escatológica, das narrativas sobre o fim do mundo, como a do *Apocalipse*.

Daí decorre sua força: sendo anteriores ou posteriores ao presente cósmico, mitos explicam e codificam todo o pensamento cosmogônico e cosmológico do meio étnico onde operam.

Todavia, algumas dessas histórias parecem transpor essa fronteira, assumindo um valor mais amplo, mais geral, como se seu sentido profundo pudesse ser interpretado da mesma maneira por indivíduos de línguas e culturas distintas; como se todas elas, mesmo muito diferentes entre si, quisessem dizer a mesma coisa.

É o caso do roubo do fogo.

Assim, à semelhança de um filólogo que estuda e compara diversos manuscritos antigos e anônimos de um mesmo poema ou narrativa, decidi escrever o que penso — ou o que sinto — sobre o roubo do fogo.

Resta, por fim, ratificar que *A origem da espécie*, embora não seja ficção, é minha obra mais radicalmente pessoal: nenhum romance me levou tão longe nessa aventura de reconstruir, ou adivinhar, o passado.

*O menino Mogli ficou perdido na floresta
e foi criado pela alcateia dos Lobos.
Decidiu, a alcateia, que ele tinha de voltar
para a aldeia dos homens,
porque Sheri-Khan, o Tigre,
queria matá-lo.*

*Baguera, a Pantera, se incumbe da missão.
Mas Mogli se revolta
quando conhece seu destino;
e foge de Baguera.*

*Depois de muitos perigos,
Balu, o Urso, encontra Mogli.
Mas ele é raptado pela tribo dos Macacos,
que o levam para as ruínas antigas,
no alto das mais altas montanhas.*

*O rei Lu, dos Macacos, quer obter de Mogli
o segredo da Flor Vermelha.
Mas Mogli, criado pelos Lobos, responde:
"Eu não sei acender fogo."*

*Versão pessoal da história de Mogli,
da obra de Rudyard Kipling.*

PRIMEIRA PARTE

O QUE NOS TORNA HUMANOS

1.
uma notável coincidência

Em sua *Relação da província do Brasil*, de 1610, escreve o jesuíta Jácome Monteiro sobre os tupinambás da costa da Bahia: "têm clara notícia do dilúvio e praticam entre si como o mundo se alagara com perda de todos os homens, exceto um irmão e uma irmã..."

Não tratarei dos mitos do dilúvio; e, por isso, interrompo a história que ele conta para dela aproveitar um pormenor: ao dizer que os tupinambás "têm clara notícia do dilúvio", o jesuíta faz, à sua maneira, um breve exercício de mitologia comparada — tomando a versão bíblica, a da célebre Arca de Noé, como verdadeira, ou original; e a variante brasílica como falsa, ou deturpada, ainda que baseada num "fato" constante do texto sagrado, do qual devem ter tido, os índios, algum conhecimento.

Mesma reação se lê na *Cosmografia universal*, do frade André Thevet, que esteve entre os tamoios, como são chamados os tupinambás do Rio de Janeiro. Ao reproduzir a versão carioca da mesma história, faz Thevet o seguinte comentário: "Ouçam como os contos desses inocentes se aproximam das Escrituras."

Para o pensamento europeu de então, tais semelhanças comprovavam, na verdade, outro mito: o de que São Tomé estivera nas "Índias", evangelizando os pagãos. Foi o apóstolo, portanto, quem lhes deu a tal "notícia" do dilúvio. Sem a presença desse elo, sem esse transmissor, seria impossível explicar a existência de uma narrativa do dilúvio entre os tupinambás.

Mas voltemos à *Relação* do padre Jácome. Depois de concluir a história do dilúvio e mencionar outros fragmentos míticos, o jesuíta nos apresenta um mito sobre o roubo do fogo, de que faço um resumo:[1]

R 174
Os primeiros povoadores do mundo não tinham fogo. Quando morrem vários deles, os pássaros se reúnem ao redor dos cadáveres, querendo comê-los, mas sem ter

---
1. Para compreensão do código que encabeça o resumo do mito, ver a *chave de leitura*, antes do preâmbulo.

certeza de que estavam mortos. O Carcará arranha o rosto e arranca os olhos dos corpos, para testar. É quando vem a ave de rapina chamada Guaricuja, o Urubu-Rei, que é avô do Urubutinga e só come carne cozida. O Guaricuja traz uns paus e com eles faz fogo, para moquear a carne (noutra versão, para assarem os olhos). Nisso, chega ao local um rapaz, que tinha ido até lá para visitar a mãe e o tio (noutra versão, há só um morto e é o filho do morto quem chega). Vendo o que acontece, espanta os pássaros, inclusive o Guaricuja, e rouba o fogo, além de ter aprendido a feri-lo com os paus. O Jacu pega as brasas e as espalha pelo mundo, e por isso tem até hoje o pescoço vermelho (noutra versão, o fogo fica naquele tipo de pau e no papo do Jacu).

Dessa vez, Jácome Monteiro não associa o relato tupinambá a uma passagem bíblica. E a razão é simples: o *Gênesis* não tem nenhuma história sobre a origem do fogo. A primeira menção ao fogo controlado pelo homem, na mitologia hebraica, está no episódio da Torre de Babel — quando os filhos de Cam, Sem e Jafé decidem cozinhar tijolos para construir a referida torre. Esse mito tem óbvias ligações estruturais com mitos do roubo do fogo, no sentido mais puramente lévi-straussiano, de que tratarei mais tarde. Por ora, cabe constatar que, no plano superficial, no plano da *mensagem* linguisticamente enunciada, não se trata do roubo do fogo no mito da Torre de Babel.

Não sei se Jácome tinha alguma cultura clássica; ou se, tendo, não dava a ela valor heurístico. O fato é que o jesuíta não faz qualquer analogia entre o mito tupinambá e uma conhecidíssima história da mitologia grega contada por Hesíodo: a do titã Prometeu.

R 036
Com intuito de enganar o glorioso Zeus, Prometeu sacrifica um Boi e divide o animal em duas partes: carne e vísceras, cobertas com a pele; e os ossos, cobertos com gordura. E oferece a Zeus uma das porções. Zeus escolhe a segunda, deixando aos mortais a primeira. Furioso ao descobrir que ficara só com os ossos, priva os homens

de fogo (deixando de lançar raios contra os freixos). Prometeu, então, rouba o fogo e o esconde no oco de um galho de férula. Quando percebe que os homens ainda se beneficiam do fogo, Zeus pune Prometeu: preso por correntes, tem o fígado diariamente devorado por uma Águia, pois o órgão devorado cresce de novo, durante a noite. Zeus também castiga a humanidade, enviando Pandora, o "belo mal", de quem descendem as mulheres.

Embora sejam narrativas muito diferentes, os mitos grego e tupinambá têm, ao menos, um elemento em comum: a circunstância de o fogo ser roubado. Uma segunda semelhança, um pouco menos evidente, é o fato de esse fogo roubado ter origem "celeste" — já que seus primitivos donos são respectivamente uma ave e um deus que habita um monte: ou seja, estão "no alto", em relação à humanidade, beneficiária do roubo, que é terrestre.

É claro que, tomados isoladamente, tais paralelismos não impressionam. Mas, se o padre Jácome decidisse evangelizar o mundo inteiro, a partir da América do Sul, último continente povoado pelo *Homo sapiens*, até a África, que é o berço da humanidade, perceberia notáveis coincidências entre os múltiplos relatos sobre a origem do fogo.

Imaginemos, então, a missão sagrada do padre Jácome — que parte do litoral baiano para percorrer o mundo. Começando pelo interior do Brasil, ao navegar pela bacia do Xingu, o jesuíta colheria este belíssimo mito dos caiapós-gorotires:

R 185
No tempo em que os homens comiam carne crua, um homem leva Botoque, seu jovem cunhado, para pegar filhotes de Arara no alto de um rochedo. O rapaz diz que só há dois ovos. O homem manda jogá-los. Os ovos viram pedras e machucam as mãos do homem. O homem, furioso (sem saber que as Araras eram encantadas), puxa a escada. Botoque passa fome e tem que comer os próprios excrementos. Vê uma Onça passando com arco, flechas e todo tipo de caça. A Onça vê a sombra de

Botoque, tenta pegá-la, descobre Botoque no alto da pedra e procura convencê-lo a descer. Botoque tem medo, mas desce. A Onça leva Botoque nas costas para a sua aldeia, e, depois de adotá-lo como filho, dá a ele carne moqueada, num fogo que ardia num jatobá. A índia, mulher da Onça, não gosta de Botoque. E dá ao rapaz carne velha. Botoque reclama, e ela lhe arranha o rosto. Ele se refugia na floresta. A Onça dá um arco a Botoque, ensina a atirar e manda atacar a mulher, se ela agir mal. Botoque mata a madrasta. Com medo, foge, levando as armas e a carne moqueada. Chega à aldeia de noite, deita na esteira da mãe, e ela demora a reconhecê-lo; no dia seguinte, distribui a carne, e os índios decidem roubar o fogo. Chegam na aldeia da Onça, que estava fora, e roubam o fogo. A Onça passa a odiar os humanos pela traição do filho adotivo, que roubou também o segredo do arco e flecha. Do fogo, ficou a Onça com um reflexo nos olhos. E jurou só comer carne crua e caçar com os dentes.

Iria depois na direção dos Andes, onde encontraria os jívaros, na fronteira entre o Peru e o Equador, para registrar a história:

R 172
No princípio, só um homem chamado Tacquea sabia ferir fogo. Sendo inimigo de todos os outros jívaros, não dava fogo a ninguém. Nessa época, os jívaros eram pássaros e vieram voando para tentar roubar o fogo. Mas Tacquea fechava a porta em cima deles e os matava, quando tentavam entrar na sua casa. O Beija-Flor decide roubar o fogo. Molha as asas e, sem poder voar, fica caído no chão. A mulher de Tacquea o leva para casa, para tê-lo como xerimbabo. E o aproxima do fogo para secar suas asas. Ele então deixa que o fogo pegue na sua cauda e foge. Vai para uma árvore de casca seca e a árvore pega fogo. O Beija-Flor grita avisando a todos para irem pegar o fogo na árvore. Tacquea fica indignado. Os jívaros passam a ter fogo e depois aprendem a feri-lo.

E o padre Jácome entra pela América do Norte, para encontrar os creeks do Alabama e anotar o seguinte mito:

R 149
Os homens não tinham fogo. O Coelho vai buscar no levante, atravessando a grande água. Lá, é recebido com uma dança, em que todos se curvam diante do fogo sagrado. Coelho tem uma capa. Ao se curvar, rouba o fogo. Indignado por ter tocado no fogo sagrado, o povo do fogo começa a persegui-lo. Coelho corre e entra na água; os perseguidores param na praia. Coelho traz o fogo.

Indo para noroeste, continente acima, ouve o padre Jácome, na costa pacífica da América do Norte, entre o Canadá e o Alasca, essa história dos tlingits:

R 118
Como nem homens nem animais tinham fogo, o Corvo avisa que é a Coruja-das-Neves quem o guarda. Vão sucessivamente vários animais tentar pegar o fogo, mas não conseguem. Até que o Veado vai, dança em torno do fogo, que pega no seu rabo. Ele, assim, volta. E por isso tem o rabo queimado.

E nosso missionário ultrapassa o estreito de Bering, avança pela geladíssima Sibéria, nas proximidades do Ártico, onde escuta uma narrativa dos evens, cuja trama exata acaba esquecendo, anotando apenas esse esqueleto:

R 048
Fogo roubado de seu possuidor original ou retomado do personagem que o roubou antes.

Quase morto de frio, segue rumo sul, até se deparar com os mongóis buriatos, entre os quais corre o mito:

R 045
Vendo que os homens não tinham fogo, a Andorinha rouba o fogo de Tengri, divindade do céu. Este, irado com o pássaro, atira sua flecha, que não acerta o corpo mas fende seu rabo em duas metades.

Ainda na Ásia, nas montanhas da província de Yunnan, no sul da China, os hanis contam ao padre Jácome:

R 049
Os homens não tinham fogo e sofriam com frio e escuridão. Um jovem chamado Ah-Cha vai roubar o fogo de um monstro que tinha uma pérola ardente encravada na testa. Enquanto o monstro dorme, ele rouba e engole a pérola. Em casa, corta o peito com uma faca de bambu para liberar a bola de fogo, morrendo queimado.

Da China, o jesuíta embarca para visitar as ilhas do Pacífico, até alcançar o arquipélago das Marquesas, onde lhe narram:

R 076
Mauike, deusa do fogo, dos terremotos e dos vulcões, moradora do submundo, tem uma filha casada, que é avó de Maui. Maui vive com os pais na superfície e come cru enquanto os pais comem moqueado e passam a noite fora. Maui os segue. Um dia, quando os pais vão para o submundo, veem um pássaro, trepado numa árvore (que não pega fogo); jogam pedras e quando acertam veem que o pássaro é Maui. Maui segue os dois até o submundo. Mata a avó, que é a guardiã. Pede fogo várias vezes a Mauike. Ela tem fogos ruins e fogos melhores, sendo o melhor o da cabeça. Acontece como noutras versões: ela dá do pior fogo, Maui o apaga e pede mais (porque quer o da cabeça). No fim, quando a deusa se irrita, Maui corta a cabeça dela. Depois volta para a superfície e põe fogo em várias árvores, exceto naquela em que pousou quando assumiu a forma de pássaro.

Das Marquesas segue para a baía de Vitória, na longínqua Austrália, o continente isolado. Entre diversos mitos sobre a origem do fogo que ele escuta, registra o seguinte:

R 100
Em determinada montanha, moravam os Corvos, que sabiam como fazer fogo, mas guardavam o segredo só para si. Um dia, uma espécie de Cambaxirra (um atricornitídeo, o *scrubbird* dos ingleses) assiste a uma brincadeira entre os Cor-

vos, que jogam galhos incandescentes uns contra os outros. Consegue pegar um desses galhos e foge. Vendo aquilo, Falcão rouba da Cambaxirra o galho incandescente e põe fogo no país inteiro. Desde essa época, o fogo ficou disponível para os homens.

Voltando à Ásia, pelo mar, o padre Jácome para nas ilhas Andamã, onde escuta a história:

R 060
Os antepassados não tinham fogo e moravam em Wota-Emi. Bilik morava em Tol--Lokotima e um dia fez fogo quebrando o galho de uma árvore chamada perat. O Martim-Pescador pega o fogo quando Bilik dormia. Bilik acorda e vê o Martim-Pescador. Indignado, lança uma acha contra o pássaro, que fica queimado nas costas, onde hoje tem penas vermelhas. Mas ele dá o fogo aos homens. Bilik, então, vai para o céu.

Retorna, então, à terra firme, e caminha para o oeste, para atingir os altíssimos confins do Cáucaso, onde o padre Jácome encontra os abazas, que, em suas sagas, contam:

R 030
Os homens de Sosruquo o abandonam, indo embora sem ele. Mas Sosruquo os reencontra. Estão morrendo de frio. Sosruquo decide ir buscar fogo para salvá-los. Vai até uma montanha. E vê embaixo uma luz. Desce. Há um gigante ao lado do fogo. Há homens também, junto com um rebanho. Sosruquo conversa com o gigante até ele dormir. Fala com os homens, que dizem que o gigante irá matá-los, como já fez com outros. Sosruquo pega um espeto e fura os olhos do gigante. E rouba o fogo, libertando também os homens.

Da Ásia, o jesuíta volta à sua Europa, onde, passando por Le Charme, no interior da França, ouve a seguinte história:

R 032
A Cambaxirra rouba o fogo do céu e, quando vinha para a terra, suas asas pegam fogo; ela passa o fogo para o Pintarroxo, que queima o peito; o Pintarroxo passa então o fogo para a Cotovia; e a Cotovia entrega o fogo à humanidade.

Por fim, o jesuíta cruza o Mediterrâneo, alcança a África, atravessa o Saara e chega ao golfo do Benin, onde escuta, entre os jejes:

R 016
Dada-Segbo vai obter fogo para os homens. O fogo era guardado por um gigante. Ele manda primeiro o Leão roubar, enquanto o gigante dormia. O Leão rouba, mas um Pássaro dá o alarme e o gigante retoma o fogo. Depois vão o Macaco, o Elefante e vários animais. No fim, vai o Cágado, que esconde o fogo dentro do casco, e por isso consegue roubá-lo.

Padre Jácome volta a caminhar por grandes extensões de terra e entra na grande floresta equatorial para colher, entre os pigmeus mbutis, o seguinte mito:

R 007
Antigamente, os Chimpanzés eram homens. Porém, depois de conflitos com os pigmeus, foram para a floresta, levando o conhecimento de plantar bananas e do fogo. Um pigmeu começa a visitá-los até se tornar íntimo. Um dia, o pigmeu vem vestido com uma roupa de casca de árvore, com uma longa cauda. Chega ao meio-dia, quando os Chimpanzés adultos estão na plantação. Os Chimpanzés menores o põem perto do fogo e dão bananas a ele. Advertem sobre o risco de a cauda pegar fogo. Mas o pigmeu não liga e o fogo acaba pegando na cauda. Ele finge estar com dor e vai se afastando até se embrenhar na floresta, fugindo. Os Chimpanzés adultos tentam persegui-lo mas chegam tarde: na aldeia dos homens, o pigmeu já distribuiu fogo para todos. E os Chimpanzés, indignados com o roubo, desistem de plantar e de fazer fogo, passando a viver como animais.

No fim da viagem, depois de alcançar o sul do continente, resolve descansar entre os bosquímanos do deserto do Kalahari, quando faz seu último registro:

R 002
Louva-Deus percebe que no local onde Avestruz comia ficava um cheiro bom. Ele a convida para comer uns frutos deliciosos. Chegando na árvore, Louva-Deus convence Avestruz a subir cada vez mais alto, porque os frutos de cima seriam mais saborosos. Na subida, Avestruz tem que esticar a "asa", para alcançar os galhos, e daí a brasa, que ficava oculta sob as axilas, acaba caindo. Louva-Deus rouba a brasa e desde então Avestruz não levanta mais a asa, ficando incapaz de voar.

Mapa 1: 15 mitos do Padre Jácome

37

Como se vê no mapa 1, as 15 histórias do périplo mítico do padre Jácome (excluídas as versões grega e tupinambá, por serem de populações mais antigas) estão distribuídas de modo mais ou menos proporcional à extensão dos continentes colonizados pelo *Homo sapiens*, cerca de 134 milhões de quilômetros quadrados:

	milhões de km²	mitos
América do Sul:	*18*	*(2)*
América do Norte:	*24*	*(2)*
Ásia:	*44*	*(5)*
Oceânia:[2]	*8*	*(2)*
Europa:	*10*	*(1)*
África:	*30*	*(3)*

Pertencem, ainda, as 15 histórias a etnias classificadas em 15 famílias linguísticas distintas. Ou seja, de gente falante de línguas que *não compartilham uma origem comum*. Se se toma o caso indo-europeu como parâmetro, por exemplo, as famílias linguísticas teriam cerca de 5 mil anos — o que representa (em tese) um significativo isolamento.

	mitos	filos linguísticos
América do Sul:	*(2)*	*jê; jívaro*
América do Norte:	*(2)*	*muscogeano; na-dene*
Ásia:	*(5)*	*tungúsico; mongólico; tibeto-sínico; andamânico; circássico*
Oceânia:	*(2)*	*pama-nyunga; austronésio*
Europa:	*(1)*	*indo-europeu*
África:	*(3)*	*afro-atlântico; pigmeu; kx'a*

---

2. No caso específico da Oceânia, reproduzi dois mitos em função da distância entre os extremos do continente (que abarca a Polinésia).

Adotado um critério genético, em consonância com estudo clássico de Lucas Cavalli-Sforza, Paolo Menozzi e Alberto Piazza, as etnias da amostra se distribuem por todos os nove macroconjuntos populacionais do mundo.

	mitos
africanos:	*(3)*
europeus:	*(1)*
caucasiáticos:	*(1)*
orientais do norte:	*(1)*
orientais do sul:	*(2)*
orientais do nordeste ártico:	*(1)*
australianos e papuas:	*(1)*
ilhéus do Pacífico:	*(1)*
americanos:	*(4)*

Projetadas num plano diacrônico, as subdivisões internas a cada um desses nove macroconjuntos populacionais podem ter entre si distâncias bem maiores que as linguísticas, já que a genética alcança datas extremamente recuadas. Entre os africanos, por exemplo, os bosquímanos formam a população mais divergente, seguida pela dos pigmeus mbutis: todas as demais, como os jejes, estão geneticamente mais próximas entre si que dessas duas. Os andamaneses, por sua vez, constituem a população mais divergente dentre as etnias do sudeste da Ásia, como os hanis. E os quatro povos americanos da nossa amostra preenchem três das cinco primeiras subdivisões deste macroconjunto: noroeste (tlingits), norte (creeks) e sul (jívaros e caiapós). Mesmo entre os dois últimos, os do sul, a distância genética é considerável, pois os jês, onde se incluem os caiapós, estão entre os mais divergentes.

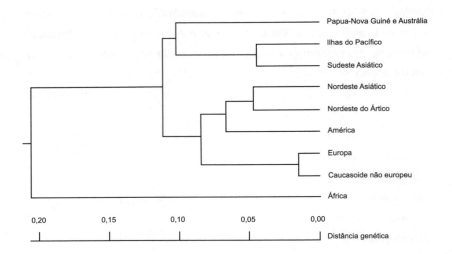

[Gráfico 1: Diagrama de Sforza sobre macrogrupos populacionais]

Assim, mesmo com base em exemplos meramente ilustrativos, é possível constatar que as 15 etnias mencionadas, superpostos os critérios genéticos, linguísticos e geográficos, estão separadas por milênios de história.

Uma questão, assim, se impõe: se não se trata de mera casualidade (como é difícil de crer e muito mais de provar), como se explica distribuição tão ampla de um mesmo argumento, desse enredo universal em que o fogo é roubado?

A arqueologia, a paleolinguística, a genética populacional — disciplinas metodologicamente afins da mitologia comparada — admitem três teorias, em casos similares: transmissão por contato; criação independente; e origem comum.

É conveniente discutir as três.

* * *

A *Sirat Antar*, ou "Vida de Ântar", é um poema épico árabe medieval, datável da época das Cruzadas, entre os séculos 11 e 13, cujas origens recuam à era pré-islâmica, já que seu protagonista é um dos mais eminentes heróis daquele tempo: o poeta-guerreiro Ântara ibn Chaddad al-Abs, autor de um dos dez *Poemas suspensos* — a coleção dos maiores poemas árabes do período pagão.

Ântara (ou Ântar) era filho de uma abissínia, escrava de seu pai, Chaddad, xeque da tribo de Abs. A história, a lenda, o mito de Ântara é um dos mais belos da cultura beduína antiga, tendo permanecido na cultura popular muçulmana, na forma de romances em verso.

Não cabe resumi-los. Quero apenas destacar a cena final da *Sirat*, quando Ântara, moribundo, depois de receber uma flechada fatal, à traição, se vê cercado por inimigos, no deserto. Ântara, então, montado no mítico garanhão al-Abjar, empunha a lança. Reconhecendo o herói, os inimigos fogem, sem perceber que ele já estava morto.

Ora, no romanceiro de El Cid, herói castelhano da Reconquista e protagonista do mais antigo poema épico espanhol, há uma cena quase idêntica à da *Sirat Antar*: quando os mouros cercam Valência, El Cid já estava morto; mas Ximena, sua esposa, manda amarrarem seu corpo ao lendário cavalo Babieca. Vendo o herói sobre o cavalo, os inimigos fogem.

Esse motivo, ou argumento — o cavaleiro morto ou moribundo que afugenta os inimigos —, não tem distribuição universal e nem mesmo regional. Nem é comum na Europa, nem no Oriente Médio. Parece pertencer apenas às tradições árabe e espanhola.

Todavia, como espanhóis e árabes estavam em contato na Península Ibérica, na época em que os poemas surgem, a hipótese imediata é a de que houve *transmissão* do argumento, de um lado a outro da fronteira (sendo irrelevante, aqui, discutir em qual sentido se deu).

Analisemos um caso similar, o de uma célebre passagem da *Ilíada*, quando os gregos simulam ter desistido do cerco e deixam nas portas de Troia um enorme cavalo de madeira. Os troianos pensam que o cavalo é uma oferenda a Posêidon, protetor da cidade; e o arrastam para dentro dos muros. Os soldados gregos, no entanto, estavam dentro do cavalo; e Troia, que resistia por suas invencíveis muralhas, é enfim derrotada.

A *Ilíada* é um texto datável do oitavo século anterior à era atual. Todavia, quinhentos anos antes, um papiro egípcio da 19ª dinastia registra a lenda ou a história da tomada de Jaffa, na Palestina. Nela, o general Tot, que sitiava a cidade sem sucesso, se vale de um traidor e do estratagema de esconder seus soldados dentro de cestos presos aos cavalos — cavalos esses que são conduzidos pelo referido traidor além dos muros.

Três mil anos depois do manuscrito egípcio, 2.500 anos depois da epopeia homérica, Antoine Galland inclui em sua tradução francesa das *Mil e uma noites* a história de Ali Babá e dos quarenta ladrões, contada por um narrador popular de Alepo, na Síria: o maronita Hanna Diyab. A certa altura da narrativa (como se lê em Galland), o chefe dos ladrões, disfarçado em mercador de azeite, pede hospedagem a Ali Babá. Nos jarros, em vez do óleo, estão escondidos os outros ladrões, que matariam o anfitrião durante a noite, se não fossem antes descobertos e mortos.

Apesar das diferenças, podemos dizer que as narrativas egípcia, grega e árabe dispõem de um mesmo argumento: o de inimigos que se escondem no interior de um objeto fechado para romper uma barreira intransponível pela força. Tal argumento cobre uma área relativamente pequena: a do mediterrâneo oriental — zona que assistiu, por milênios, desde a pré-história, a um intenso fluxo e refluxo de populações, cujos traços, hoje, estão impressos nos genes e em diversos elementos culturais comuns a vários povos.

O fenômeno da transmissão por contato é um equivalente perfeito do que em linguística se chama "difusão areal", ou seja, quando determinado grupo de línguas, inseridas numa dada área geográfica, mas não pertencentes às mesmas famílias linguísticas, compartilha certo conjunto de elementos fonéticos, morfológicos, sintáticos ou lexicais — compartilhamento esse que, em se tratando de famílias linguísticas *distintas*, não pode ser atribuído a uma origem comum imediata.

Isso se dá precisamente quando há absorção de parte de uma população por outra, ou simplesmente quando tais populações interagem de modo sistemático, transitando pelas fronteiras e mantendo um constante bilinguismo ou mesmo um plurilinguismo. Dada a intensidade desses movimentos, falantes nativos de uma determinada língua influenciam falantes de línguas vizinhas — no mesmo passo em que são influenciados por eles.

Há áreas linguísticas por todos os cantos do mundo: no Cáucaso; nos Bálcãs; no sudeste da Ásia; na Nova Guiné; no sul da África; no lado Pacífico norte da América do Norte; e na região brasileira do rio Uaupés, no estado do Amazonas.

Ora, antes de serem fixados na escrita, mitos, lendas, narrativas, epopeias só existem — fisicamente, concretamente — na memória das pessoas. Para demonstrar a transmissão por contato é necessário antes demonstrar ter havido o já mencionado fluxo e refluxo de populações.

Daí decorre uma característica marcante da transmissão por contato: a área onde ela ocorre nunca é muito extensa. Logo, sendo ampla a distribuição de um mito, a hipótese de transmissão por contato fica, na prática, descartada.

Os mitos do roubo do fogo têm uma distribuição territorial enorme, são narrados em todas as partes do globo, como podemos observar no mapa 2:

Mapa 2: Fogo roubado

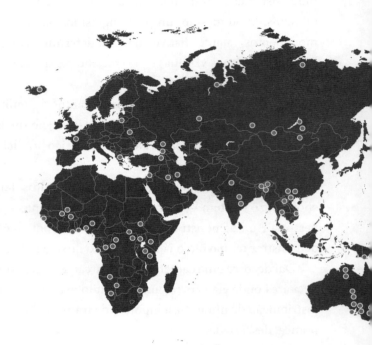

Angola	Burkina Faso	Guatemala
Argentina	Butão	Guiana
Austrália	Canadá	Guiné-Bissa
Benim	Cazaquistão	Ilhas Cook
Bolívia	China	Ilhas Salom
Brasil	Colômbia	Índia
Brasil (Amazonas)	Equador	Índia (Ilhas
Brasil (Bahia)	Estados Unidos	Indonésia
Brasil (Maranhão)	Estados Unidos (Alasca)	Indonésia (
Brasil (Mato Grosso do Sul)	Estados Unidos (Havaí)	Irã
Brasil (Mato Grosso)	Estreito de Torres (entre Austrália/Nova	Iraque
Brasil (Pará)	Guiné)	Islândia
Brasil (Paraná)	Estreito de Torres (Ilhas Murray)	Kiribati
Brasil (Rondônia)	França	Laos
Brasil (Roraima)	Geórgia	Lituânia
Brasil (Tocantins)	Grécia	Malásia

Mali
México
Micronésia/Palau (Ilhas Carolinas)
Moçambique
Mongólia
Namíbia
Nigéria
Niue
Papua-Nova Guiné (Ilhas Bougainville)
Papua-Nova Guiné (Ilhas Trobriand)
Papua-Nova Guiné (Nova Bretanha)
Papua-Nova Guiné (Nova Guiné)
Paraguai
Polinésia Francesa (Ilhas Marquesas)
República Centro-Africana
República Democrática do Congo

Rússia
Rússia (Ártico)
Samoa
Sudão do Sul
Tailândia
Tanzânia
Togo
Tokelau
Tonga
Turquia
Ucrânia
Uganda
Venezuela
Vietnã
Oriente Médio
diáspora afro-brasileira

As áreas assinaladas em vermelho podem corresponder a mais de um mito, já que a localização das etnias é aproximada e meramente indicativa.

Aqui, é importante considerar algumas regiões muito específicas, cujo grande isolamento pode ser atestado por critérios genéticos, linguísticos, arqueológicos, etnológicos e geográficos:

[a] o deserto do Kalahari, no sul da África, habitado pelos povos de línguas tuu e kx'a, antes reunidos sob a denominação de bosquímanos, que apresentam linhagens mitocondrial e nuclear muito específicas;

[b] certas áreas da Tanzânia, onde vivem os sandawes e hadzas, povos também isolados geneticamente;

[c] o interior da grande floresta equatorial africana, onde vivem os pigmeus, que — embora interajam com populações vizinhas desde pelo menos a época dos faraós — também ficaram relativamente isolados em termos genéticos;

[d] as ilhas Andamã, cujas populações seriam remanescentes da primeira onda migratória para fora da África, populações essas que ficaram isoladas por dezenas de milênios;

[e] a Austrália;

[f] o Cáucaso, que é um arquipélago linguístico;

[g] o Ártico; e

[h] as duas Américas, que começaram a ser povoadas há no mínimo 15 mil anos, ficando isoladas do resto do mundo, por terra, há pelo menos 10 mil.[3]

Em todas essas regiões, há mitos sobre o roubo do fogo. Ainda que se possa aceitar a ocorrência de transmissão por contato num ou noutro caso, será mesmo plausível admiti-la para todas as regiões listadas? Não será um pouco demais, algo que foge completamente ao bom senso de leigos e especialistas?

---

3. Estudos genéticos recuam a data inicial da entrada para 18 mil anos atrás (ver artigo de Rafael Bisso Machado e outros).

Para tanto — e ponderando particularmente o caso americano — teríamos de imaginar um cenário em que determinada etnia, num certo ponto da terra, tenha criado o mito original, o protomito do roubo do fogo; e em seguida o tenha transmitido a uma população vizinha; e que essa população vizinha, por sua vez, o tenha transmitido à outra; e assim sucessivamente, até a Austrália, as ilhas Andamã, as florestas do Ituri, o deserto do Kalahari, as montanhas do Cáucaso, as geleiras do Ártico — para alcançar os primeiros paleoíndios que cruzaram a Beríngia entre 15 e 10 mil anos atrás.

Não se pode perder de vista que, há até 10 mil anos, quando a Beríngia foi coberta pelo mar, não havia escrita, não havia grandes estados, não havia grandes exércitos nem armas de metal, não havia produção de grandes excedentes para fomentar amplas rotas de comércio, a cerâmica era praticamente inexistente, a expansão territorial dos grandes filos e famílias linguísticas ainda não tinha começado, a densidade populacional era relativamente baixa, a maioria esmagadora das sociedades vivia da caça e da coleta.

Imaginar que todo o planeta já estivesse, nesse cenário paleolítico, completamente unido por imensas redes de comunicações e trocas interétnicas, a ponto de permitirem, tais redes, a difusão universal do mito do roubo do fogo, é deslocar para a pré-história uma proeza que só as redes digitais, contemporâneas, estão começando a fazer.

A explicação desse fenômeno, portanto, exige alguma coisa melhor.

* * *

A segunda forma de explicar a convergência temática ou argumental entre dois mitos é a criação independente. Isso pode se dar por mero acaso; ou em função de universais neuropsíquicos, que condicionam as próprias estruturas do pensamento e da linguagem; ou ainda pela existência de supostos arquétipos, de um também suposto inconsciente coletivo, que responderiam a estímulos do meio ambiente, natural e social, nos sucessivos estágios da "evolução" humana.[4]

---

4. É o modelo de Joseph Campbell, que segue Jung.

Não quero agora discutir tais variáveis. Importa apenas constatar que, na criação independente, *não há nenhuma relação histórica, demográfica ou geográfica entre narradores distintos que contam mitos similares*. A criação independente, portanto, é radicalmente oposta, nesse aspecto, às teorias da origem comum e da transmissão por contato.

Os tupinambás narravam uma aventura dos gêmeos míticos Sol e Lua, em que ambos são submetidos a três provas, para ratificar serem mesmo filhos de um grande caraíba, espécie de feiticeiro ou demiurgo. Uma dessas provas consistia em passar no meio de dois rochedos que se entrechocavam de súbito, esmagando o temerário aventureiro que tentasse transpô-los.

Quem não se recorda de uma cena idêntica, do mito grego de Jasão e dos argonautas, quando, para resgatar o Velocino de Ouro, na Cólquida, os heróis tiveram de passar pelas Simplégades — as duas rochas do Estreito de Bósforo que também se fechavam sobre os navegantes?

Ora, o motivo das Simplégades tem distribuição muito restrita, fora das Américas. Não há outra maneira de explicar sua ocorrência em áreas tão remotas como Brasil e Grécia senão por criação independente. Não há, entre esses dois pontos, nenhuma continuidade geográfica, cultural, genética ou linguística. Nada nos autoriza a estabelecer, entre os dois mitos, conexões de ordem histórica, seja origem comum, seja transmissão por contato — a não ser que se admita uma presença grega nas Américas há mais de 2 mil anos, como já se tentou fazer em relação aos fenícios.

A criação independente, portanto, é uma possibilidade real, estatisticamente válida, que deve ser considerada na análise comparativa — embora não se possa concluir seja um fenômeno puramente aleatório ou completamente imprevisível.

Certos problemas narrativos, na verdade, têm poucas soluções teóricas. Vejamos: se há, num dado mito, certo lugar ou região cujo acesso deve ser defeso, como faz o narrador para impedir a entrada? Só há *duas* maneiras: expulsando o visitante ou obstruindo o acesso. Para expulsar o visitante, o mais comum é pôr, na entrada, personagens guardiãs: monstros, gigantes, guerreiros ferozes (lembrando que a morte do visitante é apenas uma forma radical de expulsão). Para obstruir o acesso (solução menos empregada), basta que a entrada se feche; ou que se abra um fosso no caminho; ou que surja uma floresta de espinhos diante do visitante. A elegância, o poder estético do motivo das Simplégades é adotar essas duas soluções (expulsão e obstrução) de uma só vez.

Podemos, assim, estabelecer um esquema teórico de ramificações narrativas, para o problema do acesso defeso. Assim:

[Esquema 1]

Como impedir o acesso a uma entrada aberta?

1 expulsando o visitante
(monstro guardião)

2 obstruindo a entrada

2.1 diretamente
(Simplégades)

2.2 indiretamente

2.2.1 com uma barreira
(floresta de espinhos)

2.2.2 eliminando o caminho
(fosso)

A maioria dos mitos, ou dos problemas míticos que um narrador enfrenta, começa por esse tipo de *armação inicial*, que é como um diagrama cladístico, ou "em árvore", muito usado em filogenética. Como, no princípio da armação, há poucas ramificações, temos uma probabilidade concreta, e razoável, de haver coincidências, de haver criação independente, pois o número de estratégias narrativas possíveis é *finito*. Logo, dois narradores distintos, de lugares diferentes do mundo, *podem ter a mesma "ideia"*. Isso não deve, a princípio, e por si só, surpreender ninguém.

Ainda que se alegue que meu esquema não contempla *todas* as soluções narrativas (por exemplo, o narrador também pode fazer o visitante ser teletransportado para outra dimensão; ou fazer o próprio lugar defeso desaparecer), é forçoso admitir que, ainda assim, as possibilidades são *finitas* e muito pouco numerosas. Ou seja: são logicamente controláveis e, portanto, previsíveis.

É hora de pôr o método em prática.

* * *

Consideremos então a hipótese da criação independente para explicar a semelhança entre os mitos do roubo do fogo — semelhança que, como vimos, não se dá no nível superficial da narrativa. Para tanto, recorro inicialmente à ficção, por ser terreno mais seguro.

Imaginemos nosso já conhecido padre Jácome. Certo dia, surpreende um curuminguaçu, um rapazinho tupinambá, com uma faca de ferro. Pergunta ao jovem onde arranjou aquela faca. Este, a princípio, dá uma resposta evasiva, dando a entender que tinha aquela faca há muito tempo. O padre insiste; e o rapaz afirma que ele mesmo tinha feito a faca. Padre Jácome, contudo, não acredita; repreende a suposta mentira; e o instiga a confessar o roubo. O jovem nega: na verdade, tinha achado a faca no mato, casualmente. O padre não se convence. O rapaz, contrariado, admite que trocou a faca por um arco, com um dos marinheiros da última nau. O jesuíta também não aceita essa versão; e volta a aludir ao roubo. O tupinambá, cada vez mais aborrecido, conta que soube do naufrágio de um navio pirata; e que mergulhou para buscar uma faca. O padre, mais uma vez, não acredita; e o ameaça com o Inferno. O curuminguaçu, então, antes de lhe dar as costas, diz que foi Deus que desceu do céu e resolveu lhe dar a faca de presente.

Essa simplória anedota, que poderíamos intitular *O mistério da faca de ferro*, ilustra bem o processo inicial de armação de narrativas genéticas sobre bens culturais. Como exemplifiquei antes (no problema inspirado pelas Simplégades), toda narrativa consiste numa sucessão de escolhas entre caminhos, entre alternativas que se abrem a partir de um ponto — que é, via de regra, um problema. No caso da faca de ferro, ou de qualquer outro bem (como o machado, a lança, o tambor, a flauta, o anzol, o pote de cerâmica, a técnica de pintar o corpo, o cocar, a canoa, a escrita), o problema que se propõe é o de como o objeto surge, concretamente, historicamente, nas mãos do curuminguaçu. Mas o problema, em si, não muda, se a questão se transportar ao plano mítico: qual a origem da primeira faca de ferro? Como surge esse objeto como elemento do cosmos? As respostas possíveis, nos mitos genéticos das facas de ferro, serão essencialmente as mesmas dadas pelo tupinambá, acrescidas da hipótese de roubo, sempre insinuada pelo padre Jácome:

[Esquema 2]

Como surge a faca de ferro?

1   não pertencia a ninguém

    1.1   e surgiu, casualmente, diante do detentor atual
    1.2   e foi fabricada pelo detentor atual
    1.3   e foi procurada, deliberadamente, pelo detentor atual

2   pertencia a um detentor original

    2.1   e foi doada ao detentor atual
    2.2   e foi vendida ao detentor atual
    2.3   e foi roubada pelo detentor atual

3   já pertencia ao detentor atual

Esse tipo de esquema é que se pode denominar "armação inicial": são caminhos, ramificações logicamente possíveis (no âmbito da estética mitológica), pelos quais narrativas sobre um mesmo tema podem se desenvolver. No caso em que o tema é a origem de um bem tecnológico, não há muitas alternativas além das seis que apresentei acima.[5] Mesmo que imaginemos versões diferentes (e há muitas), será sempre possível encaixá-las numa das ramificações listadas, já que novos sub-ramos podem ser acrescidos, infinitamente.

Por exemplo, se em vez de roubar a faca, com emprego de um ardil, o detentor atual toma a faca depois de uma batalha. Essa variante deve ser encaixada na ramificação 2.3, porque a essência das histórias continua a mesma: em ambas há um detentor original que não quer compartilhar seu bem ou transmitir seu conhecimento tecnológico. Difere bastante do ramo 2.1, em que o detentor original, de modo espontâneo, oferece o bem ou ensina a técnica de produzi-lo. Assim, uma variante desse ramo poderia ser, por exemplo, quando o detentor atual é inspirado por um deus, num sonho, sobre como fabricar a faca. A ramificação 2.2, intermediária entre esses dois extremos, pode conter variantes onde a faca é trocada por bens, por um título honorífico ou por qualquer outro tipo de contraprestação, como serviços, por exemplo. Do mesmo modo, o ramo 1.1 pode conter versões fantásticas, como na hipótese em que o detentor atual arranca o dente, ou o chifre, de uma presa; e esse chifre, ou dente, se transforma, subitamente, numa faca. É fácil intuir que poderíamos passar o resto deste livro compondo variantes para *O mistério da faca de ferro*.

Ora, é também muito fácil perceber que a armação inicial dos mitos da faca serve perfeitamente aos do fogo, que é um bem tecnológico. A terceira parte deste livro apresenta o resumo de 328 mitos que consegui coligir, a maior parte deles incluída nos trabalhos de sir James George Frazer e Claude Lévi-Strauss.

---

5. São possíveis outras armações iniciais, naturalmente, embora na essência não alterem nada. Por exemplo, podemos fazer a primeira cisão indagando se o objeto já existe ou não. Se não existe, temos duas ramificações: objeto surge ou é inventado; já existindo, são quatro: é buscado, é trocado, é doado ou é roubado. Ou seja, exatamente a mesma coisa — mudam só as posições dos ramos.

Foram pesquisadores obsessivos, os dois mitólogos; e certamente exploraram ao máximo as suas fontes. Isso dá ao *corpus* coligido por ambos um grau bastante razoável de aleatoriedade, já que eles procuraram, cada um no respectivo âmbito a que se propuseram, *todos* os mitos disponíveis na literatura de então — ou seja: nenhum deles registrou diretamente aqueles mitos, e portanto não pôde orientar, subjetivamente, essa coleta.

Acresci a esse montante os mitos que encontrei ao longo das minhas leituras, na biblioteca mitológica que fui formando nas últimas duas décadas, processo que se deu do mesmo modo aleatório: adquiri o que pude, o que foi possível comprar, no âmbito das minhas circunstâncias — mas sempre no esforço de ter tudo.

O fato de ser uma amostra aleatória, não direcionada, dá consistência à análise estatística dos mitos, tomando-se a armação inicial como critério. Devemos excluir, contudo, o ramo 3, quando o fogo é preexistente — porque tal preexistência significa, na verdade, uma não resposta à pergunta sobre a origem do fogo. O ramo 3 representa a inexistência do mito do fogo — sendo impossível contabilizar quantas vezes ou em quantas culturas ele não ocorre. Isso pode acontecer por acidente, se o informante se omite ou se o mitógrafo deixa de registrá-lo. E também (e isso é mais relevante) quando uma cosmogonia particular simplesmente não dispõe de um mito desses, como no caso do *Gênesis* hebraico, onde a primeira menção ao fogo controlado pela humanidade está no episódio da Torre de Babel, quando os homens decidem cozinhar tijolos, sem que se explique qual a origem desse fogo.

Passemos, então, aos resultados preliminares dessa estatística, que são impressionantes: dos 328 mitos sobre a origem do fogo, 195, ou 60%, se encaixam na ramificação 2.3, que trata do fogo roubado. O fogo doado, que vem logo depois, conta com 56 versões, ou 17% do *corpus*. Seguem-se os fogos buscado, inventado e colhido, com respectivamente 28, 25 e 20 ocorrências, formando um bloco que fica entre 9% e 6%. Por fim, resta o fogo vendido, que tem apenas 4 mitos, pouco mais de 1% do inventário total. Resumindo:

[Esquema 3]

Qual a origem do fogo?

1   não pertencia a ninguém   [73]

    1.1   e surgiu, casualmente, diante do detentor atual   [20]
    1.2   e foi inventado pelo detentor atual   [25]
    1.3   e foi buscado, deliberadamente, pelo detentor atual   [28]

2   pertencia a um detentor original   [255]

    2.1   e foi doado ao detentor atual   [56]
    2.2   e foi vendido ao detentor atual   [4]
    2.3   e foi roubado pelo detentor atual   [195]

Ora, se se considera que a armação inicial parte de um problema cuja resposta, ainda que logicamente controlada, é teoricamente livre, na perspectiva de cada narrador, seria de esperar que houvesse certo equilíbrio em sua distribuição pelas ramificações. Mas não é o que acontece: a presença de um detentor original é três vezes e meia mais frequente que sua inocorrência. E, entre os métodos de transferência do fogo (quando há um detentor inicial), o roubo supera, amplamente, a doação e a venda.

Mas é possível objetar que a amostra, apesar de aleatória, é desigual em sua distribuição. Austrália, Nova Guiné, as ilhas da Oceânia (Melanésia, Micronésia, Polinésia), somadas às duas Américas, respondem por bem mais da metade dos mitos inventariados — contrastando especialmente com a Eurásia, que, proporcionalmente à sua extensão, tem muito menos ocorrências.

Vou me deter nessa questão depois. Mas por ora cabe ressaltar que foi justamente na Eurásia onde primeiro se expandiram as grandes religiões de massa, de caráter pluriétnico: budismo, cristianismo, islamismo — o que implica uma substituição de mitologias. O próprio hinduísmo, ainda que meio restrito ao subcontinente indiano, foi um fenômeno similar, se sobrepondo a mitologias pré-arianas. Efeitos parecidos, em menor escala, se devem também à expansão do taoismo e do confucionismo.

O roubo do fogo sobreviveu, contudo, em zonas periféricas, como nos cantões franceses, nos cimos do Cáucaso, nas estepes da Sibéria, na tundra ártica, nas florestas da Malásia, nas ilhas isoladas do oceano Índico. As versões da Eurásia, na verdade, têm extrema relevância, pois só através delas conseguimos perceber a amplitude universal do roubo do fogo, dado o *continuum* etnogeográfico que estabelecem.

Para que não fique só na impressão, é bom analisar a distribuição dos mitos do fogo segundo critérios mais contundentes. O mais simples, ou de mais fácil aplicação, é o linguístico. A grande vantagem da classificação linguística é que parece coincidir, em boa medida, com o critério genético. Sforza, num diagrama clássico que é reproduzido até hoje em obras de várias matérias, mostra a correlação quase perfeita entre famílias de línguas e populações definidas geneticamente.

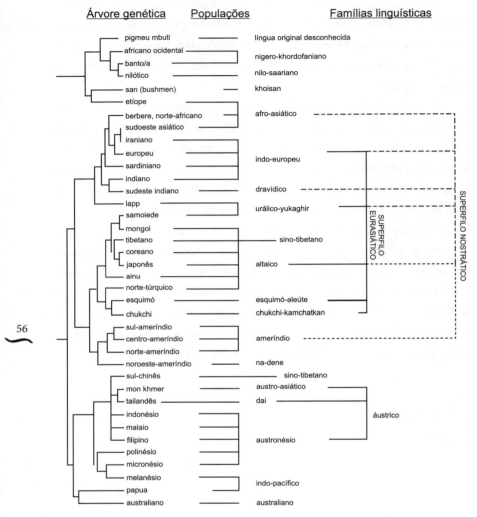

[Gráfico 2. Diagrama de Sforza sobre correlação entre famílias de línguas e populações]

Mas há uma ponderação a fazer: um número cada vez maior de linguistas passou a rejeitar a classificação usada por Sforza nesse diagrama, fundada no polêmico método de comparação em massa desenvolvido por Joseph Greenberg — que busca semelhanças lexicais, simultaneamente, entre uma multiplicidade de línguas.

Há certa razão nisso: os modelos tradicionais, cuja base é a identificação de correspondências sistemáticas (não apenas semelhanças) entre sistemas fonológicos, e a consequente reconstrução de protolínguas, fornecem evidências muito mais seguras de parentesco entre dois ou mais idiomas.

A aplicação desses dois métodos sobre o mesmo inventário de línguas resulta em diferenças colossais: enquanto o catálogo *Glottolog*, conservador, exibe mais de quatrocentas unidades linguísticas, entre famílias e idiomas isolados, numa classificação como a de Merrit Ruhlen, seguidor de Greenberg, há apenas 26 macroconjuntos.

Na época em que estudei essas coisas, faz uns trinta anos, sempre me pareceu que Greenberg partia, talvez intuitivamente, de certas semelhanças genéticas ou mesmo fenotípicas entre populações para formular hipóteses e estabelecer, depois, seus grupamentos de línguas. Ora, tanto os estudos pioneiros de Sforza quanto trabalhos recentes, como o de David Reich, ratificam o método da comparação em massa, dada sua ampla coincidência com os critérios genéticos. Afinal, se duas populações falam idiomas aparentados, pertencentes ao mesmo filo linguístico, dificilmente deixarão de ter algum compartilhamento de genes.

Chega a ser engraçado: Greenberg faz sucesso entre os geneticistas — no mesmo passo em que desagrada colegas de sua própria disciplina. Para mim, a verdade está no meio: tudo é só uma questão de grau, não de fundamento.

Optei, assim, por testar as duas taxonomias, que representam os extremos: a de Ruhlen e a do *Glottolog*. Os dados são extraídos das tábuas 1 e 2, do apêndice "Etnolinguística do fogo" deste livro.

Considerando a distribuição dos mitos consoante à primeira classificação, o roubo do fogo está presente em 19 dos 20 filos em que se subdivide o *corpus*. Seguem-se o fogo doado, com 14; o inventado, com 11; o buscado, com 9; o colhido, com 8; e o vendido, com 3.

O tema do roubo é o mais frequente em 17 filos, sendo superado apenas uma vez, no filo beríngico, único onde está ausente. Nos dois filos restantes, a frequência do fogo roubado é igual à de outros fogos: um mito.

Vale notar que o roubo só não supera os demais temas quando sua ocorrência é inferior a *dois* mitos. Ou seja, mesmo quando qualquer um dos outros cinco temas tem uma frequência expressiva num dado filo, o roubo do fogo ocorre mais vezes. Por exemplo: o fogo buscado tem 6 ocorrências no filo indo-europeu; e o roubado, 8. No filo áustrico, o fogo doado tem 10 ocorrências contra 25 do roubado. O mesmo se dá no filo ameríndio, que apresenta 10 casos de doação contra 66 de roubo.

Se se vai ao outro extremo, tomando a classificação do *Glottolog*, mais amplamente aceita, o predomínio do roubo do fogo se torna ainda mais evidente: aparece em 59 das 77 famílias linguísticas em que se subdivide o *corpus*, contra 28 famílias do fogo doado. Ou seja, a doação do fogo não ocupa sequer a metade das áreas etnolinguísticas, enquanto o fogo roubado cobre 76% delas. Os demais motivos têm proporções ainda menores. É tão flagrante que não vale a pena continuar com estatísticas.

Ficando só entre os fogos roubado e doado, comparando o número de ocorrências e tomando a metáfora do futebol, o fogo roubado exibe enorme superioridade, tendo 54 vitórias, 13 empates e 10 derrotas no campeonato do *Glottolog*, com um saldo de 139 mitos; e 17 vitórias, 2 empates e 1 derrota no de Ruhlen, com o mesmo saldo.

Não se trata, assim, da mera contabilidade de números absolutos: além de muito mais frequente, o motivo do fogo roubado também é o mais amplamente distribuído pelas zonas etnogeográficas do planeta, além de ser quase sempre predominante (ou vitorioso) em cada uma delas.

Não é possível, portanto, sustentar a hipótese da criação independente, que se manifestaria numa distribuição mais ou menos equivalente das seis histórias básicas sobre a origem do fogo, como constam da armação inicial. A esmagadora preferência pelo tema do roubo em detrimento dos demais exclui totalmente tal possibilidade. Sua enorme dispersão geográfica, por todos os continentes, sua maciça presença nos filos linguísticos e populações geneticamente definidas vão apontando para outro fenômeno: a origem comum.

Mas ainda não é hora de encerrar a questão.

* * *

Mencionei, páginas atrás, que a criação independente, além do mero acaso, pode se dever a universais neuropsíquicos ou a arquétipos do inconsciente coletivo. Nenhum desses fenômenos, contudo, se de fato existem, tornou a humanidade monocultural, ou monomítica. Logo, o estudo histórico-comparativo da mitologia pode conviver perfeitamente com tais condicionantes — que operam, na verdade, num nível mais profundo e abstrato do pensamento.

Não vale, assim, perder mais tempo com o problema. Quero apenas explicitar minhas objeções às teorias arquetípicas do mito, que o associam a supostos estágios evolutivos da espécie humana. Para tanto, basta perceber certa contradição intrínseca a esse tipo de determinismo, tomando os mitos do fogo.

Como explicar, por exemplo, que os kiwais da Nova Guiné tenham várias versões sobre a origem do fogo, sendo que em algumas o fogo é doado, e noutras, roubado? Se são a mesma etnia, falam a mesma língua, vivem num mesmo habitat, por que o inconsciente coletivo dos kiwais não dá sempre a mesma resposta em relação à origem do fogo?

Aliás, como explicar que o fogo é roubado na Suméria, na Grécia e no México antigos, onde havia cidades, agricultura, escrita e estratificação social; e também roubado entre andamaneses, pigmeus e samoiedos — caçadores da "Idade da Pedra"? Por que não há roubo do fogo entre os antigos egípcios, que formaram uma das primeiras "civilizações", inexistindo também entre povos paleolíticos como os ainus de Hokkaido e os yamanas da Terra do Fogo? De quais arquétipos, de que estruturas neurais se trata, afinal?

É evidente que o narrador mítico é sensível ao ambiente, ao habitat e à história. Como qualquer outro narrador, de qualquer gênero, reproduz direta ou indiretamente experiências pessoais e coletivas. Na literatura, aliás, esse fenômeno — o influxo do meio sobre o autor — é reconhecido há muito tempo pelos críticos, não sendo raras sentenças como "o escritor X expressa em seu romance Y os conflitos de sua própria época" ou equivalentes.

Precisamente por "expressar sua própria época" é que, por exemplo, a mitologia brasílica contemporânea não conserva memória da megafauna extinta durante o fim do Plistoceno: mastodonte, gliptodonte, toxodonte, paleolhama, megatério, macrauquênia, tigre-dente-de-sabre e muitos outros animais gigantes — ao passo que persistem figuras extraordinárias como o Urubu de Duas Cabeças e o Jaguar Azul. Pelo mesmo motivo, já em 1514 havia um mito tupinambá então bastante difundido que incorporava personagens brancos, ou com características distintivas de brancos.[6]

Ser *sensível* ao meio, contudo, não é ser *condicionado* por ele. O narrador mítico é um artista livre, ainda que não seja um *criador*, e sim *repetidor*, *atualizador* ou *executor* de um repertório tradicional preexistente. A liberdade se manifesta na maneira particular, original, que ele tem de narrar um mito — mito esse que todos já conhecem e continuam a reconhecer, *ainda que sua execução não seja exatamente idêntica à anterior*.

Por isso, me refiro ao roubo do fogo como um *mito único*, expresso em centenas ou milhares de versões distintas, porque vem sendo contado há muitíssimos milênios por narradores que estão, hoje, completamente dispersos pela superfície terrestre.

O que acabo de escrever, naturalmente, é a própria tese da origem comum: o *mito único* é o mito original, a primeira versão, ou o protomito, se se quiser empregar um vocabulário mais sofisticado. Vou debater detidamente sua provável forma primitiva, seu sentido, suas transformações ao longo do tempo e das diversas regiões do planeta.

Antes, contudo, quero dar um último argumento, uma última prova da minha convicção, examinando o aspecto *qualitativo* do problema: se o fogo — elemento cósmico que passa a integrar, num dado momento, o domínio da cultura — compartilha a natureza, o caráter, a tipicidade de outras classes de bens conquistados pela humanidade.

Essa resposta, creio, encerrará a questão.

* * *

---
6. É o mito de Sumé, ou São Tomé. Falarei dele adiante.

Perceber que o roubo do fogo é um motivo folclórico ou um mitema recorrente em muitas culturas não é nenhuma descoberta da pólvora. David Leeming, no seu conciso dicionário sobre mitologia universal, tem um verbete sobre o roubo do fogo: "o roubo do fogo é um motivo comum a muitos sistemas mitológicos [...] Em geral, um herói cultural ou um deus rouba o fogo de um lugar protegido por um Ser Supremo e o dá aos humanos, para seu uso". E cita Prometeu, Bue, Tore, Botoque e Maui, como exemplos de ladrões do fogo, para ilustrar a vasta área geográfica coberta pelo mito: Mediterrâneo, África Subsaariana, Micronésia, Polinésia e Brasil central.

Do mesmo modo, na obra colossal de Stith Thompson, enorme catálogo classificatório com milhares de "motivos folclóricos" presentes nas mitologias do mundo, podemos constatar, na parte concernente à aquisição da cultura, que o roubo do fogo (motivo A1415) é mais frequente que a dádiva (A1414.4, um subconjunto da entrada "origem do fogo"); e que se dá precisamente o inverso, em relação a outros bens: o herói cultural *ensina* as artes, técnicas e indústrias para benefício da humanidade. A única exceção, o único bem cultural que merece uma entrada na lista de Thompson, como objeto de roubo, é a luz (A1411). Mitos da luz, no entanto, tratam, quase sempre, do roubo do Sol e da Lua — cujas conexões simbólicas com o fogo são evidentes (tratarei disso depois).

Yuri Berezkin, que amplia o trabalho hercúleo de Thompson, também mantém em seu imenso inventário uma entrada para o roubo do fogo (motivo D4A), ao passo que reúne sob o mesmo tópico os fogos colhido, inventado e doado (motivo D3, denominado "invenção do fogo"), que ainda assim têm número bem inferior às ocorrências do primeiro. Outro motivo envolvendo roubo, no índice de Berezkin, é o do verão, mas com apenas dezenove incidências, sendo dezessete na América do Norte — longe, portanto, de ser universal.

Michael Witzel — cuja obra é talvez o primeiro grande esforço de reconstrução de mitologias pré-históricas com emprego do método comparativo — dedica uma breve seção ao roubo do fogo, no estudo em que propõe a reconstituição de um suposto protomito comum aos povos da Europa, de grande parte da Ásia e da Oceânia, e das duas Américas: o supercontinente que ele denomina "Laurásia".

À mitologia laurásica se opõe, segundo ele, a de Gondwana, outro supercontinente que abrangeria a África Subsaariana, as ilhas Andamã, umas poucas zonas do sul e sudoeste asiáticos, Nova Guiné, Melanésia, Austrália e Tasmânia. Esses dois hipersistemas míticos, quase que mutuamente excludentes, seriam ramificações distintas, com desenvolvimentos isolados, de um *corpus* mítico original: o da Pangeia, formado pelas primeiras histórias narradas pelo *Homo sapiens*.

Disse no preâmbulo que foi o livro de Witzel que me motivou a escrever este. Dou agora a razão: muito estranhamente, ele não reconhece o roubo do fogo como um dos motivos presentes na mitologia gondwânica. Eis o trecho: "A origem do fogo nas tradições da Gondwana é vista de um modo distinto. Na maioria das vezes, não é roubado, mas procedente do corpo de uma pessoa." E é mesmo muito estranho, porque, além de citar Berezkin, que lista dezenas de casos africanos, andamaneses, melanésios e australianos do fogo roubado, o próprio Witzel menciona, em suas tabelas comparativas, mitos do roubo do fogo na área gondwânica.

Assim, na perspectiva de Witzel, se o roubo do fogo não está na Gondwana, pela lógica da reconstrução comparativa, não estará também na Pangeia. Escrevi este ensaio para afirmar precisamente o contrário: *o roubo do fogo é uma das três ou quatro histórias mais antigas que ainda se contam sobre a face da Terra* (para repetir uma frase escrita no preâmbulo).

Mas há ainda outro ponto que me incomoda. Diz ele: "Uma variante muito próxima desse tópico [o do roubo do fogo] é o mitema do fogo como dádiva de um deus." Ora, roubo e dádiva são, para mim, coisas absolutamente distintas. Mais que isso — são contraditórias; são radicalmente opostas. Só há roubo quando alguém se recusa a doar. Se se tomam tais mitemas como variantes *intercambiáveis*, então qualquer coisa pode ser outra coisa, na reconstrução de um protomito.

No problema da origem do fogo, tal distinção é particularmente importante porque, como já referi, os demais bens que formam a cultura humana são, em geral, doados. E é por serem doados, os bens da cultura, que o fogo foi percebido pelos velhos folcloristas, há muito tempo, como uma exceção, como um tópico à parte, merecendo nas listas de motivos uma entrada especial: "o roubo do fogo".

É óbvio que aparecem, aqui e ali, outros bens roubados. Mencionei o roubo dos luminares, listado por Stith Thompson (mas com frequência muito inferior à do fogo roubado); e o do verão, que está em Berezkin. Witzel menciona o roubo da bebida da imortalidade, restrito à Laurásia (embora com exemplos oriundos apenas de tradições indo-europeias e chinesas). E eu mesmo posso citar outros: o roubo da louça, da rede e da enxada dos tapuias, pelos tupinambás; o da linguagem dos animais, ou de suas palavras, pelos crees do Canadá; o das folhas de Ossãe, pelos outros orixás iorubanos; o do segredo da agricultura, que pertencia aos basajauns, pelo *trickster* basco San Martin Txiki; e o de quase todas as invenções do deus Enki, por Inanna, deusa suméria de Uruk (que também rouba o fogo).

Não há, todavia, motivos *universais* do roubo dos luminares, do verão, da bebida da imortalidade, da enxada, da cerâmica, da rede, da linguagem, das folhas medicinais, das plantas cultivadas ou da cultura como um todo. Tais mitos têm, sem dúvida, origens regionais e tardias. Ou talvez sejam criações independentes, porque a armação inicial dos mitos sobre a origem de bens culturais, a que já me referi, prevê apenas seis modalidades teoricamente possíveis — entre elas, a do roubo.

Assim, entre objetos e saberes incorporados à cultura, apenas um costuma receber tratamento excepcional — o fogo, em cujos mitos predomina a origem roubada, inversamente ao que ocorre com os demais bens, quase sempre doados por uma divindade, um demiurgo, um herói ou um *trickster*. Na maioria das vezes, esse *trickster*, malandro feiticeiro que doa ou cria quase tudo, é quem rouba o fogo.

Tal excepcionalidade, todavia, não é nada casual.

* * *

Retomemos a história do herói Botoque, do mito gorotire que transcrevi no início e que reproduzo de novo, para facilitar a leitura:

R 185
No tempo em que os homens comiam carne crua, um homem leva Botoque, seu jovem cunhado, para pegar filhotes de Arara no alto de um rochedo. O rapaz diz que só há dois ovos. O homem manda jogá-los. Os ovos viram pedras e machucam as mãos do homem. O homem, furioso (sem saber que as Araras eram encantadas), puxa a escada. Botoque passa fome e tem que comer os próprios excrementos. Vê uma Onça passando com arco, flechas e todo tipo de caça. A Onça vê a sombra de Botoque, tenta pegá-la, descobre Botoque no alto da pedra e procura convencê-lo a descer. Botoque tem medo, mas desce. A Onça leva Botoque nas costas para a sua aldeia, e, depois de adotá-lo como filho, dá a ele carne moqueada, num fogo que ardia num jatobá. A índia, mulher da Onça, não gosta de Botoque. E dá ao rapaz carne velha. Botoque reclama, e ela lhe arranha o rosto. Ele se refugia na floresta. A Onça dá um arco a Botoque, ensina a atirar e manda atacar a mulher, se ela agir mal. Botoque mata a madrasta. Com medo, foge, levando as armas e a carne moqueada. Chega à aldeia de noite, deita na esteira da mãe, e ela demora a reconhecê-lo; no dia seguinte, distribui a carne, e os índios decidem roubar o fogo. Chegam na aldeia da Onça, que estava fora, e roubam o fogo. A Onça passa a odiar os humanos pela traição do filho adotivo, que roubou também o segredo do arco e flecha. Do fogo, ficou a Onça com um reflexo nos olhos. E jurou só comer carne crua e caçar com os dentes.

Botoque, que comia cru e estava faminto, recebe carne moqueada da Onça, que o adota como filho. A mulher da Onça, contudo, não gosta de Botoque, e passa a dar a ele somente carne velha. A mulher da Onça representa, e acentua, um elemento narrativo fundamental aos mitos do roubo do fogo: a avareza, a negação da dádiva. Tal dádiva, no entanto, não é exatamente a do fogo, mas do seu "produto": a carne moqueada. Não há nenhuma ênfase, nada que sugira ter a Onça dado o *fogo* a Botoque. Pelo contrário, há menção explícita ao fogo "que ardia numa tora de jatobá". Ou seja, Botoque viu o fogo, compreendeu sua utilidade; mas não aprendeu seu segredo.

Assim, o herói, agora filho adotivo, apenas se beneficia do que o fogo pode produzir. Mas é a mulher da Onça quem continua a controlar a distribuição da carne, por isso dá a ele a de pior qualidade. Ou seja, a mulher da Onça se mantém no controle avaro do fogo. Quando Botoque se rebela e a mulher da Onça o agride, a Onça *dá* a ele o arco e flecha e o *ensina* a atirar. Relativamente ao arco e flecha, portanto, há uma dádiva completa, que envolve não apenas o bem, mas o *conhecimento*, o *segredo* do bem.

Mas Botoque mata a mulher da Onça e foge, com medo de uma vingança que não aconteceria, levando o segredo da arma doada pelo pai adotivo e — em vez do fogo — a carne moqueada. É essa carne que instiga os homens a roubarem o fogo. E é desse duplo roubo que a Onça passa a se vingar: do fogo, propriamente dito, que ardia no jatobá; e do *segredo* do arco e flecha, não apenas do objeto em si.

Lembro que esse mito foi resumido por Lévi-Strauss, em quem podemos plenamente confiar, por seu imenso zelo pelos pormenores. E, no texto do resumo, está bem claro que o substantivo "segredo" e o verbo "ensinar" se aplicam somente ao arco e flecha. O *segredo*, o *conhecimento* do fogo, permaneceu com a Onça. Por isso, ela pôde renunciar a ele, jurando "só comer carne crua": é uma decisão, uma deliberação. Mesma atitude tem a Onça em relação ao arco e flecha: ela *decide* só caçar com os dentes; ou seja, conhece o segredo, mas não fará mais uso dele. Não fará uso dele *porque não quer*, com o propósito específico de se vingar do filho adotivo e da humanidade que ele simboliza, transformando-se em predadora dessa mesma humanidade.

Mas tal vingança (o texto é claríssimo, por isso me permitam a insistência) é motivada pelos roubos do *fogo* (que arde na tora de jatobá) e do *segredo* do arco e flecha. Roubar um bem é roubar um bem; roubar um segredo é transmitir conhecimento à traição, sem consentimento do detentor original (voltarei a esse tópico).

Embora sutil, há uma diferença, no mito gorotire, entre duas categorias de bens culturais, considerada *a perspectiva humana* (não a da Onça), categorias essas representadas respectivamente pelo fogo e pelo arco e flecha. A primeira é formada pelos bens dos quais se detém a mera posse. Posse que pode ser perdida, por exemplo, por um segundo roubo. A única atitude restante, para manter a posse e evitar o roubo, é o compartilhamento, a socialização do bem. Se se perde, contudo, esse bem possuído, o detentor original sofre uma degradação, no nível ontológico.

A segunda é constituída pelos bens dos quais se detém o *segredo*, o saber fazer, o conhecimento. Conhecimento, em tese, não se perde. Um bem roubado, mas do qual se conheça o segredo, pode ser produzido de novo. E mesmo que o segredo do bem seja roubado, o detentor original não sofre uma degradação: perde apenas a *superioridade* ontológica, a *vantagem* cultural — pois é o ladrão quem ascende ao seu nível, não ele quem desce a um patamar inferior.

Analisemos agora outro caso brasílico, o dos mitos tupinambás. São dois: um recolhido por André Thevet, no Rio de Janeiro; e outro recolhido na Bahia, pelos jesuítas Francisco Soares e Jácome Monteiro. A versão de Soares, por ser variante abreviada e muito próxima da versão do padre Jácome, não foi incluída no inventário, para não distorcer as análises estatísticas que irei fazer. Reproduzo todos, nessa ordem.

B 028
Depois de um grande dilúvio, dois irmãos, com suas respectivas mulheres, se salvam. O fogo é posto nas costas da Preguiça pelo criador Umuana (o Velho). Quando as águas baixam, os dois casais tiram o fogo de lá. A Preguiça conserva a marca do fogo. Mais tarde, o grande feiticeiro Ibitu (o Vento) ensina, em sonho, como fazer fogo por fricção.

[versão excluída]
Os Gaviões se reúnem em torno de um homem que morreu no mato. Tiram os olhos do cadáver. O Guaricuja (Urubu-Rei) traz o fogo para assarem os olhos. Chega o filho do morto e as aves fogem, deixando o fogo, que fica em certo tipo de pau com o qual hoje se faz o fogo; e também no Jacu, que tem o papo vermelho.

R 174
Os primeiros povoadores do mundo não tinham fogo. Quando morrem vários deles, os pássaros se reúnem ao redor dos cadáveres, querendo comê-los, mas sem ter certeza de que estavam mortos. O Carcará arranha o rosto e arranca os olhos dos corpos, para testar. É quando vem a ave de rapina chamada Guaricuja, o Urubu-Rei, que é avô do

Urubutinga e só come carne cozida. O Guaricuja traz uns paus e com eles faz fogo, para moquear a carne (noutra versão, para assarem os olhos). Nisso, chega ao local um rapaz, que tinha ido até lá para visitar a mãe e o tio (noutra versão, há só um morto e é o filho do morto quem chega). Vendo o que acontece, espanta os pássaros, inclusive o Guaricuja, e rouba o fogo, além de ter aprendido a feri-lo com os paus. O Jacu pega as brasas e as espalha pelo mundo, e por isso tem até hoje o pescoço vermelho (noutra versão, o fogo fica naquele tipo de pau e no papo do Jacu).

No mito carioca B 028, não há roubo. Mas há a distinção de categorias que observamos no mito gorotire: um fogo que foi *buscado* (no *alto*, como quase sempre, porque a preguiça vive no topo das árvores); e outro *ensinado* em sonho, e que se aprende assim a produzir. Concluímos, portanto, que há duas categorias de fogos: o *possuído*, cuja existência é precária (daí o criador tê-lo posto nas costas da preguiça, que vive no alto das árvores, para não ser apagado pelas águas do dilúvio, que, no caso tupinambá, é provocado por uma inundação que parte do solo, e não por uma chuva torrencial); e o *produzido*, cujo segredo, o método de obtenção, passa a ser conhecido (no caso, como dádiva do Vento, feita em sonho: forma muito produtiva, entre os tupis-guaranis, de aquisição de bens culturais).

No que tange à versão excluída, pode parecer que se trata de um fogo surgido involuntariamente, diante do herói, já que o *texto* não refere explicitamente uma ação deliberada deste para obter o fogo. Todavia, há elementos implícitos à narrativa que nos permitem considerá-lo uma versão do roubo do fogo:

1) o fato de os Urubus terem perdido o fogo, passando então a comer podre, em vez de cozido — degradação ontológica que caracteriza esse grupo mítico (ainda volto a isso);
2) o fato de aparecer na trama, subitamente, o Jacu, que fica com o fogo no papo — o que não seria possível se ele não houvesse, antes, aproveitando-se da fuga dos Urubus, com o senso de oportunidade que caracteriza o ladrão, furtado o fogo *que não era dele, nem foi dado a ele*;

3) e o fato de o fogo ter ficado também "num certo tipo de pau", com o qual os tupinambás passaram a produzi-lo — porque o Jacu, que carregava uma acha incandescente, feita desse tipo de pau, foi obrigado a largá-la, depois do furto, por ter o papo queimado; ou porque brasas da acha caíram sobre as árvores que dão esse tipo de pau, durante a fuga do Jacu (que precisava abandonar logo o lugar do crime).

Abro apenas um parêntese: aprendi, com Lévi-Strauss, que nenhuma narrativa mítica é incoerente ou absurda, embora algumas delas assim possam parecer, à primeira vista. Mesmo as mais fantásticas, as mais escandalosamente sobrenaturais, seguem princípios muito rigorosos de pensamento. O que pode acontecer, em certos narradores, é o emprego de amplas elipses, ou de grandes saltos metafóricos e metonímicos, quando pressupõem que o ouvinte irá compreender, ou será capaz de deduzir as passagens omitidas — precisamente porque a execução, a narração de um mito é sempre a reelaboração de materiais narrativos preexistentes, que o ouvinte, em geral, conhece. Para quem esteja fora do âmbito cultural do narrador, é necessário certo esforço para ler elipses.[7]

A versão excluída, portanto, também alude às duas categorias em que se encaixa o fogo: o *possuído*, que o Jacu rouba; e o *produzido*, que fica naquele tipo de pau, de onde sempre se poderá obtê-lo.

Já no mito R 174 não há grandes elipses: o herói flagra o Urubu-Rei fazendo fogo com uns paus; e, além de roubar o fogo (provocando a degradação ontológica dos Urubus, que deixam de comer moqueado para comer podre), surpreende o método de produzi-lo. O Jacu, nessa versão, tem papel coadjuvante, porque apenas espalha as brasas (restos do fogo roubado) pelo mundo. São ainda dois fogos: o *possuído*, que o herói rouba e o Jacu distribui; e o *produzido*, que o herói surpreende.

---

7. Uma segunda possibilidade é a imperícia de quem registra o mito, situação frequente antes do advento da etnografia profissional, como no tempo dos jesuítas. Por razões de método, contudo (porque não se pode interferir no *corpus*), não a levo em conta.

O texto, contudo, apresenta um problema: se o Urubu-Rei tinha os paus de ferir fogo, se sabia ferir fogo com esses paus, por que passou a comer podre? Vejo, inicialmente, duas soluções:

[a] O Urubu-Rei só tinha *aqueles* paus, não podendo ou não sabendo como obter outros do mesmo tipo. Quando o herói rouba os paus, a única alternativa, para os Urubus, é conservar as brasas. Mas aí entra em cena o Jacu, espalhando as remanescentes e determinando *a queda ontológica total e irreversível* do Urubu-Rei.

[b] O Urubu-Rei domina o segredo do fogo. O roubo dos paus, a dispersão das brasas não o impediriam de voltar a produzi-lo. Todavia, a atitude dos ladrões é um *insulto*. E ele *decide*, então, deixar de comer cozido, para comer podre — *vingando-se do ladrão por bloquear, de modo total e irreversível, qualquer forma de relação social entre ambos* (já que essa relação implica comensalidade).

Pessoalmente, me inclino pela alínea *b*. Não só por haver outros mitos do roubo do fogo com argumentos similares (como R 007 e o próprio R 185); mas especialmente porque, nas antigas narrativas tupis, essa forma de vingança é muito comum: Umuana, o Velho, o demiurgo primordial, também abandona o convívio dos homens, também renuncia a essa comensalidade, quando se sente insultado.[8]

Temos claramente, portanto, um único bem que pode se apresentar ou que pode ser obtido sob dois aspectos muito distintos: o fogo *possuído*, que se pode perder; e o fogo *produzido*, que constitui um conhecimento, uma tecnologia. Quando o fogo possuído é roubado, o detentor original fica sem ele, e sofre muitas vezes uma *queda ontológica*. Quando se rouba o segredo do fogo, é o ladrão quem ascende a um nível ontológico superior. Algumas vezes, o detentor opta pela "queda ontológica" — que nesses casos representa mais precisamente a ruptura radical das relações sociais.

---

8. Ver *Meu destino é ser onça*, onde reproduzo o texto de Thevet relativo a essa passagem.

Ora, nos mitos do roubo do fogo, o fogo produzido não chega a 25% do *corpus*.[9] O fogo possuído, portanto, principal objeto do roubo, é que contrasta qualitativamente com os demais bens da cultura, entre os quais se inclui o próprio fogo produzido, de quem se rouba o segredo — quando se chega a roubar: porque segredos, em geral, são bens doados.

A existência de um tipo de mito excepcional no âmbito das narrativas sobre a origem de bens culturais — bem que é roubado em vez de ser doado — está vinculada, na verdade, ao caráter fronteiriço desse bem, à sua posição intermediária entre cultura e natureza. O fogo possuído não é um *produto*, mas uma *apropriação*: a operação que o transforma em bem cultural atinge apenas o significado, não o significante (para usar uma imagem linguística).

Esse aspecto será fundamental para a interpretação do sentido profundo do roubo do fogo.

Assim, essa excepcionalidade *qualitativa* do tema do fogo roubado, somada ao predomínio *quantitativo* de sua distribuição etnogeográfica, nos permite afirmar que não se trata de criações independentes, de desenvolvimentos espontâneos em culturas isoladas: não há nenhuma possibilidade de que tal persistência seja isenta de conexões históricas.

A hipótese que resta, naturalmente, é a da origem comum.

* * *

Volto ao mito do dilúvio, mas por ora me despeço do querido padre Jácome — pois preciso apresentar uma nova personagem: o pensador moralista Nuno Marques Pereira, autor do célebre *Compêndio narrativo do peregrino da América*, obra publicada, com todas as licenças legais, em 1728. O argumento desse livro é relativamente simples: certo peregrino parte da Bahia para as Minas; e, nesse percurso, encontra várias pessoas a quem faz pregações de natureza ética.

---

9. Há 37 ocorrências em 156 mitos que fazem distinção clara entre os dois tipos de fogos. Em relação aos mitos do fogo doado, as ocorrências de fogo mantido e produzido se equivalem: 29 e 28, respectivamente.

Não se sabe ao certo se Nuno era reinol ou baiano; mas era inteligente e conhecia algumas coisas do Brasil: entre elas, uma versão ameríndia do mito do dilúvio. E, por conhecer essa forma modificada do mito do dilúvio, concebe uma intrigante teoria sobre o povoamento das Américas: os povos construtores de cidades, dos grandes reinos do Peru e do México, seriam descendentes dos antigos babilônios, que tentaram erguer a Torre de Babel e, por essa culpa, foram espalhados pela Terra, tendo chegado ao Novo Mundo a pé.

Os habitantes do Brasil pertenceriam ao mesmo povo de origem babilônica; mas como eram preguiçosos e ladrões, foram expulsos das cidades e se tornaram nômades. Para Nuno Marques, só isso poderia explicar o conhecimento da história do dilúvio, ainda que numa versão adulterada. A ocorrência de um mito do dilúvio, no Brasil, é a *prova* de que descenderiam, todos os americanos, dos antigos babilônios.

Não quero humilhar o padre Jácome — mas a tese de Nuno Marques é melhor. Primeiro: porque ele afirma que os americanos vieram da Ásia a pé; e a ciência contemporânea também afirma que os americanos vieram da Ásia a pé. Segundo: porque ele *explica* a coincidência entre duas versões de um mesmo mito, ou motivo mitológico, não em função de uma transmissão por contato (a teoria "São Tomé") — mas pela origem comum: os babilônios conheciam a história do dilúvio; ao tentarem erguer a Torre de Babel, foram dispersados pelo mundo e condenados a falar línguas diferentes; a pé, parte de seus descendentes atingiram as Américas; mas guardavam a memória do dilúvio; e continuaram contando a mesma história, ainda que numa forma já deturpada, dadas as enormes distâncias espacial e diacrônica que foram percorridas.

Nuno Marques exibe, e talvez antecipe, o arcabouço teórico do método comparativo, cujo fim é detectar e se possível datar a origem comum de fenômenos aparentemente distintos, modificados durante o fluxo do tempo. No caso dele, esses fenômenos distintos são as duas versões divergentes do mito do dilúvio, *que não poderiam coexistir por acaso*. Assim, nosso baiano (ou reinol) propõe, no princípio do século 18, um modelo verdadeiramente filogenético: os americanos *descendem* dos antigos babilônios; e por isso *conhecem* os mesmos mitos.

Aliás, Lévi-Strauss, na introdução a *O cru e o cozido*, primeiro volume das *Mitológicas*, diz:

> o objetivo deste livro é mostrar de que modo categorias empíricas [...] podem servir como ferramentas conceituais para isolar noções abstratas e encadeá-las em proposições. A hipótese inicial requer, pois, que nos situemos [...] no seio [...] de um grupo de populações suficientemente próximas pelo *habitat*, pela história e pela cultura [...] sempre com a condição de que ligações reais de ordem histórica ou geográfica possam ser verificadas ou justificadamente postuladas...

Fica evidente, portanto, que, para Lévi-Strauss, a homologia mitológica entre os povos americanos, que vão do Alasca à Terra do Fogo, pressupõe uma comunidade genética, que se expandiu no tempo e no espaço. Assim, por mais que a análise estrutural lévi-straussiana pareça ser de natureza sincrônica, todo o fundamento das *Mitológicas* se apoia na perspectiva histórica, na ligação diacrônica entre etnias diversas — mas que são (vou repetir) "suficientemente próximas pelo habitat, pela história e pela cultura".

A teoria da origem comum — que é de Nuno Marques e também de Lévi-Strauss — também está na base do pensamento taxonômico de Lineu e do evolucionismo de Darwin: se os humanos se parecem mais com as guaribas que com os jacus ou jacarés, é porque guaribas e humanos têm um ancestral comum mais recente do que o ancestral compartilhado com os jacus e os jacarés. Com base nesse princípio, podemos desenhar árvores taxonômicas ou filogenéticas que ilustram a diacronia relativa de todos esses parentescos. Como nos gráficos:

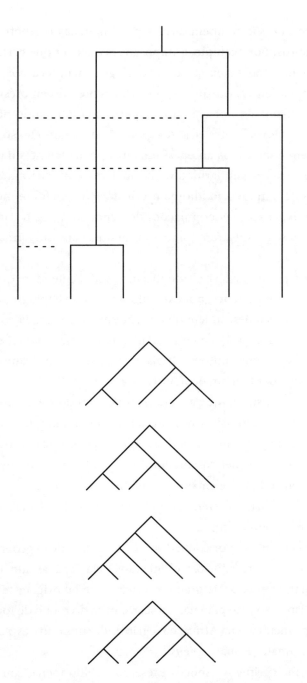

[Gráfico 3: Modelos de árvores filogenéticas]

Árvores desse tipo são também usadas por linguistas e geneticistas. Para os primeiros, por exemplo, é impossível conceber que certo número de coincidências sistemáticas entre línguas aconteça por acaso (criação independente); ou que sejam decorrentes de empréstimos sucessivos (transmissão por contato), especialmente quando não há contiguidade territorial entre elas. A *explicação* do fenômeno só pode ser a da origem comum: os antepassados dos povos falantes das línguas que apresentam similaridades sistemáticas empregaram, num passado distante, um mesmo idioma pré-histórico, que foi se modificando com a expansão das populações descendentes, por territórios cada vez maiores, até surgirem línguas autônomas em cada uma dessas populações.

Os geneticistas, por sua vez, e do mesmo modo, entendem que um grupo de indivíduos pertence, por exemplo, ao mesmo haplogrupo mitocondrial — ou seja, descendem de uma mesma antepassada comum em linha direta materna — se compartilha as mesmas mutações em seus respectivos genomas mitocondriais, por ser impossível supor que as referidas mutações tenham ocorrido por acaso.

Creio ter demonstrado que as múltiplas versões do roubo do fogo preenchem todos os requisitos necessários para que se aplique a elas a teoria da origem comum: vasta distribuição geográfica consoante critérios linguísticos e genéticos; predomínio quantitativo, nos mesmos moldes; e presença de um elemento qualitativo excepcional — o tema do roubo, que contraria a preferência pelo da doação nos demais mitos sobre a origem de bens culturais.

E mais: precisamente por conta dessa vasta distribuição geográfica, que alcança todos os territórios colonizados pela espécie humana, é possível afirmar, com enorme grau de certeza, que tal origem se situa antes de sua dispersão pelo planeta. Ou seja, o mito do roubo do fogo foi narrado pela primeira vez na África, na região onde surgiram e evoluíram os primeiros primatas *Homo sapiens*.

Eis, então, meu primeiro esboço de tese, concebido apenas com base nesses elementos:

Há muitíssimos milênios, uma pequena comunidade de animais onívoros surge sobre a face da Terra: os primatas Homo sapiens, *falantes de um único idioma, que têm o domínio do fogo e por isso se distinguem dos demais. Contam, a respeito do fogo, uma história sobre sua origem, ou conquista, onde o mesmo é roubado. São muito bem-sucedidos, os tais primatas. Começam a se reproduzir e a se dispersar, povoando territórios cada vez mais distantes. Aquela língua original vai se modificando, com a dispersão: comunidades há muito separadas já não conseguem se entender. Emergem, assim, diferentes línguas; o pequeno grupo primitivo se esgarça em inúmeras etnias distintas, quase sempre inimigas, que não mais reconhecem sua origem comum. Todavia, entre as mil histórias que tais primatas sabem contar, ainda há uma em que o fogo é roubado.*

Isso é por ora. O enredo ainda pode melhorar.

2.
exercício de restauração

Estabelecida a tese de que, dentre os seis tipos teóricos de mitos sobre a origem do fogo previstos na armação inicial, o do fogo roubado, por ser o mais frequente e amplamente distribuído, é necessariamente o mais antigo, uma questão se impõe: qual terá sido sua forma primitiva, aquela narrada pelo "primeiro" grupo de primatas *Homo sapiens*?

Do mesmo modo que os geneticistas selecionam trechos específicos do genoma para fins comparativos, com o fito de distinguir populações e linhagens, ou datar mutações, vou tomar como parâmetro quatro elementos narrativos independentes, do mito do roubo do fogo, entre os que me parecem mais essenciais, com esse mesmo propósito. Assim:

[a] que aspecto do fogo é obtido com o roubo;
[b] quem é o ladrão;
[c] qual o método empregado pelo ladrão; e
[d] quem é o dono original do fogo.

Os dados quantitativos constam das tábuas de 3 a 5, do apêndice "Aritmética do fogo". Antecipei os números relativos ao item [a]: nos 195 mitos do fogo roubado, o fogo possuído tem amplíssima vantagem, ocorrendo 134 vezes contra apenas 37 do fogo produzido. Logo, o protomito, ou a versão mais antiga do roubo do fogo, tratava de um fogo que era apenas possuído. É a primeira conclusão.

No que tange ao item [c], identifiquei seis métodos básicos de roubo:

[a] *oportunismo*, quando o ladrão se aproveita da ausência ou distração do detentor original;
[b] *trapaça*, quando o ladrão emprega um ardil para ludibriar o detentor original;
[c] *indiscrição*, quando o ladrão observa furtivamente o método de produção do fogo, ludibriando o detentor original;

[d] *agressão*, quando o ladrão agride o detentor original;
[e] *coação*, quando o ladrão ameaça, explícita ou implicitamente, o detentor original, ou se vale de alguma vantagem física para superá-lo; e
[f] *traição*, quando o ladrão revela o segredo do fogo a terceiros, sem consentimento do detentor original.

Dos seis métodos, a trapaça é de longe o mais frequente, ocorrendo em 84 mitos, contra números bem inferiores do oportunismo (27), da agressão (22) e da coação (12). Os demais têm cifras ainda menores. Podemos afirmar, assim, que o primeiro ladrão do fogo é um trapaceiro — um *trickster*, como era de esperar.

Antes de investigarmos as personagens do dono e do ladrão, vale uma breve consideração metodológica: adotei um critério *antropocêntrico* para definição das categorias, ou seja, identifiquei primeiro as personagens humanas, num sentido estrito; depois, as animais, agrupadas muitas vezes em conjuntos que não correspondem necessariamente à sua classificação zoológica, mas que compartilham características ressaltadas nos próprios mitos; e, por fim, os seres fantásticos antropoformes, que denomino genericamente *demiurgos*. Há ainda a ocorrência única de um monstro (R 049), classificado à parte, pois não pude distinguir se se trata de animal ou antropoforme.

Cabe mencionar as categorias híbridas, e importantíssimas (como iremos ver), dos "teriantropos": personagens humanas que se transformam em animais ou vice-versa; as que vestem "peles" ou "penas" de animais e adquirem suas habilidades; e as que se associam estreitamente a animais para executarem ações fundamentais à trama. Nesses casos, ficam classificadas consoante os animais que as constituem.

Denominei, genericamente, de *demiurgos*:

[a] os demiurgos propriamente ditos;
[b] as divindades;

[c] as personificações (ou zoomorfizações) de corpos celestes e fenômenos atmosféricos;
[d] os antepassados míticos em cujas biografias haja elementos sobrenaturais;
[e] os espíritos, os seres semicorpóreos, as entidades que povoam planos cósmico superpostos ao humano;
[f] os habitantes de planos cósmicos não terrenos, como o céu, o subsolo e o mundo subaquático; e
[g] os humanos detentores de poderes extra-humanos, como o de expelir fogo pelo ânus ou pelo atrito dos dedos.

É importante insistir num ponto: só classifiquei uma personagem como demiurgo se tal natureza é dedutível do texto. Por exemplo, no texto do mencionado mito tupinambá R 174, há um *rapaz* que espanta os urubus e rouba o fogo. Sabemos, por versões análogas de outros povos tupis, que o rapaz é certamente Maíra, um demiurgo. Todavia, como tal circunstância não está expressa, esse ladrão foi classificado como humano.

Voltemos, então, às análises. Não é muito difícil apontar quem tenha sido o dono original do fogo: em 62 mitos, ou *plots*, esse papel é preenchido por um demiurgo. Humanos e animais alados, por sua vez, têm *somadas* 64 ocorrências. A quarta categoria mais frequente, a dos felinos, alcança apenas 11, seguida pela dos aquáticos, com 7 ocorrências.

Outro dado aponta para a mesma direção: como veremos daqui a pouco, há uma correlação entre as personagens do dono, no roubo do fogo, e a do doador, nos mitos da dádiva, pois são ambas as únicas personagens *detentoras originais* do fogo. Pois bem: em 56 mitos do fogo doado, 34 doadores são demiurgos.

As dificuldades da restauração só começam quando tentamos definir quem foi o trapaceiro primordial que roubou o fogo. Alados são os mais frequentes, com 52 ocorrências, seguidos de perto pelos humanos, com 45.

Na sequência, temos os demiurgos, com 29; os exotérmicos, com 13; e os canídeos, com 12.[10]

Esses números, contudo, não são conclusivos. Não há, em relação ao ladrão, a mesma nitidez aritmética que nos permitiu definir com segurança, para o protomito, o tipo de fogo, o método de roubo e o dono original.

Por exemplo, no papel de dono, demiurgos são mais ou menos o dobro de humanos e animais alados. Já para o papel de ladrão, alados superam humanos em apenas 16%.

Se se incluíssem nessa contagem os cúmplices do ladrão do fogo, a situação dos alados melhoraria um pouco. O problema, todavia, é que o emprego de cúmplices como elemento narrativo é quase exclusivo das Américas — o que torna esse dado também inaplicável.

É necessário, portanto, adotar um critério alternativo, um pouco mais complexo: a análise do "genoma" do protomito como um todo. Temos a vantagem de já conhecer três dos quatro "genes", dos quatro elementos narrativos independentes que estruturam aquela narrativa: o tipo de fogo, o método de roubo e o dono original. O passo seguinte é tentar descobrir que tipo de ladrão aparece com mais frequência associado a esses elementos.

Um exame superficial dos dados da tábua 5 permite constatar que três categorias de personagens dominam amplamente as histórias do fogo: humanos, demiurgos e animais alados, que figuram 155, 135 e 104 vezes nas histórias — enquanto canídeos e exotérmicos dividem a quarta colocação, com apenas 23 aparições.

Assim, vou me valer das tábuas constantes do apêndice "Genótipos do roubo do fogo" e fazer o contraste entre essas três categorias principais e os elementos do protomito que já identificamos. Primeiro, entre ladrão e fogo roubado.

---

10. Roedores também ocorrem 12 vezes no *corpus*, mas sua distribuição é exclusivamente americana.

Os índices nos dão pistas interessantes: animais alados roubam quase seis vezes mais o fogo possuído (tipo de fogo constante do protomito) que o fogo produzido: são 41 contra 7.

Ladrões humanos também preferem o fogo possuído, mas já se nota entre eles um interesse maior pelo produzido: são 29 contra 12, cerca de duas vezes e meia, apenas.

Tal interesse aumenta ainda mais entre os demiurgos, que roubam 18 vezes o fogo possuído contra 10 do produzido, ou seja, não chegam nem ao dobro.

Logo, à medida que o ladrão sobe na escala ontológica — de animal alado para humano; e de humano para demiurgo —, cresce o interesse pelo fogo produzido.

Ora, se o fogo produzido surge, nos mitos do roubo do fogo, depois do possuído, esses índices sugerem que os ladrões humanos do fogo também teriam aparecido depois, a que se seguiram os demiurgos. Alados, assim, personagens mais antigas, teriam ficado mais arraigados ao tipo de fogo que costumavam roubar desde o princípio: o possuído.

Esse cenário se confirma com o exame da tábua 7, que confronta ladrão e método. Para tanto, reduzi as seis categorias de métodos a dois grupos elementares:

[a] as que se baseiam na astúcia e exploram a imprevidência ou a boa-fé da vítima: trapaça, oportunismo e indiscrição; e
[b] as que se fundam na violência, física ou moral, explícita ou implícita: agressão, coação e traição.

Verificamos que animais alados empregam mais de cinco vezes métodos baseados na astúcia (34 contra 6). Entre ladrões humanos, esse índice cai para duas vezes e meia (30 contra 12). Por fim, entre os demiurgos, a violência já supera a astúcia (10 contra 12).

Assim, do mesmo modo, à medida que o ladrão "evolui" na escala ontológica, métodos violentos de roubo se tornam mais frequentes. Logo, os métodos mais antigos (baseados na astúcia), e particularmente a trapaça, estão mais intimamente associados a ladrões alados. O tema da agressão se desenvolve quando começam a aparecer ladrões humanos. E vem a ser, mais tarde, o método preferido pelos demiurgos, tipo de ladrão que surge num terceiro momento.

Há ainda um dado interessante: na tábua 8, listei todas as outras categorias de ladrões associadas a seus respectivos métodos de roubo. Com exceção de um vegetal, são todos animais. E, entre eles, a astúcia ocorre sete vezes mais que a violência (42 contra 6).

A importância dessa última tábua é enorme: no âmbito da natureza, mais precisamente entre os animais *stricto sensu*, o valor é a inteligência. A força, bruta e ostensiva, começa a se expandir com a humanidade; e se consolida com deuses, demiurgos e outros seres antropoformes sobrenaturais.

Ora, isso é o inverso, me parece, do que se costuma dizer hoje no mundo "civilizado". O conceito corrente de "selvagem" ou "bárbaro", por exemplo, com todas as conotações de ferocidade e brutalidade que carrega, pressupõe uma proximidade maior da natureza e da animalidade (o mundo mau) — e um consequente distanciamento da "civilização" e da cultura (o mundo bom). Pelo visto, como provam os mitos, não era assim que se pensava, na alta pré-história. Mas isso é tópico para daqui a pouco.

Para completar a análise, confrontemos as ocorrências de ladrão e dono. Peço licença para extrair da tábua 9 uma pequena matriz comparativa:

dono → ladrão ↓	D	H	A
A	19	7	6
H	11	10	11
D	15	1	10

O dado mais imediato contido na matriz é a ratificação de que o papel primordial de detentor do fogo foi desempenhado por um demiurgo: todos os ladrões roubam mais frequentemente essa categoria de dono.

Todavia, o padrão encontrado nas tábuas 6 e 7 não se repete aqui. Ladrões alados têm os mais altos índices no roubo do fogo possuído e no emprego da trapaça, que são respectivamente tipo de fogo e método constantes do protomito. Como vimos, tais índices caem sucessivamente quando entram em cena ladrões humanos e demiúrgicos.

Na matriz acima, ladrões alados roubam mais vezes de demiurgos: 19 contra 13, considerando a soma de donos humanos e alados. Entre os humanos, o panorama se inverte: donos demiúrgicos são roubados menos vezes que a soma de humanos e alados (11 contra 21).

Todavia, embora haja a esperada queda na passagem do ladrão alado para o humano, como acabamos de ver, o índice volta a aumentar entre os ladrões demiúrgicos: 15 contra 11.

Creio que haja, para tanto, uma explicação estética: mitos do roubo são fundados em conflitos; e conflitos carregam mais tensão, concentram mais carga emocional quando o herói é mais "fraco" que o vilão, ou quando ambos estão em níveis similares. Quando o herói é mais forte, a história perde, em tese, um pouco da graça.

Logo, ao papel de ladrão demiúrgico (e não custa lembrar que, no roubo do fogo, o ladrão é herói) deve corresponder, preferentemente, um dono também demiúrgico, que equilibre a luta, que faça sobressair o valor do protagonista. Assim, não surpreende que só haja uma ocorrência de ladrão demiúrgico associada a um dono humano (primeiro *plot* de R 148).

Assim, se ladrões alados roubam mais vezes o fogo possuído; se roubam mais vezes empregando a astúcia; se roubam mais vezes donos demiúrgicos; e se o fogo possuído, a astúcia e o dono demiúrgico são seguramente elementos do protomito — o ladrão alado também faz parte dessa trama.

Estamos diante, portanto, de um resultado quantitativo que, além de outras coisas, expressa ou reflete a evolução estética do roubo do fogo: as mais antigas comunidades humanas passaram a contar uma história onde o fogo, bem exclusivo de um dono antropoforme de natureza *demiúrgica*, é roubado por um ladrão *trapaceiro* e *alado*, mais provavelmente aviforme, que conserva sua *posse* e o distribui entre as pessoas.

Pouco depois, os narradores introduzem personagens humanas no papel do ladrão, quando o fogo produzido e os métodos violentos de roubo também surgem na trama.

Humanos também começam a ser donos do fogo quando os demiurgos assumem o papel de ladrões. Investem, os demiurgos, ainda mais na violência; e também procuram mais o fogo produzido.

Numa tendência inversa, animais não alados que assumem o papel de ladrões continuam a preferir a astúcia como método de roubo, em detrimento da violência.

É esse, portanto, o arcabouço do nosso protomito; e os primeiros capítulos da sua proto-história.

Só chamo atenção, de novo, para a proximidade estatística entre as personagens aladas e humanas, no papel de ladrão. Apesar de toda a análise prévia apontar para a presença de um ladrão alado, um aviforme, no protomito, é forçoso reconhecer que a vantagem é tênue; que foi preciso escavar muito para chegar a essa conclusão.

Tal proximidade mostra que ladrões humanos ocuparam muito cedo esse papel. Talvez tenham sido quase contemporâneos, humanos e alados, no roubo do fogo. A razão disso se discute melhor no capítulo 3.

* * *

Antes de passar a novo tópico, falemos ainda de donos e ladrões do fogo. Vimos que as personagens mais frequentes, e mais antigas, a ocuparem esses papéis são os demiurgos, os seres humanos e os animais alados, variando em frequência em função do polo em que figuram. São também, as três categorias, as que mais aparecem, independentemente do papel, no conjunto de mitos sobre a origem do fogo.

Há um abismo flagrante entre essas três categorias e a segunda faixa de frequência, formada por canídeos e exotérmicos. Há ainda um terceiro bloco, entre 15 e 11 ocorrências totais, que reúne roedores, felinos, aquáticos e cervídeos.

É forçoso deduzir que a introdução de canídeos, exotérmicos, roedores, felinos, aquáticos e cervídeos se deu em momento tardio em relação à época do protomito, tendo mais provavelmente alcance regional. Há, contudo, aspectos interessantes que a opção por tais personagens ressalta, que me parecem de natureza fundamentalmente *estética*, embora sejam calcados sobre motivos mais antigos.

Felinos, por exemplo, figuram principalmente como donos do fogo, nunca como ladrões, tendo uma única participação no papel de doador. A preferência pela posição de dono é evidente: felinos são predadores potenciais da humanidade; e essa condição exacerba o tema da *vingança*, muito característico quando o dono do fogo ainda é o demiurgo original — como em R 009 (Deus castiga os pigmeus com a morte), R 019 (Obassi Osaw faz o Coxo ficar coxo), R 036 (Zeus manda a Águia comer o fígado de Prometeu), R 107 (Mar transforma os homens em animais) ou R 164 (a Velha lança sobre os homens a maldição da morte e da preguiça). Há muitos outros exemplos.

Canídeos, por sua vez, são mais frequentemente ladrões. Entre eles, há a personagem, hoje clássica, do Coiote, um dos principais *tricksters* norte-americanos, além da Raposa e do Graxaim. O número mais elevado de ocorrências desta categoria, no entanto, se deve à presença do Cão, que além de ladrão é doador e portador do fogo. Ou seja: tem papel ativo na obtenção e no compartilhamento desse bem.

Ora, cães foram domesticados há cerca de 10 mil anos. Sua entrada na mitologia do fogo é recente e facilmente datável. Sua função estética é, creio, acentuar a *proximidade*, a *comunidade*, ou mais propriamente a *afinidade* que a comunhão do fogo pressupõe e que se liga à noção de parentesco, como iremos ver.

Entre os ladrões mais frequentes, há também roedores e cervídeos. No que concerne aos primeiros, o sentido estético me parece óbvio: basta lembrar que "rato", entre nós, é metáfora de "ladrão". Já os cervídeos, animais de grandes galhadas, acentuam o motivo muito difundido da *extremidade inflamável*, engenhoso método de trapaça, que está em mitos como R 007 (do pigmeu cuja roupa tem uma cauda que pega fogo), em R 026 (do Cão cujo rabo pega fogo), em R 123 (do Corvo cuja cabeça pega fogo).

A introdução dos múltiplos tipos de animais aquáticos, que em geral são donos do fogo, também é óbvia: enfatizar o mencionado tema da *queda ontológica*, já que o fogo é incompatível com o meio líquido. A perda do fogo, assim, tem como consequência levar o dono aquático a assumir tal condição.

Resta o caso de répteis e anfíbios, que reuni sob a rubrica de *exotérmicos*, que me parece o mais complexo e fascinante. Há um dado que chama demais atenção: quase 75% dos mitos ou *plots*, em que figuram donos ou ladrões exotérmicos, apresentam simultaneamente o motivo do fogo corporal.

Por exemplo, num mito da Nova Guiné (R 074), o fogo fica no rabo da cobra Garubuiye, antes de ser roubado; entre os kabis, da Austrália (R 105), a Víbora-Surda tinha fogo dentro de si, roubado quando ela dá uma risada; mais ao norte, os gaagudjus (R 098) contam que dois irmãos se transformaram em crocodilos para matar as mães, que escondiam o fogo na vagina; num mito do Estreito de Torres (R 087), o Lagarto-de-Pescoço-Grande rouba o fogo mordendo (logo, *engolindo*) o sexto dedo incandescente de Serkar; entre os warraus, da Guiana (R 166), o fogo era de uma mulher-rã, que o vomitava para cozinhar e depois o lambia de volta; os ianomâmis xamataris (R 169) contam que o jacaré tinha o fogo na boca, também roubado quando ele deu uma risada; e entre os wari's de Rondônia (R 173) um pajé-sapo lança a língua para roubar o fogo do demiurgo Pinom.

A diferença mais marcante entre anfíbios e répteis relativamente ao grupo dominante de aves e mamíferos (que incluem humanos) é a temperatura do corpo: constante nos últimos (daí serem chamados de endotérmicos ou homeotérmicos); e dependente, nos exotérmicos, do nível de calor ambiente.

Ora, a presença do fogo corporal em exotérmicos me parece muito fortemente associada ao motivo da queda ontológica: se tinham fogo no corpo, passam a ter o corpo frio, quando esse fogo é roubado.

Assim, embora figurem principalmente como ladrões, creio que, no princípio, exotérmicos surgiram na trama do roubo no papel de donos do fogo.[11]

É impossível não lembrar de um animal mítico extremamente comum no Oriente asiático, de onde se difundiu pela Eurásia, que mantém imensa popularidade no imaginário universal ainda hoje: o dragão — réptil, ou exotérmico, que cospe fogo.

Se houver ligação real, concreta, histórica, entre as cobras, lagartos, crocodilos e sapos que escondem fogo na boca e os dragões, teremos chegado a recuperar a gênese de um animal mítico, que sobrevive desde a alta pré-história. Seria mais uma demonstração da permanência do roubo do fogo.

* * *

Estabelecido o arcabouço do protomito do roubo do fogo, é legítimo indagar como e quando surgiram narrativas sobre a origem do fogo que não envolvem roubo. Tomemos, para tanto, o mito francês referido no périplo ficcional do padre Jácome:

R 032
A Cambaxirra rouba o fogo do céu e, quando vinha para a terra, suas asas pegam fogo; ela passa o fogo para o Pintarroxo, que queima o peito; o Pintarroxo passa então o fogo para a Cotovia; e a Cotovia entrega o fogo à humanidade.

A única indicação, no texto, de que se trata de um mito sobre o roubo do fogo é o verbo *roubou*. Não há menção ao dono, nem ao método. Sa-

---

11. São 13 ocorrências contra 6. Como o número total é baixo, a comparação estatística pode apresentar distorções.

bemos que é um fogo possuído, que deve ser transportado fisicamente, pelo dano provocado em seus portadores: queimou as asas da Cambaxirra e o peito do Pintarroxo. Coube, assim, à Cotovia completar a dádiva. Reparem a ênfase: não se diz quem é o dono original do fogo; mas o beneficiário é expresso. Mais: no texto reproduzido por Frazer, a frase final, que resumi, corre assim, literalmente: *então a Cotovia pegou o fogo sagrado e, carregando-o em segurança para a terra, entregou esse tesouro à humanidade.*

A ênfase, que pedi para repararem, está no valor do bem e na grandeza da doação dos três pássaros: Cambaxirra e Pintarroxo chegam a se sacrificar para cumprir a missão.

Comparemos com um mito normando, também reproduzido em Frazer:

D 014

Quando não havia mais fogo e ninguém sabia fazer, as pessoas decidiram apanhá-lo com o Bom-Deus. Mas ele morava longe. Pediram aos grandes pássaros, que recusaram. Pediram aos médios, que recusaram. A pequena Cambaxirra se ofereceu. Era pequena e não acreditaram nela. Mas ela foi. O Bom-Deus ficou surpreso, deu o fogo e advertiu que ela voasse devagar para não se queimar. Quando se aproxima da terra, ela acaba acelerando o voo. E perde as penas. Os pássaros tiram uma pena de cada um para dar à Cambaxirra. Menos a Coruja. Por isso, ela só sai à noite. Se sair de dia, os pássaros a afugentam. Ninguém pode matar ou desaninhar a Cambaxirra.

Este é um dos 56 mitos que classifiquei como do fogo doado, segunda categoria mais frequente dos mitos sobre a origem do fogo. Há, em D 014, um dono original expresso, o Bom-Deus, que é o doador. Há a Cambaxirra, que é a donatária, mas não a beneficiária da dádiva. Beneficiários são as pessoas que não tinham mais fogo e não sabiam produzi-lo; e por isso foram pedir aos pássaros que o apanhassem com o Bom-Deus; e que depois recompensaram a Cambaxirra se eximindo de matá-la ou desaninhá-la. Temos ainda outros pássaros, solidários à Cambaxirra; e a Coruja, vilã da história, punida por seu *egoísmo*.

Grifei o egoísmo da Coruja porque ela é, aparentemente, uma personagem gratuita na trama. É raríssimo, na verdade, em mitos do fogo doado, que ocorram punições. No caso da Coruja, sua punição é uma *queda ontológica*: a vida diurna (que é a natural, da perspectiva de quem narra) passa a ser proibida para ela. Ora, a vida noturna é a de quem não tem fogo — ou de quem *perde* o fogo. O castigo da Coruja seria extremamente compatível com uma história do roubo do fogo em que ela figurasse no papel de dono original.

Assim, além da óbvia relação que a mera leitura estabelece entre os mitos R 032 e D 014, pelas evidentes semelhanças entre os respectivos enredos, temos uma conexão ainda mais forte entre eles: a presença da Coruja em D 014, personagem cujas funções narrativas são próprias de mitos sobre o *roubo* e não sobre a doação do fogo.

Logo, é seguro dizer, é muito seguro dizer, é seguríssimo dizer que o mito D 014 não é apenas variante de R 032: D 014 é uma versão *posterior*; é cronologicamente mais recente; e portanto *derivada* de R 032 ou de um protomito anterior a ambos.

Aliás, todo o abrandamento que se percebe em R 032 — a omissão do dono, a omissão do método, a ênfase na dádiva e a hipotrofia do conflito — parece preparar o terreno para essa transição: a do fogo roubado para o fogo doado.

Estruturalmente, tal transição decorre de uma simples mudança no caráter do dono do fogo, que deixa de ser egoísta para ser generoso, provocando, com isso, a conversão do ladrão em mero donatário. Os narradores míticos podem partir de um modelo preexistente ou simplesmente criar uma história, com esses novos elementos. Não se trata, assim, de uma derivação necessariamente *textual*, mas *estrutural* dos mitos do roubo.

O que há de comum entre os dois grupos é o compartilhamento do fogo, no final da história: nos mitos do roubo, quem compartilha é o ladrão, ou seu cúmplice; nos mitos da dádiva, a iniciativa cabe ao próprio detentor original.

Não é diferente em outras três classes de mitos: o portador, no fogo buscado; o inventor, no fogo inventado; e o coletor, no fogo colhido — todos eles compartilham o fogo.

Vejamos exemplos das quatro categorias. Primeiro, um mito dos índios cherokees, dos Estados Unidos:

B 025

Não havia fogo e os trovões mandaram relâmpagos que puseram fogo no fundo do buraco de um sicômoro que crescia numa ilha. Os animais que podiam nadar ou voar se apresentaram para pegar o fogo. Primeiro o Corvo, que desistiu quando sentiu o calor e ficou com as penas pretas; depois vão três tipos de corujas (Screech, Hooting e Horned Owl) e fracassam, ficando queimadas. Depois foram nadando a Pequena Cobra Preta e a Grande Cobra Preta, que fracassaram e ficaram pretas. Outro concílio foi feito, e a Aranha-d'Água decidiu ir. Fez uma teia e pôs uma brasa num prato de madeira, trazendo o fogo.

Reparem que o narrador faz apenas uma operação fundamental: suprime o dono. Apesar de o fogo ter origem nos relâmpagos, não há um guardião que impeça sua coleta. O conflito, assim, desaparece. A dificuldade consiste apenas em ir buscar o fogo, para depois distribuí-lo. Essa dificuldade é enfatizada pelas várias tentativas fracassadas, até o sucesso da Aranha-d'Água. No fogo buscado, como no roubado, muitas vezes se investe na descrição da aventura, geralmente perigosa, que constitui o deslocamento do herói, como núcleo estético da narrativa.

Mitos do fogo inventado são também narrativas brandas, distensas, como a da cosmogonia fenícia, segundo a versão de Filo de Biblos:

I 003

De Aeon (que descobriu a nutrição pelas frutas) e Protogonos, primeiros mortais, nascem Genos e Genea, que povoaram a Fenícia. Deste casal, nasceram três filhos também mortais: Luz, Fogo e Chama. Estes irmãos descobriram o fogo esfregando gravetos e depois ensinaram sua utilidade.

Ou como este, dos iacutos da Sibéria oriental:

I 008
Um homem vagava a esmo num dia de calor. Sentou-se para descansar e, como não tinha nada para fazer, bateu duas pedras ao acaso. O fogo se alastrou. Mas a chuva o apagou. Os homens aprenderam como fazer e extinguir o fogo.

O mesmo ocorre nos mitos do fogo colhido, como nesse exemplo melanésio, de etnia não identificada:

C 016
No princípio, o fogo veio do interior da terra. Mas se perdeu. Uma mulher teve filho e sentiu frio. E desejou calor. Caiu do céu oportunamente o fogo. O pai da mulher alimentou o fogo com folhas secas. Os que vieram felicitá-la pelo nascimento do bebê receberam um tição.

E neste, dos dogons do Mali:

C 001
Uma mulher é atraída pelo fogo resultante de um raio. Põe a mão e se queima. Depois, usa um pedaço de pau. Ela e os demais passam a comer cozido em vez de cru.

Há três caracteres nas narrativas da invenção e da coleta que as tornam muito diferentes dos mitos do fogo roubado, doado e buscado:

[a] o fogo, no início da história, é inexistente no cosmo (nas outras, é preexistente);
[b] o fogo é obtido em função do *acaso* (nas outras, há intenção de obter o fogo); e
[c] a descrição do processo por que o fogo se obtém é extremamente racional, na essência da mensagem, reproduzindo a suposta origem histórica, real, do controle do fogo pela humanidade, como fazem os arqueólogos.

O mais importante desses aspectos, para mim, é precisamente o último: um esboço de discurso científico que parece substituir a abordagem radicalmente metafórica dos estilos míticos mais arcaicos. Vale notar que esse discurso não é exclusivo de povos ditos "civilizados", aparecendo também entre populações forrageiras (ou caçadores-coletores), como os semangs da Malásia ou os ilhéus andamaneses.

Por isso, é impossível associar o abrandamento, a racionalização ou mesmo a eliminação dos mitos sobre a origem do fogo aos processos "civilizatórios", à ideia de "evolução" da cultura e da ciência. Mitos de todas essas categorias ocorrem em sociedades forrageiras, agricultoras e industriais, sem distinção, sendo às vezes coocorrentes numa mesma família linguística ou num mesmo grupo étnico.

Resta o raríssimo caso dos fogos vendidos, como esse mito dos kiwais, que vivem ao redor do Golfo da Papua, na Nova Guiné:

V 003
Um homem perdeu o filho, levado por um Crocodilo. Foi procurar seu espírito. Chega a Kiwai. Lá, um Velho não tinha fogo e secava peixes ao sol. O homem tinha uma Cacatua que falava e sabia muitas coisas. Ele promete trazer fogo ao velho (presume-se em troca do espírito do filho). A Cacatua vai, pega o fogo e dá ao Velho. O Velho até hoje o conserva (e presume-se que o homem encontrou o filho).

E esse outro, dos maias quichés:

V 004
Uma tribo (cuja criação não é clara) tinha o fogo. Quando Jaguar Quiché e Jaguar Noite o avistam em Tula, o desejam. E Tohil dá o fogo a eles, que aquecem as tribos todas. Depois, uma chuva negra e o granizo apagam o fogo e eles ficam com frio. Conseguem o fogo de volta com Tohil, que em troca exige sacrifício humano (sugar o coração por baixo da axila).

São duas situações um tanto distintas, mas que significam essencialmente a mesma coisa: no mito kiwai, o dono do fogo *necessita* de outro bem e propõe a troca; no mito maia, o dono do fogo *condiciona* sua entrega ao recebimento de outro bem.

Não é o que ocorre, por exemplo, com a Mosca-Varejeira de um mito siamês (R 054), que condiciona roubar o fogo ao direito de picar os búfalos e as pernas dos tolos; nem com o Coelho de um mito koasati (R 151), que condiciona roubar o fogo ao direito de dormir com todas as filhas de certo homem.

Nos mitos da venda, como V 003 e V 004, o dono do fogo está numa relação direta e antagônica com quem deseja o fogo, sendo ou não sendo o primeiro a propor a mediação. Coelho e Mosca-Varejeira, ao contrário, são *aliados* de quem deseja o fogo: a relação antagônica que estabelecem é com o dono do fogo, que será roubado.

Estruturalmente, para se obter um mito da venda a partir dos mitos do fogo é necessária uma mudança dupla e simultânea no caráter das personagens antagônicas, que se submetem à *negociação* para evitar o conflito.

Como nos mitos do roubo, nos casos da venda quem tem o fogo não dá. Há, naturalmente, como afirmei, certa tensão entre os polos de quem tem e o de quem aceita ou exige a cessão do fogo. Mas é uma tensão intermediária, mais fraca, que fica entre a máxima existente nos mitos do roubo e a mínima (que quase sempre é nula) dos mitos da dádiva.

Há dois aspectos relevantes na venda: sua ocorrência é raríssima; são apenas quatro mitos num *corpus* de 328. É muito pouco. Há, portanto, alguma coisa nela que foge a uma ideia geral presente nas outras categorias. É o segundo aspecto que considero relevante: o fogo vendido é a única categoria em que não ocorre *doação*. Pelo contrário: há resistência a ela.

Mesmo no roubo e na busca, há uma doação posterior, secundária na trama, mas necessária ao desfecho da narrativa, ainda que esteja implícita nela. No fogo inventado, acontece o mesmo: quem inventa o fogo o distribui depois. No fogo colhido, quem coleta o fogo também o compartilha.

Matamos, assim, a charada: a venda do fogo é rara porque contraria um princípio básico que presidiu ao mito do roubo e aos demais mitos que dele derivam, como o da busca e o da dádiva. Esse princípio é a própria dádiva, explícita em sua categoria *stricto sensu*; e implícita nas outras. O fogo é roubado para ser distribuído; e quando é doado, buscado, inventado ou colhido, também é distribuído. Há sempre um beneficiário, ao menos um, que *não paga* pelo fogo.

Um mito das Ilhas Carolinas, na Oceânia, enfatiza bem esse aspecto, de que o fogo é um bem de natureza coletiva, que o acesso a ele constitui um direito:

R 075
No princípio, não havia fogo nem cerâmica. Caiu o Trovão em forma de cachorro numa árvore de espinhos (pandanus). Pediu socorro a uma mulher que tinha dois filhos e que estava ali assando taro ao sol. Ela tinha medo. Ele pega o taro e põe no sovaco. Quando devolve, estão cozidos e a mulher aprecia o sabor. Trovão ensina como fazer fogo (põe paus no sovaco e depois fricciona) e cerâmica. Os outros homens pedem a ela o segredo. Ela não dá. Eles invadem a casa dela e roubam o fogo. Pedem o segredo da cerâmica, prometendo a ela prestígio e pagamento. Mas pelo fogo não pagaram nada.

Ou seja, de todos os bens culturais, só o fogo não pode ser objeto de contraprestação. Como iremos ver, as razões disso estão na raiz do que nos torna humanos.

* * *

Assim, podemos traçar uma árvore filogenética dos mitos sobre a origem do fogo, partindo do fogo roubado:

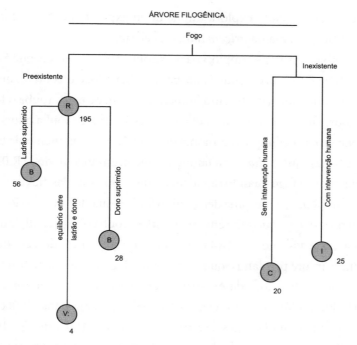

[Gráfico 4: Árvore filogenética dos mitos sobre a origem do fogo]

Repare que as linhas de derivação seguem princípios estruturais, ou seja, indicam as mudanças na constituição das personagens. A dimensão de cada linha é inversamente proporcional à frequência da categoria correspondente, podendo ser sugestiva — e apenas sugestiva — de sua cronologia.

Falta apenas discutir os casos em que o controle do fogo é um pressuposto, ou seja, quando não há relatos míticos sobre sua origem.

* * *

Sabemos que o fogo, como fenômeno natural, tem origem principalmente nos raios, que parecem vir do céu e cair sobre árvores, provocando incêndios.[12] Ora, um dos elementos narrativos mais constantes dos

---

12. Eduardo Viveiros de Castro (doravante, EVC) me lembra o caso dos vulcões. Tem razão. Podem ter sido, os vulcões, a razão de haver mitos onde o fogo é subterrâneo. Concordamos que a origem celeste é, contudo, mais frequente.

mitos do fogo roubado explora implícita ou explicitamente, de forma forte ou fraca, o tema da *origem alta*, ou celeste.

A Cambaxirra, por exemplo, voa para roubar o fogo no céu, que é *alto* (R 032); Trrar desce do céu, que é *alto*, para roubar o fogo escondido numa montanha, que é *alta* (R 110); um homem comum, na terra, rouba o fogo dos urubus, vindos do céu, que é *alto* (R 174); Prometeu rouba o fogo de Zeus, que vive no Olimpo, um monte *alto* (R 036); um pigmeu pula uma cerca de lianas, que é *alta*, para também roubar um fogo divino (R 008); Motu descobre o fogo quando rapta uma mulher do Povo das Nuvens, que vive no *alto* (R 022); a Cacatua deixa cair o fogo enquanto voa *alto* (R 092); o Macaco-do-Coco, que sobe em árvores *altas*, rouba o fogo da divindade do trovão, que vive no *alto* (R 067); o mesmo Trovão cai do céu, que é *alto*, numa árvore pandanus, que é *alta* (R 075); o pequeno Louva-Deus, que voa *alto*, rouba o fogo da Avestruz quando ela sobe numa árvore, que é *alta* (R 002); o Veado esconde o fogo no *alto* da sua cabana (R 066); o Falcão tem que voar *alto* antes de espalhar o fogo oculto *embaixo* (R 103); Botoque fica preso num rochedo, que é *alto*, para depois roubar da Onça o fogo que arde no tronco de um jatobá, árvore que é, ou foi, *alta* (R 185); Maui, para roubar o fogo no submundo, que é *baixo*, teve primeiro de se transformar num pássaro, que voa *alto* (R 076); do mesmo modo, o Castor e a Águia, para roubar o fogo numa casa subterrânea, que é *baixa*, têm de primeiro se iniciar numa montanha, que é *alta* (R 136).

Dei esses exemplos meio de memória, apenas para ilustrar o conceito de origem alta. Quem se dispuser a ler o inventário do capítulo 5, perceberá, com certa facilidade, a alta frequência dessas associações: ou o fogo está originalmente no alto ou pertence a um dono que tem acesso a lugares altos; ou o ladrão tem de ir a um lugar alto, antes de roubar o fogo.

Ainda que o conflito pareça se passar num eixo horizontal, ou num sentido "para baixo" (como no caso de Maui ou do Castor e a Águia), tais referências sugerem uma permanência subtextual do protomito: o *locus* celeste como lugar de origem do fogo.

Vejamos um interessante mito dos yaos, povo banto que habita a região do Lago Niassa, entre Malawi e Moçambique:

S 004

Mulungu não criou os homens, só os animais. Um dia, o Camaleão pegou o primeiro homem e a primeira mulher na sua rede de pesca. Mulungu disse para o Camaleão observá-los. Ele viu as pessoas fazerem fogo. O fogo assustou todos os animais, que fugiram. O Camaleão subiu na árvore; e Mulungu teve que pedir ajuda à Aranha, que fez uma teia para ele subir ao céu. Lá, decretou que os homens, quando morressem, fossem também ao céu.

Não é preciso ser um Lévi-Strauss para perceber que a narrativa yao é uma inversão quase completa de mitos do roubo do fogo. A história se apresenta, inicialmente, como um mito do ladrão indiscreto, que rouba o segredo do fogo espionando o processo de produção (como em R 050, R 051 e R 089). Mas não é isso que acontece: o Camaleão vê como se faz, mas não ensina nem reproduz o método. Não se trata, portanto, do roubo do fogo. No mito yao, o fogo é *preexistente*, é inerente à natureza humana: a humanidade *sabe* fazer fogo, *ab initio*.

Nos mitos do roubo, animais, alados ou não, costumam ter o papel de ladrões. Ou seja, são *atraídos* pelo fogo. No mito yao, o fogo os *repele*. Seres demiúrgicos, por sua vez, são geralmente donos do fogo: no mito yao, o deus Mulungu, que cria os animais, não cria os homens — que são, eles sim, donos do fogo.

O fogo roubado tem, quase sempre, origem celeste. Os yaos, contudo, atribuem a ele uma origem aquática — que, na perspectiva da terra, é um plano oposto ao do céu. O fogo não apenas repele Mulungu: obriga o deus a mudar de plano cósmico. Ou seja, se ser dono do fogo implica o máximo de *atração*, subir da terra ao céu significa o máximo de *repulsão*. No caso do Camaleão, a repulsão foi intermediária: ele apenas sobe numa árvore — o que não deixa de aludir ao motivo da origem alta.

O Camaleão, aliás, é proeminente personagem em muitos mitos africanos. Numa das versões iorubás da criação do mundo, ele é enviado para verificar se a terra já estava seca. Entre os pigmeus, ele provoca o dilúvio, ou a grande inundação com a qual emergem os primeiros humanos. E, entre os zulus, ele se torna responsável pela morte.

Todos esses temas estão — não exatamente invertidos — mas deslocados no mito yao: em vez de espionar uma terra úmida que seca *naturalmente*, espiona homens que *queimam deliberadamente* uma terra já seca; em vez de dar origem *indireta* a uma humanidade aquática, apanha *diretamente na água* o primeiro casal humano; e em vez de ser responsável pela origem da morte, é responsável pela emersão da humanidade, que será condenada a subir ao céu depois de morrer.

O mito yao, portanto, é uma refinadíssima obra de arte narrativa, cujo profundo significado decorre do seu contraste tácito com uma série de outros mitos que formam o complexo mitológico subsaariano. Entre esses mitos, está o do roubo do fogo, como acabamos de ver. Ao inverter ou deslocar alguns temas ou motivos do roubo do fogo, o narrador yao radicaliza a ideia de que o fogo é o traço distintivo elementar entre duas categorias antagônicas de seres cósmicos: humanos e não humanos (que inclui animais e divindades). Para o narrador yao, a relação entre fogo e humanidade é imanente — e não decorrente de um processo de aquisição e diferenciação a partir de uma origem comum, como na tese que embasa a grande maioria dos mitos do roubo do fogo. Ao proporem essa nova teoria, os yaos têm de eliminar o roubo do fogo do seu inventário mítico — mas *continuam se referindo a ele*, de maneira latente. O roubo do fogo, portanto, sobrevive.

Há outros casos interessantes. O tema da origem alta, por exemplo, às vezes aparece em mitos que não se referem textualmente à origem do fogo, mas aludem indiretamente a ela, como no mito hebraico da Torre de Babel:

S 006
Depois do dilúvio, os filhos de Cam, Sem e Jafé emigram para o Oriente, para a terra de Senaar (Babel). Lá, decidem construir uma torre, para atingir o céu. E cozinham tijolos com esse propósito. Javé desce; vê que formam um povo único; e que tudo será possível para eles. Então, confunde as línguas. E eles se dispersam.

Esse mito, ou esse trecho do mito da criação do mundo, é importantíssimo, porque não há, no *Gênesis*, nenhuma história sobre a origem do fogo. Essa passagem é a primeira em que aparece um fogo manipulado por humanos. A única menção anterior é à espada ígnea do Anjo que guarda a entrada do Éden. Javé se manifestará depois, numa montanha (que é alta), na forma de uma sarça ardente.[13] Mas o fogo humano, o fogo que cozinha (comida ou tijolos), é introduzido na narrativa sem que se explique como foi adquirido.

No protomito universal do roubo do fogo, o dono original é um ser demiúrgico, como Javé. O lugar de origem é o céu, que é alto, onde mora Javé. E o ladrão é um animal alado que vai até o céu para trapacear; e roubar o fogo.

Ora, na história da Torre de Babel, o fogo é preexistente: logo, não há nem roubo, nem pássaro ladrão. O fogo está na terra, posição inversa à do protomito. No mito da Torre de Babel, os homens, *que já têm o fogo, querem* por meio dele (e dos tijolos que farão a torre) atingir o céu. No protomito, os homens, *que não têm o fogo, precisam* atingir o céu, para obtê-lo. No protomito, o dono do fogo sofre uma *queda* ontológica; e se vinga do ladrão, *que foi ao céu*. Na Torre de Babel, Javé, onipotente, desce ou *cai*, do céu para a terra; e se vinga dos homens, *por pretenderem ir ao céu*.[14]

Como se vê, o efeito estético, a beleza do mito da Torre de Babel aumenta muito quando se tem em mente, quando o pano de fundo, quando o mito incidental é o do roubo do fogo. Na época em que o narrador hebraico contou essa história pela primeira vez, fazia conscientemente, sem nenhuma dúvida, um contraponto, um paralelismo com mitos onde o fogo era roubado, tinha origem alta, havia vingança e queda ontológica.

---

13. EVC me informa que Javé está, etimologicamente, associado aos vulcões; ou seja, ao fogo.

14. EVC nota a analogia entre o mito da Torre de Babel e a passagem dos *Atos dos Apóstolos*, em que o Espírito Santo desce do céu, no dia de Pentecostes, sob a aparência de línguas de fogo, para dotar cada um deles da capacidade de falar em outras línguas.

O roubo do fogo, assim, sobrevive. E um dos mais claros índices dessa sobrevivência é precisamente o tema da origem alta, que o mito hebraico inverte. Vou dar outro exemplo, que vem de uma família linguística, a mandê, onde não encontrei, no curso das minhas leituras, nenhum mito sobre a origem do fogo. Vejamos uma versão da epopeia de Sundjata, o herói mandinga, quando, no início do poema, dois irmãos caçadores — Abdu Karim e Abdu Kassim — vêm do "Marrocos" ao Mali para enfrentar o espectro da Mulher-Búfalo que devastava as terras de Dò ni Kiri. Entre diversas peripécias, há um passo em que se exige de Maghan Konfara (o senhor de Konfara) um sacrifício, antes da partida dos irmãos. Traduzo da tradução inglesa:

S 001
Os caçadores perguntaram: qual é o sacrifício?
Maghan Konfara respondeu (lendo na areia): oferecer três pilhas de amendoim;
vá e pegue um pouco de palha velha do teto de uma casa;
ponha fogo na palha e torre os amendoins;
chame as crianças para comer;
enquanto as crianças comem,
fique de pé, ao lado delas, com sua aljava de flechas;
quando as crianças terminarem de comer o amendoim,
espere que se levantem, e digam: que Allah responda a esse sacrifício.

Há uma série de sentidos e referências subjacentes nas prescrições impostas ao sacrificante. Por exemplo: que o fogo seja aceso na palha velha do teto de uma casa; que ele se mantenha de pé enquanto as crianças comem; que tenha consigo aljavas com flechas; que as crianças se levantem antes de pedirem a Allah a aceitação do sacrifício.

São, todas essas, evocações tácitas do mito do fogo roubado. Para constatar isso, basta notar que o teto de onde se tira a palha velha é *alto*; que, em relação a quem come sentado, a postura em pé é *alta*; que flechas se atiram para o *alto*; e que as crianças tenham de assumir uma postura *alta*, ao se levantarem, antes de se dirigirem a um deus que está no *alto*.

E há mais: o sacrifício implica uma busca pela palha onde o fogo irá arder ("*vá e pegue um pouco de palha velha do teto de uma casa*"). Maghan Konfara cumpre à risca essa ordem, *indo* até a casa onde suas mulheres *cozinham*.

S 001

...

Ele ofereceu os amendoins.
Ele os dividiu em três pilhas.
Ele foi até a cozinha de suas esposas.
Ele apanhou um pouco de palha velha do teto.
Ele acendeu o fogo.

Ou seja, alguém, que *precisa* de fogo para torrar amendoins, *se desloca* até um lugar onde *se faz fogo* regularmente, para apanhar o combustível em um lugar *alto*, e depois *compartilhar* o amendoim torrado. É o esqueleto perfeito de uma história sobre o roubo do fogo, que embute, como vimos, tanto a busca quanto a dádiva.

Se se acresce ainda que o objetivo do sacrifício é assegurar o sucesso da missão de Abdu Karim e Abdu Kassim, ou seja, *caçar* a Mulher-Búfalo e consequentemente *trazer* uma esposa para Maghan Konfara, esposa essa que irá futuramente cozinhar *sob o mesmo teto de onde veio a palha do fogo sacrificial* — temos o elemento de conflito que faltava à metáfora, para caracterizar esse episódio da epopeia mandinga como uma mutação do mito do roubo do fogo.

* * *

O teto das casas como metáfora do céu, lugar de origem do fogo; ou a mulher como metonímia do próprio fogo de cozinha são signos tão permanentes que podem ser encontrados muito longe do país Mandinga — como, por exemplo, nos Andes peruanos, extremo de um percurso similar ao feito pelo próprio *Homo sapiens* na colonização do planeta. Dou abaixo meu resumo de um fragmento do *Manuscrito de Huarochirí*, texto quêchua do século 16:

S 014

No tempo em que os homens se odiavam e só davam valor a quem fosse rico, um moço pobre, filho de Pariacaca (um demiurgo), comia apenas batatas assadas na terra quente, e por isso era chamado Huatyacuri. Na mesma época vivia um poderoso chefe chamado Tamtañamca. Tinha uma casa enorme, telhada com asas de pássaros. E se dizia sábio (ou seja, xamã). Tamtañamca, contudo, ficou doente. Nenhum outro sábio o curava. Um dia, Huatyacuri dormiu numa picada; veio um Cão da parte de cima, outro da parte de baixo, e começaram a conversar. O Cão de cima, então, contou que Tamtañamca estava doente e que ninguém sabia a origem do mal. Mas ele, Cão, sabia: um grão de milho saltou do tostador e entrou na vagina da mulher de Tamtañamca; e ela mesmo assim deu o tal grão para outro homem comer. Desde então, por causa deste adultério, duas Serpentes devoram as cordas (do teto) da casa; e um Sapo de duas cabeças habita embaixo da pedra do moedor. Huatyacuri ouviu os Cães. Sabia que Tamtañamca tinha duas filhas e que a mais nova não estava casada. Foi, então, até Tamtañamca. Encontra a filha mais nova e diz que, se ela se juntasse a ele, salvaria o pai. Ela aceita. Os outros sábios não acreditam que um homem pobre possa fazer o que eles não conseguiram. O genro, marido da mais velha, fica furioso. Mas o doente promete dar a filha se ficar curado. Huatyacuri revela o adultério da mulher e o esconderijo dos animais que estão provocando a enfermidade. As Serpentes são mortas e o Sapo foge para um lago. Huatyacuri leva a filha mais nova e faz sexo com ela na picada que leva ao lugar onde seu pai, Pariacaca, tinha posto cinco ovos, ovos de que nasceriam cinco Falcões que se transformariam em cinco homens (segundo outras fontes, Pariacaca teria nascido de um desses ovos, e os ventos, dos outros quatro).

A primeira coisa que chama a atenção, nesse mito, é a menção, aparentemente inútil, ao significado do nome do herói, Huatyacuri: *comedor de batatas assadas na terra quente*. Ou seja, consumidor de comida crua, porque a comida assada, numa acepção estrita, pressupõe necessariamente a intervenção do fogo.

Ora, essa circunstância ou característica de Huatyacuri é uma ponta solta na narrativa. Não há solução para ela, ao menos no nível explícito do relato. Inversamente, o que se resolve é outra circunstância da mesma personagem: a pobreza — que se reverte em riqueza quando ele se torna genro de Tamtañamca, homem sábio, poderoso e rico.

Para quê, portanto, identificá-lo como comedor de cru, no princípio do relato, se não se trata de uma história sobre a obtenção do fogo? A resposta é óbvia: *porque se trata, na verdade, de um mito sobre a obtenção do fogo*, apesar da elipse.

É importante identificar, primeiro, os elementos que fazem de Tamtañamca um homem rico: a posse de uma enorme casa (enquanto Huatyacuri dorme nas picadas); o fato de ser casado e ter duas filhas, que lhe permitem obter genros também ricos, como ocorreu com a mais velha (enquanto Huatyacuri é solteiro e sem filhos); e o fato de comer comida cozida (enquanto Huatyacuri come cru).

Esse é o ponto: o grão de milho que toca na vagina da mulher antes de ir para a boca de outro homem salta do *tostador*. A mulher de Tamtañamca, portanto, não lhe dá apenas sexo, filhas e genros ricos — mas também comida cozida, *processada com fogo*. É ela, a mulher casada, a dona fogo.

Logo, quando Huatyacuri obtém a filha mais nova de Tamtañamca, obtém também, implicitamente, o fogo. Mitos não têm pontas soltas.

E obtém como? Pondo *abaixo* o teto da casa, que é *alto*, feito com asas de pássaros, que voam *alto*, para matar duas serpentes, que deveriam rastejar *embaixo*; e expulsando um sapo que estava *embaixo* de uma pedra, que é *sólida* e está *no nível* do solo, para um lago, cujo meio é *líquido* e avança para *baixo do nível* do solo.

São claras, portanto, as semelhanças entre estratégias simbólicas das narrativas mandê e quêchua. Há só mais um aspecto que quero enfatizar: a relação entre fogo e casamento exogâmico. Huatyacuri só conquista o fogo quando se torna genro de Tamtañamca; e Maghan Konfara, inversamente, para obter a esposa desejada, precisa realizar um sacrifício que envolve um fogo aceso com palha do teto da casa onde outras esposas cozinham.

Como espero demonstrar, no capítulo 3, os mitos do roubo do fogo se ligam à origem do parentesco.

* * *

Estamos aptos, creio, a montar uma súmula mais pormenorizada da evolução histórica dos mitos sobre a origem do fogo. Peço desculpas se haverá certa repetição de ideias, mas o esquema é necessário para acompanhar melhor, depois, as conclusões.

[Esquema 4]

A Origem do Fogo

1ª fase

Uma comunidade humana começa a contar uma história sobre a origem do fogo. O enredo envolve duas personagens principais: um ser demiúrgico, que vive no céu e é dono do fogo; e um ladrão trapaceiro e alado, que vai ao céu, rouba o fogo e o conserva, para distribuí-lo entre as pessoas. O dono, então, se vinga do ladrão.

Ficam evidentes, nessa história, algumas importantes características:

- [a] a necessidade de roubar o fogo decorre do caráter egoísta do dono;
- [b] o caráter do dono contrasta com o do ladrão, que, depois de roubar, distribui o fogo;
- [c] o ladrão, antes de roubar, tem de ir ao céu;
- [d] sendo o dono um ser demiúrgico, o ladrão se vê obrigado a empregar a inteligência em vez da força; e
- [e] o dono não perde a capacidade de reagir, pela força.

2ª fase

À medida que essa primeira comunidade se multiplica e se dispersa, surgem novos narradores; e personagens humanas se introduzem naquela trama básica. Primeiro, no papel de ladrão; depois, também como dono.

O fato de a personagem humana figurar como ladrão pode ter provocado o deslocamento da personagem alada dessa posição para a de dono original. E aí se desenvolve de modo mais ordenado o sistema de inversões e comutações de elementos que caracteriza a narrativa mítica: em vez de o ladrão subir ao céu, é o dono que baixa trazendo o fogo, permitindo que este seja roubado.

Esse ladrão humano começa a roubar não apenas o fogo, mas o segredo da sua produção. Como uma espécie de ser intermediário, situado entre a astúcia da animalidade e a força da sobrenatureza, demonstra sua afinidade com esse último polo empregando meios violentos de roubo.

3ª fase

Demiurgos, enfim, assumem o papel de ladrões. Empregam mais a violência que a astúcia, pois se caracterizam mais pela força que pela inteligência. O roubo do segredo, e não apenas do fogo em si, também aumenta com os demiurgos.

Assim, não apenas alados mas também humanos são deslocados para o papel de dono.

Com donos humanos, o ladrão pode prescindir de ir ao céu. Mas ainda é necessário um deslocamento. Todavia, marcas indiretas, simbólicas, da origem celeste do fogo se mantêm em grande parte das narrativas.

4ª fase

Estimulados talvez por uma série de mitos sobre a origem dos bens da cultura, em geral doados, alguns narradores dos mitos do fogo tornam suas histórias análogas às desses bens. Para tanto, eliminam a personagem do ladrão. E a antiga figura do dono original, antes egoísta e vingativa, assume um caráter generoso e passa a ser a distribuidora do fogo.

5ª fase

Começam a se introduzir novas personagens no papel de ladrão. São, em geral, animais não alados. Répteis e anfíbios, certamente, estão entre os primeiros donos, a que se seguem os felinos.

Ladrões canídeos, por sua vez, talvez sejam dessa mesma fase. E certamente se expandiram na época da domesticação do cão.

6ª fase

O abrandamento do conflito pela posse exclusiva do fogo, iniciado na 4ª fase, tem uma leve expansão. Outros narradores começam a eliminar, em vez do ladrão, o dono. Como o mito original do roubo pressupõe um dono celeste, que está, portanto, distante, tal eliminação conduz naturalmente aos mitos da busca pelo fogo, com ênfase no deslocamento.

Nesse contexto, despontam algumas vezes, como criações independentes, os relatos racionalizantes: os do fogo inventado e os do fogo colhido.

Alguns aproveitam elementos de mitos mais antigos do roubo do fogo para formar o pano de fundo da história, às vezes mantendo a personagem do ladrão ou do dono, no papel de inventor. Não constituem essas, todavia, derivações diretas. Há uma nítida ruptura narrativa, como se o fio da meada houvesse sido perdido.

Outros, contudo, parecem emergir da pura racionalização e não apresentam vínculos aparentes com nenhum relato precursor.

7ª fase

A comunidade humana já se acha tão dispersa pelo planeta que as modificações dos mitos do fogo têm alcance apenas regional. São, fundamentalmente, novas personagens que aparecem, pertencentes a muitas famílias não aladas, como cervídeos, roedores, símios, marsupiais e várias espécies de animais aquáticos.

Outras inovações são: a introdução de cúmplices, nos mitos do roubo, que auxiliam a transportar o fogo; e a de ladrões frustrados, que servem como pano de fundo para realçar as qualidades do verdadeiro ladrão. São raríssimas, e extremamente tardias, personagens inanimadas, como árvores ou pedras.

8ª fase

Em algumas culturas, em função de especificidades desenvolvidas historicamente, ou para manter a coerência dos elementos fundamentais de suas cosmologias (como no caso dos monoteísmos modernos), não ocorre abrandamento do roubo do fogo, mas sua própria supressão do corpus mítico. Vestígios de sua antiga presença, no entanto, ainda podem ser percebidos, eventualmente, em camadas subtextuais.

Obviamente, as fases em que dividi o processo de transformação ou evolução do protomito do roubo do fogo não representam uma cronologia rígida, absoluta, mas relativa. Trata-se, na verdade, de uma cronologia estrutural, se se pode assim dizer; e não histórica. As fases constituem meros caminhos teóricos pelos quais o referido protomito pôde derivar.

Cabe agora compreender de que modo o processo histórico concreto se encaixa nesse esquema.

3.
um
mito
muito
realista

Em 1612, durante o episódio conhecido como "França Equinocial", a efêmera colônia francesa do Maranhão, Japiaçu, um tuxaua dos tupinambás, contou ao capuchinho Claude d'Abbeville um mito que explicava a diferença entre índios e europeus. Segundo o texto traduzido e reproduzido pelo frade, brancos e índios, no princípio, eram o mesmo povo. Todavia, depois do dilúvio, Deus enviou profetas de barbas para instruí-los nas suas leis. Os profetas, então, trazem duas espadas: uma de ferro, outra de pau. Apresentam ambas, em primeiro lugar, ao antepassado dos índios. Achando a espada de ferro pesada demais, o índio escolhe, naturalmente, a de pau. O antepassado dos brancos, então, fica com a que sobra, com a de ferro — e por isso se torna mais forte. Os profetas, então, abandonam os índios, incapazes de presumir ou deduzir que "Deus" esperasse deles aquele absurdo: a escolha do mais difícil, do mais árduo, do mais doloroso.

Há uma ironia quase machadiana nesse mito: a "superioridade" dos brancos, como se percebe, se deve ao acaso, a uma *decisão* que não foi de seu próprio antepassado, mas do antepassado dos índios, que preferiu ter menos trabalho e, consequentemente, mais lazer. Ou seja, não se pode atribuir tal "superioridade" a um traço ontológico, imanente à noção de raça, como era e ainda hoje é a tese defendida pela imensa maioria dos brancos. Mas minha intenção não é interpretar o mito com profundidade — e sim destacar sua importância para a compreensão do processo mítico como um todo.

A menção a profetas barbados, e a marcas de pés que teriam deixado impressas nas pedras, liga o mito narrado por Japiaçu a outro mito importante: o de Sumé. O nome é provavelmente estrangeiro: em tupi, *m* em sílaba tônica precedida por sílaba oral e seguido por vogal oral se pronuncia *mb*. Logo, se fosse tupi, teríamos, mais naturalmente, "Sumbé". A forma "Sumé" pressupõe um *e* nasal — ou seja: *Sumẽ*. Ora, como as fontes portuguesas sugerem, Sumé seria o próprio São Tomé: logo, me parece, trata-se de uma adaptação tupi do nome português.

Sumé já aparece incorporado à mitologia tupinambá desde pelo menos 1514, quando é citado n'*A nova gazeta da terra do Brasil*, a que já me referi. É possível, e até provável, que as histórias de Sumé tenham sido plasmadas sobre um material ameríndio preexistente. Mas isso não importa: relevante é perceber que um herói mítico "barbado" tem a função de introduzir no *corpus* mítico essa nova personagem. A história das duas espadas é um mito sobre a origem dos brancos.

Ou seja, diante de uma nova ordem cósmica, da constatação de haver na terra povos diferentes, antes desconhecidos, os tupinambás sentiram necessidade *imediata* de produzir um relato mítico que pusesse, novamente, ordem no mundo. O mesmo acontecia do outro lado: os portugueses ratificaram o pressuposto de que o Brasil fazia parte das Índias e de que São Tomé esteve mesmo aqui, evangelizando os selvagens.

E eu poderia acrescentar inúmeros relatos, de outros povos ameríndios, que explicam a origem e a "superioridade" tecnológica dos brancos. Por ora, quero apenas dar ênfase a este ponto: mitologias se atualizam sempre, e imediatamente, quando novos fatos, uma nova ordem cósmica se instaura. Mitologias, portanto, refletem de forma simbólica *eventos históricos*, como, no caso mencionado, o do encontro entre tupinambás e portugueses. Logo, mitologias servem, entre outras coisas, como *fonte histórica*.

Disse "fonte histórica" — mas não me refiro a uma linhagem de estudos já muito difundida, como a realizada por Yuri Berezkin, Wim van Binsbergen ou Michael Witzel, que investigam a história das mitologias associada à reconstituição das rotas migratórias de populações antigas, pela análise da distribuição geográfica de motivos míticos. Estou afirmando que mitos podem ser fonte histórica em função do que está dito neles, do *texto* em si.

Ao narrarem o mito de Sumé ou o das duas espadas, os tupinambás aludiam ao maior dilema existencial vivido naquele momento pelos americanos: a descoberta de uma gente que sabia coisas e parecia humana. Esses mitos foram, sobretudo, respostas concretas a essa angústia.

A partir do caso tupinambá, é legítimo indagar se todo o *corpus* mitológico foi construído com base em experiências concretas. Creio que haja, quanto a essa questão, dois tipos básicos de mitos: os experienciáveis e os não experienciáveis.

Não experienciáveis são aqueles cujo tema fundamental, por sua natureza, escapa à possibilidade lógica de experimentação. São os mitos cosmogônicos *stricto sensu*: origem do céu; origem da terra; origem do sol; origem da lua. Mitos sobre a origem da humanidade e da vida em geral: origem dos animais; origem da mulher; origem do homem; origem de partes do corpo; origem da morte. Mitos sobre eventos fantásticos, ou presumidamente fantásticos: o dilúvio; a conflagração universal; o extermínio de monstros. E alguns mitos, digamos, sobre caracteres "culturais" ou "comportamentais" da espécie humana, mas que parecem tão antigos que talvez pré-datem à própria mitologia, como a origem das línguas ou a da música.

Já os mitos experienciáveis são aqueles que tratam de bens culturais em geral, que *podem* corresponder (não quero dizer que tenham correspondido) a processos históricos concretos e, num certo sentido, datáveis: origem da agricultura; origem da metalurgia; origem da cerâmica; origem dos adornos corporais; origem do vestuário; origem de instrumentos musicais; origem das leis; origem de armas; origem de ritos e festas.

Não estou dizendo, obviamente, serem os mitos experienciáveis relatos fiéis, históricos, que contêm a descrição exata de eventos reais. Em toda construção mítica há sempre uma forte componente simbólica, metafórica ou mesmo metonímica — um dos traços distintivos do gênero. O que pode ser muito real, muito verdadeiro num mito é o *contexto* histórico do qual emerge, pois todo mito reflete um dado momento da transformação do cosmo.

Assim, se o fogo é um bem cultural; se, de fenômeno espontâneo explorado ocasionalmente passou a ser indispensável para a vida humana, é legítimo tentar reconstruir o contexto a que o mito do roubo do fogo se refere: que angústias, que sentimentos, que valores ou que ideias estavam em jogo naquele antiquíssimo cenário pré-histórico, quando a humanidade começa a controlar o fogo.

É o terreno pantanoso que me arrisco a palmilhar.

* * *

Façamos, primeiro, um esboço da cronologia pré-histórica, nuns poucos tópicos que nos concernem de perto:

a partir de 2.500.000
Primeira espécie do gênero Homo, o Homo habilis, que viveu na África Oriental. Primeiros instrumentos de pedra. Início do Plistoceno, quando o clima se torna mais frio. Densas florestas, riquíssimas em alimentos vegetais, se transformam em savanas. Acredita-se que o habilis tenha passado a adotar uma dieta mais constantemente onívora, consumindo mais carne e, assim, mais calorias. Evidências de ossos partidos de animais para extração de tutano. O cérebro aumenta em relação aos pitecantropos e australopitecos. Época estimada da mutação do gene MYH16, que provocou redução na força e no tamanho dos músculos maxilares, compatíveis com uma dieta de alimentos cozidos. Estudos paleoclimáticos indicam que durante todo o Plistoceno (ou seja, dessa época até 12.000 anos atrás), as conflagrações espontâneas teriam sido frequentes e relativamente regulares. Áreas queimadas e rescaldos de incêndios, portanto, ficavam potencialmente expostos à exploração humana.

2.000.000
Evidências de terra queimada próxima a artefatos de pedra, fabricados pelo habilis, podem ser intencionais ou decorrentes de combustão natural. Não há prova arqueológica, portanto, de emprego antropogênico do fogo.

1.900.000
Surge o Homo erectus, apresentando mudanças anatômicas em relação ao habilis: dentes menores (mastigação mais fácil), intestinos mais curtos (menor tempo de digestão) e cérebro maior — que sugerem uma dieta de alimentos cozidos. O cozimento aumenta a concentração de calorias (compatível com intestinos mais curtos) e facilita a mastigação (compatível com dentes menores). O excedente calórico pode ser alocado no cérebro (compatível com o aumento do volume craniano. Acredita-se que o erectus tenha sido a primeira espécie a caçar cooperativamente.

1.000.000
Evidência de fogueiras antropogências na caverna de Wonderwerk, África do Sul. Acredita-se que o uso do fogo é esporádico, colhido na natureza e conservado pelo máximo de tempo possível. Provável mutação do gene FOXP2, associado à capacidade da fala, num ancestral comum ao sapiens e ao neandertal.

770.000 a 500.000
Primeira cisão da linhagem ancestral comum que dá origem à humanidade anatomicamente moderna, de um lado, e a neandertais e denisovanos, de outro.

600.000

Surge o Homem de Heidelberg, que muitos consideram ancestral direto de sapiens, neandertais e denisovanos. O osso hioide dessa espécie (osso ligado à capacidade articulatória dos sons da fala) é semelhante ao nosso.

540.000

Conchas gravadas com inscrições geométricas, abstratas, são os mais antigos exemplos de objetos de arte encontrados até agora que demonstram a presença de senso estético entre os erectus.

470.000

Separação entre as linhagens de neandertais e denisovanos.

400.000 a 300.000

Aumenta a presença de fogo nos sítios arqueológicos, o que pode indicar descoberta de métodos de ignição, que começam a se difundir. Primeiros acampamentos com lareiras.

330.000

Mais antigos fósseis humanos anatomicamente modernos são encontrados em Jabal Irhud, no Marrocos.

320.000

Mais antiga evidência de ritos funerários, achados em Atapuerca, na Espanha, associados ao Homem de Heidelberg. Nasce, na África, nosso ancestral autossômico, de quem descende toda a humanidade viva.

200.000

Data mais recente estimada para o nascimento do Adão Cromossômico, de quem descende toda a humanidade viva, em linha direta paterna.

180.000

Espécie de altar, formado por círculos concêntricos de pedra, e colares de garras de águia são associados aos neandertais.

160.000

Nasce, na África, a Eva Mitocondrial, de quem descende toda a humanidade viva, em linha direta materna.

130.000

O sítio de Jabal Faya, nos Emirados Árabes, tem as mais antigas evidências da expansão do Homo sapiens para fora da África. [15]

120.000

O uso sistemático do fogo se torna praticamente universal, sendo indício forte de que os métodos de produção de fogo já são amplamente conhecidos pelas populações humanas.

77.000

Na caverna de Blombos, na África do Sul, achados colares de conchas e gravuras em ocre vermelho.

54.000

Miscigenação entre humanos anatomicamente modernos e neandertais, seguida pela rápida extinção dos últimos.

49.000

Miscigenação entre humanos anatomicamente modernos e denisovanos, seguida pela rápida extinção dos últimos.

a partir de 40.000

Aumento considerável de evidências arqueológicas da prática de sepultamentos complexos, com emprego intencional de elementos simbólicos; do uso de adornos corporais, como colares; e de arte, como pinturas rupestres e instrumentos musicais.

a partir de 12.000

Fim do Plistoceno e princípio do Holoceno, quando a Terra volta a aquecer. É durante o Holoceno que surgem a cerâmica, as primeiras cidades, a domesticação de plantas e animais, a metalurgia, a agricultura, a escrita e o alfabeto.

---

15. Matéria publicada no *Estado de S. Paulo* (depois da redação deste livro) aponta descoberta de *Homo sapiens* fora da África há 210 mil anos. Não tive tempo de ler o artigo científico. O dado não modifica minhas conclusões. Eis o atalho: <https://ciencia.estadao.com.br/noticias/geral,homo-sapiens-nao-africano-mais-antigo-e-encontrado-na-grecia,70002917818>.

* * *

A constatação mais imediata, com base nessa cronologia, é relativa ao período em que o protomito do roubo do fogo foi narrado pela primeira vez: entre 330 e 160 mil anos atrás.

Há 330 mil anos surge a humanidade anatomicamente moderna; e mitos do roubo do fogo são encontrados em humanos modernos, com amplíssima distribuição etnogeográfica, como atestamos no capítulo 1.

Logo, por mais sem graça seja a conclusão, ela é forçosa e imperativa: não se pode afirmar que o protomito do roubo do fogo tenha sido narrado *antes* da emergência da humanidade moderna. Ou seja, antes de 330 mil anos ou de nova data que descobertas futuras venham a estabelecer. Qualquer hipótese contrária (atribuir o roubo do fogo a humanos arcaicos, por exemplo) é meramente especulativa.

Do mesmo modo, tendo o roubo do fogo amplíssima distribuição etnogeográfica, é possível afirmar que sua primeira narração não pode ter ocorrido *depois* do nascimento do mais recente ancestral genético de toda a humanidade viva.

Com os dados de hoje (a que tive acesso), tal ancestral é a Eva Mitocondrial, pouco mais jovem que o Adão Cromossômico e o Ancestral Autossômico.[16]

Caso o protomito do roubo do fogo tivesse sido narrado *depois* da Eva Mitocondrial, por uma de suas descendentes, sua distribuição etnogeográfica não seria tão ampla, não seria tão universal como a que hoje se constata. Não é difícil demonstrar a afirmação.

O gráfico abaixo apresenta a árvore filogenética resumida das linhagens mitocondriais da humanidade atualmente viva:[17]

---

16. O Ancestral Autossômico será sempre mais velho que o Adão Cromossômico e a Eva Mitocondrial, como se lê no livro de Reich. Para o Adão, considerei a data mencionada no artigo de David Poznik e outros.

17. Adaptado da árvore mitocondrial do PhiloTree.org. Disponível em: <https://www.phylotree.org/tree/index.htm>.

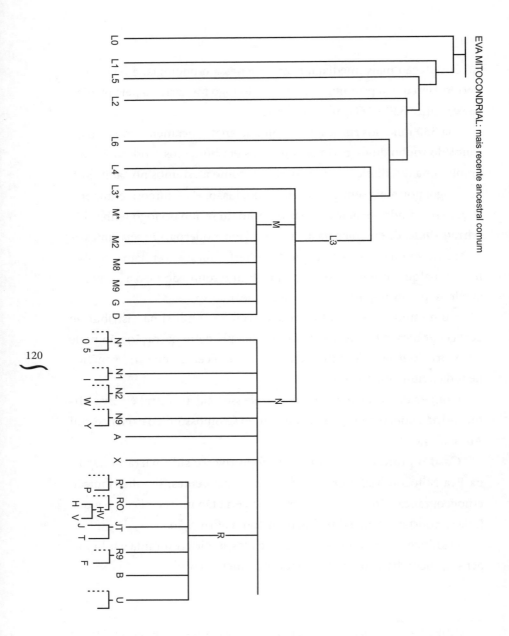

[Gráfico 5: Árvore filogenética do haplogrupo mitocondrial L]

L é o haplogrupo, ou linhagem, da Eva Mitocondrial, da qual todas as demais descendem. A primeira divisão se dá entre L0 e L1-6. Dessa última, obtemos L1, L2, L3, L4, L5 e L6. Com exceção de L3, todas as outras linhagens são fundamentalmente africanas. L3 dá origem a M e N, de que descendem todas as populações não africanas vivas: C, Z, D, E, G e Q (filhas de M); e O, A, S, R, I, W, X e Y (filhas de N). De R emergem ainda B, F, H, V, J, T, P, U e K.

L0 se concentra no sul da África e atinge suas mais altas frequências entre os falantes de línguas khoe-kwadi, kx'a e tuu, às vezes reunidas sob o nome geral de khoisan, abrangendo os povos antigamente denominados hotentotes e bosquímanos. L1, por sua vez, se concentra nas Áfricas Central e Ocidental, tendo altas frequências entre os pigmeus mbenga. L2 parece ser a linhagem africana mais bem distribuída, alcançando um terço da população continental e tendo altas taxas entre os pigmeus mbuti. A linhagem L4 é frequente entre os hadzas da Tanzânia, sendo (como L5 e L6) também característica da África Oriental.

Ora, todas essas áreas estão cobertas por mitos do roubo do fogo elencados no capítulo 5, valendo destacar os relatos de povos geneticamente muito díspares (e portanto mais isolados), como bosquímanos, hotentotes, sandawes, hadzas, mbutis e demais pigmeus (de R 001 a R 009). Os outros mitos africanos (de R 010 a R 027) estão em regiões correspondentes às ocorrências de L1 e L2.

Falta considerar L3. Nada mais simples: L3 também está presente na África — além de ser, como antecipei, a grande matriarca de todas as linhagens não africanas, presentes nos povos narradores dos mitos de R 028 a R 195.

Logo, se as filhas, netas, bisnetas e trinetas da Eva Mitocondrial, que viviam longe uma das outras, sabiam contar histórias do roubo do fogo — é porque essa é, seguramente, uma história herdada da vovó, que está entre as primeiras do repertório inaugural da humanidade.

Assim, temos um nítido limite inferior, uma data mínima mais antiga para a primeira narração do protomito do roubo do fogo — 160 mil anos, quando nasce a vovó: a Eva Mitocondrial.

Dizendo tudo de outra forma: o protomito do roubo do fogo tem *no máximo* 330 mil e *no mínimo* 160 mil anos. É, sem dúvida, uma das mais velhas histórias que ainda se contam pela face da Terra.

* * *

Mitos do roubo encenam uma disputa pela posse do fogo, um conflito entre ladrão e dono. No período anterior à difusão generalizada dos métodos de ignição, que vai até cerca de 120 mil anos atrás, é admissível, é verossímil imaginar um cenário pré-histórico em que grupos humanos rivais entrassem em conflito pela posse do fogo.

O fogo possuído — que pode ser perdido — subsistiu nas culturas humanas por centenas de milênios, talvez por milhões de anos. A habitação em cavernas, por exemplo, além de proteger o grupo de animais predadores e inimigos humanos, pode muito bem ter tido a função de impedir a localização das fogueiras por grupos que estivessem, provisoriamente, sem fogo.

Mitos do roubo do fogo, assim, refletem, ao menos parecem refletir, figuradamente, um contexto real, concreto, da antiga vida humana. Se esses mitos são, aliás, se o protomito do roubo do fogo é uma *criação* do *Homo sapiens*, como sugeri no fim do primeiro capítulo, tal criação se situa no limiar entre a descoberta dos métodos de ignição e sua difusão universal, consoante a opinião dos especialistas: entre 400 e 120 mil anos atrás.

A hipótese é compatível com o que dizem geneticistas e antropólogos: para eles, o *sapiens* surge entre 350 e 300 mil anos, aproximadamente. Ou seja, nós, *sapiens*, vivemos a transição do fogo possuído para o produzido, fomos testemunhas dos conflitos, estivemos envolvidos neles. E algo nos fez vencer. Somos os únicos sobreviventes do gênero *Homo*. Aniquilamos toda a alteridade humana sobre a face da Terra. E, depois de garantir a posse do fogo, aprendemos a produzi-lo: exceto por uma meia dúzia de casos, toda a humanidade *sabe* fazer fogo, nos dias que correm.

Curiosamente, no entanto, os mitos do roubo do fogo, até hoje, até precisamente hoje, predominam quantitativamente sobre os da doação, da busca, da invenção, da coleta e da venda. Milênios se passaram desde que se descobriram os métodos de ignição — e ainda é o conflito pela posse de um fogo precário que nos interessa.

É necessário investigar, ou especular, por quê.

* * *

Atribuí aos mitos do roubo o adjetivo "realista", no título deste capítulo. Quero esmiuçar esse conceito. Tomo, para tanto, dois mitos dogons: C 001, já referido, e R 011.

C 001
Uma mulher é atraída pelo fogo resultante de um raio. Põe a mão e se queima. Depois, usa um pedaço de pau. Ela e os demais passam a comer cozido em vez de cru.

Incêndios naturais, como se disse, decorrentes de relâmpagos, embora possam parecer raros hoje em dia, foram fenômenos sazonais e relativamente frequentes durante o Plistoceno. O que não deve ter sido fácil, naquela época, foi lidar com ele. Conflagrações espontâneas são potencialmente letais; devastam, às vezes, áreas enormes, mesmo em nossos dias. O primeiro movimento, certamente, diante de um incêndio, foi a fuga — não a aproximação.

A aventura de se chegar ao fogo, de procurar comida nos rescaldos, foi fundamental na constituição da humanidade. Nesse sentido, C 001 faz um retrato muito racional, coincidente com a concepção científica moderna, desse momento "evolutivo".

É uma abordagem diferente a que se vê no segundo mito:

R 011
Quando os primeiros ancestrais estavam prontos para descer à Terra, não tinham fogo. Os nummos eram espíritos, filhos de Deus e da Terra. Eram os ferreiros celestes. Um

desses ancestrais roubou um pedaço do Sol da forja dos nummos. As nummos fêmeas jogaram relâmpagos nele, mas ele se protegeu com o couro em que estava posto o pedaço do Sol. Depois, os machos nummos lançaram contra ele o raio, mas ele escapou, escorregando tão rápido pelo arco-íris que quebrou braços e pernas. Por isso, os homens têm joelhos e cotovelos.

Aqui, nada é real. A ciência, ao menos, não acredita que haja espíritos no céu, nem que a humanidade tenha caído lá de cima. Tal narrativa se filia, portanto, ao gênero fantástico. Todavia, suas metáforas aludem a um contexto real, a fatos que efetivamente aconteceram, na cena pré-histórica:

[a] há conflito pela posse do fogo (como houve no mundo real);
[b] o ladrão do fogo desce tão rápido ou mais rápido que o raio (causador dos incêndios no mundo real);
[c] o ladrão adquire articulações, ou seja, torna-se definitivamente humano, depois de roubar o fogo (que corresponde, sinteticamente, aos eventos "evolutivos" do mundo real).

Um mito, assim, é *realista*, na acepção que emprego, quando sua estrutura interna coincide com a de eventos *experienciáveis* (como há pouco defini) que tratam dos mesmos fenômenos. No caso do R 011 dogon, os traços experienciáveis que a narrativa incorpora são a origem celeste do fogo, os conflitos pela sua posse, a relevância de sua conquista para o processo de hominização.

* * *

Uma versão contemporânea e ocidental do mito do roubo do fogo, que não incluí no *corpus*, é a do filme franco-canadense dirigido por Jean-Jacques Annaud e lançado em 1981: *A guerra do fogo*.

O filme destaca dois momentos contrastantes da evolução humana: o primeiro, o do fogo possuído, quando a humanidade tinha aspecto animal, uma forma inferior de linguagem e estava engolfada na violência, vivendo um cotidiano de estupro, matança e canibalismo; e o segundo, o do fogo produzido, quando a tecnologia avança, a linguagem articulada se desenvolve, emergem o senso estético e as primeiras manifestações da arte, surge a noção de que seres celestes comandam a vida terrena enquanto brota, daquilo tudo, um novo sentimento: o amor.

Faço uma simplificação brutal do enredo, porque só pretendo chamar a atenção para uma das mensagens: a de que o fogo tinha de ser roubado quando não se sabia produzi-lo.

Não sei nem me importa saber se os criadores do filme mergulharam nos mitos do roubo do fogo para conceber a trama: seria irrelevante para o que se discute. A narrativa dirigida por Jean-Jacques é, em si mesma, a expressão mítica da ideologia científica moderna, que contamina o pensamento comum e se manifesta na noção segundo a qual a humanidade tem evoluído, tem progredido ao longo do tempo. Tal evolução (notem) não é representada apenas pelos avanços tecnológicos — mas principalmente por uma *melhora* nas condições da vida humana como um todo; e, em particular, *pela elevação do seu patamar moral*. A cena do homem acariciando a barriga grávida da mulher, enquanto ambos contemplam a Lua, é, nesse sentido, de uma eloquência quase escandalosa.

Assim, não é necessário fazer o filme de Jean-Jacques derivar dos mitos. Os mitos científicos, desde o século 19, ordenam a história do fogo do mesmo modo: fogo colhido, fogo possuído, fogo produzido. É isso que está, por exemplo, num artigo científico, bem recente, sobre o tema, de autoria de J. Gowlett: *The discovery of fire by humans: a long and convoluted process.*

Ora, se o fogo, como sempre se soube, é um bem fundamental, capaz de oferecer tão imensos benefícios (incluindo a própria evolução biológica do gênero *Homo*); e se, na época em que era apenas conservado, não se sabendo ainda como produzi-lo, a perda do fogo sempre foi iminente — é muito natural, é muito lógico que se conclua ter havido disputa entre quem tinha e quem não tinha o fogo.

Digo ser natural que se conclua desse modo por haver inúmeros exemplos históricos, documentados, de comportamentos semelhantes, na nossa espécie. Trata-se de um raciocínio fundado numa analogia, digamos, biológica: homens roubam, podendo até matar, quando não têm algo que consideram útil. Aliás, no filme de Jean-Jacques, há, além do roubo do fogo, um roubo de armas.

A própria imagem de que nossos antepassados eram "Homens das Cavernas" e o fato de nessas cavernas ter sido achada a maior parte dos vestígios de fogueiras antropogênicas levam à noção de que não só as pequenas comunidades arcaicas mas também o fogo precisavam de um esconderijo, de uma proteção: contra as intempéries; e contra os inimigos — bandos de ladrões ferozes, que matariam pela sua posse.

Esse é o cenário que persiste, há pelo menos 160 mil anos, nos mitos do fogo, científicos ou não: a posse precária enseja a perda; e a perda enseja o roubo. Quem tem o fogo, e não o compartilha, está sempre em risco. Do mesmo modo, e pelas mesmas razões, o domínio do segredo do fogo, se não compartilhado, também enseja violência. No mito R 011 dos dogons é assim: os ferreiros celestes têm um fogo produzido, que não se extingue e que é só deles. Por ser só deles é que foi roubado.

Fica explicada, assim, com tudo que se disse, a razão de ser o fogo possuído o tipo mais frequente nos mitos do roubo: por ser precário e ensejar disputas; ou simplesmente, como em R 011, porque fogos produzidos também se roubam (passando naturalmente à categoria de possuídos, na perspectiva do ladrão). O fogo produzido, contudo, parece mais associado à paz; e cresce, portanto, nos mitos da dádiva.

Assim, embora deva ser quase impossível obter, pelos métodos arqueológicos, *prova* de que fogos mantidos em cavernas tenham sido roubados por grupos rivais, essa é a tese, o modo de pensar definitivo, absoluto, profundamente racional e *realista*, que persiste desde o paleolítico até alcançar a era digital.

Só há uma diferença relevante, que vou ainda discutir: no modelo mítico científico, como no do filme do Jean-Jacques, violento é quem não tem o fogo. No imaginário pré-histórico, contudo, se dá o inverso:

o ladrão é astuto, é trapaceiro, é malandro. O ladrão do fogo, nos mitos mais arcaicos, se sobrepõe por sua *inteligência*.

Violento, na mentalidade paleolítica, é o dono egoísta: ente poderoso, demiúrgico; e às vezes covarde, a ponto de se vingar dos fracos.

* * *

É quase impossível imaginar que o papel de dono do fogo tenha sido ocupado por uma personagem original, concebida para atuar especialmente nessa história. Afinal, divindades e demiurgos propriamente ditos figuram em muitos mitos como formadores do universo e criadores da humanidade e dos demais seres e elementos do cosmo. O fogo é apenas mais um desses elementos — ainda que seja, em geral, um dos raros ou mesmo o *único* que não é doado.

Em sua reconstrução das mitologias universais, Witzel reconhece as duas categorias — o "Ser Supremo" e os demiurgos — como pertencentes ao repertório mítico da Pangeia, o estrato mítico mais antigo, comum à humanidade como um todo e anterior à grande subdivisão que (segundo ele) dá origem aos dois macroblocos mitológicos existentes hoje: o da Gondwana e o da Laurásia.

Esse "Ser Supremo" (*High God*, como ele chama) não é, contudo, tão supremo assim: participa apenas de uma parte da criação, a ser terminada pelos demiurgos. Um traço importante nele, todavia, é o fato de viver no céu ou ir para o céu, depois que a humanidade começa a povoar a terra.

Assim, na Pangeia de Witzel, a história cosmogônica teria os seguintes elementos:

[a] um "Ser Supremo" de natureza celeste;
[b] uma humanidade feita ou oriunda da madeira, do barro ou de ambos; ou que emerge do subsolo;
[c] a morte, que surge em função da arrogância humana ou da quebra de um tabu, culpa que cabe em geral à mulher;

[d] o mito do dilúvio, que destrói a maior parte da primeira humanidade; e
[e] os demiurgos, que completam a formação do cosmo e instituem a cultura.

Já expus minhas críticas à tese de Witzel no que se refere à origem do fogo. Por esse esquema se percebe com mais clareza o porquê: os elementos ou mitemas que ele elenca são, por vezes, muito vagos. Por exemplo, qual a origem da humanidade? Veio do fundo da terra ou foi esculpida num tronco de árvore? Considerar essas duas versões variantes de um mesmo motivo me parece um equívoco — salvo se ele demonstrasse uma relação estrutural, subliminar entre elas, o que não acontece.

Da mesma forma, o tema dos demiurgos que trazem a cultura é vago demais. Trazem o quê? Trazem como? Precisamente quais bens são trazidos, de que modo e por quem?

É óbvio que Witzel acerta quando afirma estarem os demiurgos entre as personagens mais arcaicas concebidas pelo *Homo sapiens*. Mas isso não me parece suficiente para *reconstruir* um enredo pré-histórico. Não basta dizer que um demiurgo trouxe o fogo: é necessário explicar como se deu essa aventura, descer a detalhes mais propriamente narrativos do mito. Isso serve para o fogo e para todos os demais bens culturais.

Assim, além das personagens "Ser Supremo" e demiurgo, só consigo perceber, ao menos por ora, três histórias, três narrativas *stricto sensu* na Pangeia: a da origem da morte, provocada por uma mulher; a do dilúvio; e a do roubo do fogo — que Witzel negligencia ou considera mera variante das demais.

Há, contudo, ao menos uma dessas narrativas em que a presença do "Ser Supremo" é certa: precisamente a do roubo do fogo. Como vimos, o dono demiúrgico e a origem alta confluem para dar os contornos finais dessa personagem: o ser demiúrgico dono do fogo é o mesmo *High God* de Witzel. E aqui abro um parêntese: venho traduzindo *High God* por "Ser Supremo". E venho escrevendo assim, com aspas, por ser uma tradução meramente provisória.

Expressões como *High God*, Deus ou "Ser Supremo" são ruins porque, como se disse, tal personagem está longe de se confundir com os entes supremos e onipotentes das religiões monoteístas modernas. O próprio termo *divindade* talvez seja inadequado. Ela é, no fundo, apenas um demiurgo original, o primeiro deles — exatamente como os sabidíssimos tupinambás o conceituavam: *Umuana*, ou seja, o Velho.

Ora, se no protomito o fogo pertence a esse demiurgo primordial e celeste, é porque o narrador quer realçar o *momento* histórico, ainda que relativo, da sua conquista: antes da instituição da cultura.

Está aí mais um traço perfeitamente *realista* do mito R 011 dogon, traço esse que é extensível aos demais mitos do roubo do fogo, pois os dados paleoantropológicos e arqueológicos fornecem, como vimos, as mesmas conclusões: a humanidade anatomicamente moderna emerge evolutivamente após milênios de exploração do fogo e da ingestão de alimentos cozidos.

Se o demiurgo original não é ainda onipotente, no protomito, não deixa de ser poderoso; e de se vingar. Curiosamente, esse é o aspecto da sua personalidade (a vingança) que vai permanecer no momento em que se transforma na personagem onipotente, criadora única do cosmo — que é a divindade suprema, o verdadeiro *High God* dos monoteísmos modernos, todos herdeiros do Javé hebraico — um deus vingador.

Não é minha intenção discutir o assunto neste livro, por falta de tempo e espaço, mas não deixa de ser interessante chamar a atenção, com esse exemplo, para a homologia plena existente entre os conceitos de vingança e de justiça. Essa ideia certamente floresceu no bojo das primeiras formações estatais do Holoceno, quando reis e imperadores passam a reivindicar origem divina para legitimar seu poder.

Resta discutir um último problema: por que razão o demiurgo original não doa o fogo? A que experiência real essa metáfora remete? Embora seja sempre perigoso interpretar metáforas pré-históricas, vou arriscar, especulando, mas me mantendo numa perspectiva estética.

E a resposta me parece simples: por ser importante salientar a fragilidade do ladrão em relação ao dono e assim acentuar o valor da *inteligência* na trama do roubo; e porque talvez seja ainda mais importante enfatizar a *polaridade sociológica* entre dono e ladrão, o fato de não constituírem, ao menos *a priori*, uma sociedade — porque sociedade implica dádiva, como demonstra Marcel Mauss.

Então, depois do roubo do fogo, quando passa a existir a comunidade humana, a humanidade *propriamente dita*, os mesmos *tricksters*, os mesmos demiurgos, antes zelosos de seus segredos, começam a doar bens. Alguma barreira se quebrou, portanto, com o roubo do fogo. Como se já passasse a ser interessante, para eles, demiurgos, estabelecer vínculos, alianças, com esses seres agora poderosos.

É óbvio que os mundos natural e sobrenatural, que quase coincidem ou se superpõem, ainda existem e são potencialmente perigosos. A floresta e a noite são, universalmente, o lugar e o momento do Inimigo, da Morte, do Mal. Mas houve, contudo, uma vitória: o fogo foi roubado. E *compartilhado*.

Algo de extrema importância se conquistou, para a humanidade, com esse roubo: hora de investigar o ladrão.

* * *

Lewis Hyde, em seu livro sobre os *tricksters*, menciona uma obra que não pude ler: *Evolution of the brain and intelligence*, de Harry Jerison. Há nela uma ideia instigante e seminal: a de que predadores, ao longo de uns 100 milhões de anos, têm sido sempre mais inteligentes que suas presas. O quociente de inteligência dessa bicharada toda foi obtido da razão entre o volume do cérebro e a massa corporal, tipo de índice que parece consensual entre biólogos.

Os especialistas na evolução humana também associam diretamente a maior capacidade craniana entre os primatas a um nível maior de inteligência, como é sabido. O grande salto comportamental que dá origem ao *Homo erectus* é justamente a adoção de uma dieta carnívora, enquanto os outros grandes macacos permanecem herbívoros.

Todavia, talvez não seja apenas a simples ingestão de carne que aumente a inteligência — mas a conjugação de duas atividades radicalmente novas na história evolutiva dos primatas: o *cozimento* e a *caça*.

A caça é uma atividade intelectual extremamente complexa — por mais absurda possa parecer a afirmação na perspectiva de quem vai ao mercado comprar pedaços de animais mortos. E é particularmente complexa quando ainda não se dispõe de cães, cavalos e armas de fogo; quando não se caça em reservas cercadas; quando a presa é uma ave mansa ou um pequeno mamífero.

A caça verdadeira, quando o caçador tem fome, é algo completamente diferente. Não exige apenas destreza, habilidade física — mas domínio amplo do ecossistema, incluindo o dos ciclos astronômicos. Precisa conhecer o terreno onde pisa, e os hábitos da presa; tem de saber rastreá-la e também se precaver contra seus próprios predadores; tem de tomar inúmeras decisões relativas a seu modo de avançar e ao seu posicionamento no meio físico — até decidir onde fará a tocaia, para dar o tiro, iniciar a perseguição, ou mesmo montar a sua *armadilha*.

É impossível não fazer analogia da caça, qualquer que seja seu método, com os métodos de roubo do fogo que classifiquei de *oportunismo* e *trapaça*, contidos no conjunto de métodos que empregam a astúcia em oposição à violência. Como um caçador, o ladrão oportunista e trapaceiro necessita analisar previamente o comportamento da vítima, ser capaz de prever minimamente suas ações, saber se aproximar sem ser visto, dar o bote na hora certa e escapar sem ser alcançado.

Mitos do roubo do fogo, assim, remetem tanto direta quanto indiretamente aos mesmos elementos que se consideram cruciais no processo de hominização: o *cozimento* e a *caça*. E esse é mais um de seus traços *realistas*. Ora, se no discurso evolutivo, científico, o *Homo sapiens* surge após o fogo; ou se seu aparecimento como espécie distinta decorre do uso do fogo — no mito se dá o mesmo: o roubo do fogo se situa num tempo cósmico pré ou proto-humano, quando só a conquista do fogo torna possível a emergência da humanidade plena, propriamente dita.[18]

Mas — não haveria certa impropriedade na personagem arcaica do ladrão? Não deveria ser ele um *predador*, em vez de um animal alado?

É um problema, me parece, porque esses animais alados também não costumam ser grandes aves de rapina. À exceção dos falcões, praticamente circunscritos à Oceânia, e dos urubus e abutres americanos, temos muitos pássaros, cambaxirras, moscas-varejeiras, cacatuas, pombos, louva-deus, martins-pescadores, morcegos, andorinhas, pica-paus, corvos, gralhas, abutres, urubus. Alguns membros dessa lista se distinguem menos por serem rapinantes que por sua natureza necrófaga. Não parece, assim, que no protomito, na versão mais antiga, a personagem eleita tenha sido uma águia ou o próprio falcão.

Pela mesma toada, os narradores míticos também não quiseram dar o papel de ladrões aos majestosos felinos, que carregam de forma ainda mais ostensiva o emblema da caça. Como já se observou, felinos, quando aparecem, são geralmente donos do fogo, não o contrário. Já os canídeos (que, entre os carnívoros, figuram mais vezes como ladrões do fogo) não se destacam nas tramas por nenhuma habilidade predatória especial.

Há algo mais, portanto, nas entrelinhas do mito do roubo do fogo. Há mais uma camada simbólica, associada ao ladrão alado, que se superpõe às demais, sem invalidá-las. Tentemos descobrir qual é.

* * *

Provavelmente todos ainda lembrem (creio) da história da Cambaxirra, que roubou o fogo no céu. O fogo, contudo, queima as asas da inocente ave; e ela tem de transferi-lo para o Pintarroxo. Este, por sua

---

18. EVC me advertiu sobre os estudos da neurocientista Suzana Herculano-Houzel, que eu não conhecia, e que demonstram precisamente isso, indo ao encontro da tese de Wrangham: o cozimento é o que nos torna humanos.

vez, queima o peito; e transfere o fogo para a Cotovia, que enfim o distribui (R 032).

É, como se vê, uma trama entre pássaros: a humanidade só aparece no fim do relato, como beneficiária do fogo. Todavia, esse simples "conto de animais" (como diziam, com certo desprezo, os antigos folcloristas) ainda carrega vestígios de um sistema metafísico muito antigo, de no mínimo 160 mil anos, que me parece estar por trás da personagem do ladrão alado.

Vejamos esse interessante mito, colhido nas ilhas Andamã:

R 065
Após o dilúvio, os homens ficaram sem fogo. Puluga, o criador, morava na única montanha que ficou livre das águas. O espírito de um dos mortos, com pena dos vivos, assume a forma de um Martim-Pescador e vai até o lugar onde está o fogo, que queima ao lado de Puluga. Ele pega uma acha; mas o calor e o peso o fazem derrubar o fogo em Puluga. Indignado, e com dor, Puluga lança a acha contra o pássaro; mas erra o alvo. O fogo, assim, cai entre os homens.

Já não se trata meramente de um "conto de animais". O martim-pescador que rouba o fogo é a metamorfose de um morto, de um espírito humano, detentor de um poder (digamos provisoriamente) "sobrenatural". É numa forma alada que ele rouba o fogo, e por isso o ladrão do mito é classificado como *alado*. Há casos próximos desse, como o dos tlingits, que vivem perto da fronteira entre o Alasca e o Canadá:

R 119
Depois de ter obtido o Sol e a Lua, o herói El, que podia se transformar em qualquer coisa, foi até uma ilha distante. Só nessa ilha havia fogo, mantido em segredo das outras pessoas. Ele se transforma numa Gralha e, voando, apanha um tição ardente. Volta, então, para entregar o fogo. Mas, quando estava chegando, o calor fez que caíssem fagulhas em pedras e árvores. Por isso há fogo nelas.

A metamorfose, agora, é de um herói humano. Demiurgos também se transformam em pássaros, como Maui, no mito polinésio R 076. Tais metamorfoses, às vezes, são descritas de modo menos abrupto, como nesse mito haida, da ilha de Graham, no Canadá:

R 117
Depois do dilúvio, sobra um homem que tinha uma pele de Corvo. Casou com um Mexilhão e teve uma filha. Dessa filha, repovoou o mundo. Mas não tinham nem fogo, nem luz, nem água fresca, nem o peixe *hooligan* (um osmerídeo, aparentemente sem correlatos brasileiros). Isso era de um grande chefe ou divindade. O Corvo se transforma numa folha; a filha do chefe pega a folha para beber água e engole a folha. Fica grávida do próprio Corvo. Ele renasce, rouba o fogo e foge com sua pele de penas. Distribui fogo por toda parte.

O mesmo truque aparece num mito dos kiwais, da Nova Guiné (R 095), em que um ladrão "humano" vai *todo fantasiado com penas e pinturas, de modo a parecer uma Cacatua*. Ou entre os pigmeus (R 009), quando o ladrão *faz uma roupa de penas e vai voando roubar o fogo*.

Em Gippsland, na Austrália (R 101), o herói primeiro rouba o fogo e depois se transforma no Pintassilgo, que conserva no dorso a marca da queimadura. Na mesma Austrália, um mito wangganguru narra como a ladra do fogo se transformou depois em Cisne, ficando por isso com o interior do bico vermelho (R 115). Outro mito, já reproduzido (R 172), se passa numa época em que *os jívaros eram pássaros e vieram voando para tentar roubar o fogo*.

Outras vezes, não há metamorfose, mas uma *relação* particular entre o ladrão alado e outra personagem. Os siameses contam (R 054) que os sete irmãos, filhos do casal sobrevivente do dilúvio, enviaram a Mosca-Varejeira para roubar o fogo do Espírito Celeste. Entre os fons do Togo e do Benim (R 015), o pássaro Wututu é enviado por Legba para revelar o segredo do fogo à humanidade. Enquanto isso, nas ilhas Bougainville, a leste da Nova Guiné (R 088), um pequeno pássaro, pessoalmente, se oferece para roubar o fogo.

São frequentes e dispersos, portanto, mitos do roubo do fogo em que ladrões alados são mensageiros de um ser que deseja esse fogo, ou são sua própria metamorfose. Chego, assim, ao ponto — pois já não há como escapar ao temerário e pantanoso tópico do *xamanismo*.

Não direi que a Eva Mitocondrial era xamã. Nem ela — nem nenhum de seus maridos. Não me atrevo sequer a definir ou discutir o conceito. Eliade, por exemplo, dá muita importância ao êxtase, ao transe de ex-corporação, como traço distintivo do xamanismo "típico". Não é isso que vamos encontrar nos mitos do fogo roubado.[19] Todavia, a despeito de todas as dificuldades teóricas dessa definição, é relativamente consensual que:

[a-1] xamãs controlem espíritos de animais;
[b-1] xamãs se transformem em animais;
[c-1] espíritos de xamãs incorporem em animais;
[d-1] espíritos de animais incorporem em xamãs;
[e-1] espíritos diversos se manifestem aos xamãs, em forma animal; e
[f-1] espíritos de xamãs *sejam* animais.

Ora, nas narrativas citadas há pouco, é possível reconhecer essas mesmas características xamânicas associadas ao ladrão. Dessa forma:

[a-2] ladrões do fogo controlam espíritos de animais alados (R 015 e R 054);
[b-2] ladrões do fogo se transformam em animais alados (R 076 e R 119);
[c-2] espíritos de ladrões do fogo incorporam em animais alados (R 009, R 095 e R 117);
[d-2] espíritos de animais alados incorporam em ladrões do fogo (R 101 e R 115);

---

19. Há alusão ao transe xamânico num mito da busca (B 018), quando os animais ingerem a bebida "kava" para descobrirem a localização do fogo; e em alguns mitos norte-americanos do roubo, como R 136 e seus similares, quando Castor e Águia sobem numa montanha para se iniciar em "mistérios".

[e-2] espíritos diversos se manifestam aos ladrões do fogo, em forma de animal alado (R 032, R 065 e R 088); e

[f-2] espíritos de ladrões do fogo são animais alados (R 172).

É claro que o termo "incorporação", em [c-2] e [d-2], foi usado apenas para acentuar a analogia das situações descritas em [c-1] e [d-1]. Mas tais analogias me parecem fortes demais, expressivas demais, para serem desprezadas.

Assim, qualquer que seja o conceito de xamanismo, qualquer que tenha sido sua história, é forçoso reconhecer que — há no mínimo 160 mil anos — havia certa metafísica e certo sistema de metáforas muito semelhantes aos existentes nos complexos xamânicos modernos.

O ladrão do fogo não é apenas um caçador primordial: é também um dos primeiros, senão o primeiro, a romper a fronteira entre o mundo tópico e os planos utópicos do cosmo. Assim, a personagem do ladrão, que é o primeiro *trickster*, talvez seja também um protótipo do primeiro xamã: o *homem-pássaro*.

É exatamente a mesma personagem que Adalbert Kuhn identifica em seu estudo comparativo dos mitos do fogo no âmbito indo-europeu: *os mitos que acabam de se comparar mostram a mesma crença entre hindus, gregos e itálicos, relativamente ao fato de o fogo terrestre ter sido trazido à humanidade, como uma centelha celeste num relâmpago, por um ser semidivino, geralmente concebido como um ente alado, qual um pássaro.*

E também a personagem que Eliade reconhece nos xamãs da Sibéria e da Ásia Central, que exibem um conjunto de poderes integrados, quais sejam: *relações especiais com espíritos, capacidades extáticas que permitem voos mágicos, ascensão ao céu, descida ao submundo, domínio sobre o fogo.*

E é impossível não lembrar, a propósito, do poema magistral de Farid ud-Din 'Attar, "A linguagem dos pássaros", que parece dizer a mesma coisa e empregar as mesmas metáforas aladas. Mas esse já é outro ensaio.

Posso retomar, agora, um problema inconcluso do capítulo 2: o da proximidade estatística entre ladrões alados e humanos. Como afirmei, o ladrão do protomito é um aviforme — mas que começa muito cedo a derivar em personagens humanas, à medida que o protomito se desdobra em novas versões.

Ora, diante dos elementos xamânicos implícitos no protomito, já se torna fácil compreender tais transições, pois a personagem do ladrão tem, na verdade, uma dupla natureza: é esse mesmo homem-pássaro, que acabamos de identificar. E que logo depois passará a ser homem--cobra, homem-lagarto, homem-aranha, homem-sapo, homem-baleia e daí por diante.

Assim, a polaridade essencial, no protomito, parece ter sido entre humano e não humano, não entre natural e sobrenatural. Humanos, ou mais exatamente proto-humanos atingem a condição de plena humanidade quando um deles se torna (inicialmente) pássaro, se revela como pássaro, ou controla um espírito de pássaro, para roubar o fogo, bem fundamental e exclusivo de um demiurgo celeste.

O roubo do fogo é, curiosamente, o que dá plenitude à humanidade — sendo tal plenitude decorrente da capacidade de transpor a fronteira entre os polos ontológicos; de ingressar, de alguma forma, num plano da não humanidade. Ou seja, ser plenamente humano é não ser *apenas* humano.

Por isso, a hominização faz da humanidade uma competidora, uma rival das divindades, dos demiurgos e de espíritos não humanos muito poderosos (ainda que seja só sob a forma de um violador de regras, como Adão). Esse é outro tema que está amplamente difundido nas mitologias do mundo.

O roubo do fogo, portanto, situa como pré-condição da humanidade propriamente dita três grandes conquistas obtidas durante o lento processo de hominização:

[a] o cozimento, decorrente da posse do fogo, posse que depende ao menos de se saber conservá-lo;
[b] a caça, que representa a capacidade *metonímica* de intervir e de explorar o meio físico, fundada no conhecimento prévio desse meio; e

[c] uma forma correlata de xamanismo, que representa a capacidade *metafórica* de intervir e explorar o meio metafísico, fundada num conhecimento prévio desse meio.

Ninguém dirá, creio eu, que a última alínea também não expresse um traço bastante realista do roubo do fogo: afinal, o próprio mito, sendo mito, implica por si mesmo uma ciência cosmológica — que não só descreve o universo e seus fenômenos, mas provê os meios pelos quais se possa nele interferir.

* * *

Um dos temas recorrentes nas versões do roubo do fogo é o da queda ontológica do dono original. Num mito bosquímano (R 002), por exemplo, o Louva-Deus rouba o fogo da Avestruz, que fica sem voar. Num mito tlingit (R 118), o Veado rouba o fogo da Coruja-das-Neves (que passa a viver no frio e no escuro). Num mito indiano (R 051), o Homem rouba o fogo do Macaco, que por isso não perdeu os pelos do corpo. Num mito pigmeu (R 007), os Chimpanzés também são roubados, e desistem de plantar bananas, para viverem como "animais" (ou seja, como meros coletores). Num mito andamanês (R 061), o Pitu perde o fogo e passa a viver no mundo aquático, onde o cozimento é impossível. Mesmo destino ocorre na Austrália (R 103), com o Rato-d'Água e o Bacalhau. Nos casos brasileiros que já discutimos (mitos R 174 e R 185), a Onça perde o fogo e passa a comer cru; o Urubu perde o fogo e passa a comer podre.

Há queda, nesses casos, porque o ladrão priva o dono *completamente* desse bem essencial, que é o fogo. É uma forma de violência, sem dúvida; e simultaneamente uma forma de *vingança* — já que o fogo é roubado porque o dono se nega a doá-lo. É importante prestar atenção neste ponto: o ladrão rouba e *distribui* o fogo. A única exceção, a única personagem que não se beneficia dessa distribuição é precisamente o dono original, punido por seu egoísmo, por seu excesso de "posse".

Há alguns casos em que a própria concepção da trapaça pressupõe, ou prevê, a violência: Loki ilude a Águia e a ataca à traição, com uma estaca (R 033); Sosruquo faz o Gigante cair no sono e depois lhe fura os olhos (R 030); o Lagarto-de-Pescoço-Grande mutila o sexto dedo de Serkar (R 087). A princesa dos kubas humilha Kerikeri e o obriga a se casar com uma escrava (R 021).

Agressão física e coação, portanto, são apenas formas hipertrofiadas e explícitas de uma violência latente, que sempre existiu, na disputa pela posse do fogo.

Mas a vingança, em geral, é um fenômeno cíclico: quem perde o fogo reage quase sempre. Do ponto de vista estético, contudo, narrativas sobre um roubo não podem terminar com a vitória plena da personagem roubada — *quando se trata de um indivíduo que se recusa a doar*. Na maioria dos mitos, há uma *tentativa* de vingança, do dono em relação ao ladrão; mas que se frustra. Para que exista, contudo, uma tentativa de vingança, é necessário que haja um *sentimento*, uma *vontade* prévia de vingar. E é isso que interessa.

Embora não recuperem o bem roubado, os donos do fogo conseguem às vezes infligir algum dano ao ladrão: a sociedade secreta dos kuanuas faz o Cão perder a fala (R 073); Obassi Osaw, criador dos ekois, faz o Coxo ficar coxo (R 019); a deusa Bilika, das ilhas Andamã, corta as asas e o rabo do Martim-Pescador (R 062); a cacatua Mar incendeia a Austrália inteira (R 106); e a mesma Mar, em outra versão, ataca os ladrões e os transforma em animais (R 107); Prometeu tem o fígado diariamente devorado por uma Águia (R 036); Deus pune os pigmeus com a introdução da morte (R 009); e o Abutre mata o Gambá (R 154).

É interessante o caso do sempre lembrado mito gorotire (R 185), um dos mais belos, senão o mais belo, mito do roubo do fogo: nele, a queda ontológica *é* a própria vingança, já que a Onça *renuncia ao fogo*, do qual detém o conhecimento, e *jura comer cru*, para se vingar do ladrão humano. Jura comer cru: ou seja, jura comer carne crua — no que se inclui obviamente a humana, pois a Onça é (ou passa a ser, segundo o mito) predadora do *Homo sapiens*.

É isso que explica, me parece, o fato de não haver felinos entre os ladrões carnívoros. Mesmo a Suçuarana, num mito dos karoks da Califórnia (R 145), é apenas cúmplice do roubo, ajudando no transporte da brasa. Felinos entram na trama como donos originais de um fogo roubado por humanos, como o Tigre entre os nagas do nordeste da Índia (R 050) e o Leão entre os damaras da Namíbia (R 001) — todos predadores da frágil espécie humana.

Os mitos instauram, portanto, uma polarização radical no cosmo primitivo: de um lado, os que compartilham o fogo; do outro, os que foram privados dele. Logo, temos aqui uma noção análoga à de praticamente todas (senão todas) as sociedades conhecidas, arcaicas ou contemporâneas, que dividem a humanidade em dois conjuntos opostos e complementares: nacionais e estrangeiros; parentes e inimigos.

Entramos, assim, num cenário em que o compartilhamento do fogo está estreitamente associado a essa questão elementar, certamente muito antiga: quem somos nós; que são os outros?

É o roubo do fogo que define o "nós". Talvez outras pistas nos levem a ratificar essa tese.

* * *

Afirmei, páginas atrás, que o controle do fogo é um bem cultural: se apenas conservado ou se produzido, faz parte de um inventário de tecnologias que cada povo domina. Afirmei também que, por ser precisamente um elemento da cultura, os mitos do fogo seriam experienciáveis. Acabei de mostrar que isso é muito verossímil, pois os mitos do fogo se encaixam muito bem na história arqueológica do fogo.

Mas afirmei também que os mitos, de forma geral, sempre se atualizam, em função de novos elementos que surgem na ordem cósmica. Dei como exemplo o mito da origem dos brancos, que rapidamente se espalha depois da invasão europeia. E mencionei também um caso inverso, o desaparecimento, na mitologia, de personagens inspiradas na megafauna extinta com a chegada do Holoceno.[20]

Muito bem: se já se passam 120 mil anos do domínio pleno do fogo pela maioria absoluta das populações humanas, não seria de esperar que o fogo produzido fosse mais frequente, nos mitos do roubo, que o possuído? Por esse ângulo da questão, penso que sim. Mas o que se dá é justamente o contrário: fogos possuídos são roubados em 63% das histórias, contra apenas 19% dos produzidos. Como explicar a razão dessa disparidade?

Respondo essa pergunta com outra, mais pertinente: será o mito do roubo do fogo um mito *sobre a origem do fogo*?

Acredito que não. Todos os povos — forrageiros, pastores, horticultores, "civilizados" — e todas as pessoas — xamãs, cientistas, caçadores, engenheiros — não precisam de muito esforço para elaborar a explicação de como se deu o controle do fogo possuído, que vem do céu; e do produzido, que surge do atrito acidental entre paus ou pedras. Os relatos dos fogos colhido e inventado, que se distribuem por populações em todos os estágios do processo civilizatório (na definição de Darcy Ribeiro), representam quase sempre respostas *racionais* a essas questões, não respostas *míticas*, num sentido mais radical. Tanto é assim que invenção e coleta do fogo convivem com mitos do roubo nas mesmas famílias de línguas.

Há outro aspecto interessante: muitos mitos, depois de narrarem o roubo do fogo possuído, mencionam rapidamente o fogo produzido, no final da narrativa, quase como um apêndice, como uma nota de rodapé, para explicar a passagem de um tipo a outro. É o caso do mito jívaro (R 172), que termina com a frase: *Os jívaros passam a ter fogo e depois aprendem a feri-lo*. E também de um mito tupinambá sobre a busca do fogo (B 028), cuja frase final é: *Mais tarde, o grande feiticeiro Ibitu (o Vento) ensina, em sonho, como fazer fogo por fricção*.

---

20. Minha hipótese é a de que mitos são constantemente atualizados, ecologicamente: preservam seu sentido profundo, mas mudam circunstâncias e personagens da trama, em função do contexto do narrador. Assim, as espécies da megafauna devem ter sido comutadas por outras, que sobreviveram à mudança climática.

Lendo esses textos com uma perspectiva analítica rigorosa e formal, é possível considerar que se trata, na verdade, em cada um deles, de dois mitos distintos, um acoplado ao outro: entre os jívaros, há um roubo e depois uma invenção; entre os tupinambás, há uma busca e depois uma dádiva. Vejamos um exemplo mais complexo, dos kilivilas, das ilhas Trobriand:

R 071
Uma mulher na aldeia de Lukwasisiga dá à luz a Lua, o Sol e o Coqueiro. A Lua pede primeiro para ir para o céu, mas o Sol também pede e é atendido antes. A Lua fica com raiva. Essa mulher também pare o fogo, há muito tempo. Mas o fogo fica esperando (dentro dela). A mulher tem uma irmã mais nova, que vai buscar inhames no mato. Come cru e de noite tosse. A mais velha não, porque cozinha o seu inhame. Um dia, a irmã mais nova finge que vai ao mato e se esconde. Vê como a mais velha tira o fogo de entre as pernas. A mais velha, percebendo que seu segredo foi revelado, tenta convencer a mais nova a não divulgar o conhecimento do fogo. Mas ela não aceita e põe o fogo em certas árvores, tornando o conhecimento comum.

Temos um conflito que se estabelece entre duas irmãs: a mais velha, demiurga, que tem a capacidade extra-humana de expelir fogo pela vagina; e a mais nova, trapaceira humana que rouba o fogo. Como boa ladra, a mais nova não atende ao pedido da irmã egoísta e distribui o fogo entre as pessoas. O bem que a mais nova rouba é a posse do fogo: se se lê nas elipses, percebe-se que o roubo se dá enquanto a mais velha cozinha inhames. Nada no texto alude à retirada do fogo de dentro da outra (como acontece, por exemplo, no mito taulipang R 158): o que ela faz é simplesmente apanhar o fogo aceso da fogueira.

Aí entra o que interessa: a mais nova não entrega o fogo, diretamente, às pessoas, *mas o põe em certas árvores*. Ou seja, a mais nova *conservou* o fogo em certas árvores — árvores essas que estão expostas à exploração coletiva e cujos galhos (a elipse é clara) servirão depois como instrumentos de *produção* do fogo pela humanidade. Esse método, aliás, de pôr o fogo nas árvores, como metáfora do método de produção, é comum no ambiente linguístico austronésio.

O fogo kilivila, portanto, foi roubado: no decurso da história, depois do roubo, se explica apenas como passou de *possuído* para *produzido*. Não se trata, assim, de dois mitos em um — mas de um mito complexo que compreende duas etapas: a da origem propriamente dita do fogo e sua passagem de um tipo a outro, cuja importância mítica é menor.

O mesmo raciocínio se pode aplicar aos mitos jívaro e tupinambá. O Beija-Flor jívaro rouba o fogo e o põe numa árvore de casca seca. Esse fogo, como aconteceu com o dos kilivilas, teve de ser conservado pela humanidade — até que se descobrisse o modo de feri-lo. Com os tupinambás, o caso é um pouco diferente: o primeiro fogo foi roubado dos urubus (R 174). Por ser um fogo possuído, depois do dilúvio, teve de ser buscado nas costas da preguiça (animal *arborícola*); e conservado até que Ibitu ensinasse o método de produzi-lo.

Ora, se kilivilas, jívaros e tupinambás, como quase toda a humanidade, já dominam o fogo, se sabem como produzi-lo — por que toda a ênfase das suas narrativas está no *roubo do fogo que se pode apenas conservar*?

A resposta já foi dada: as personagens do ladrão alado e do dono demiúrgico, o método da trapaça e o fogo possuído se unem numa trama de roubo para situar — *simbolicamente* — essa mesma trama no contexto da pré-humanidade, na época imediatamente anterior à culminância da hominização — quando há caça, cozimento e conhecimento metafísico.

E tal hominização não se dá exatamente porque o fogo foi roubado, mas porque foi *distribuído* pelo ladrão. O mito do roubo do fogo, como venho sugerindo, é um mito sobre a *dádiva*. Dádiva que — por ter sido, em termos míticos, a primeira — *inaugura o rito social da troca*.

Aliás, não custa lembrar uma das conclusões a que chegamos no final do capítulo 2: mesmo com o abrandamento do conflito que caracteriza os mitos da doação, da busca, da invenção e da coleta, permanece em todos eles o elemento ideológico do *compartilhamento* final do fogo.

O mito do roubo do fogo, portanto, é um mito sobre a instituição da sociedade. Logo, o mito do roubo do fogo é *o mito da origem do parentesco, de afinidade*, cuja regra elementar, fundacional, é a *proibição do incesto*.

Em alguns mitos, inclusive, tal associação é explícita. Já mencionei o mito koasati (R 151) em que Coelho rouba o fogo e recebe esposas. O Corvo também ganha esposas em troca do fogo, num mito dos lillooets (R 139). No mito de Prometeu (R 036), a criação da mulher e a origem do matrimônio é um castigo pelo roubo do fogo. Um mito toba (C 020) afirma que a obtenção do fogo foi anterior à existência da mulher; e portanto anterior ao casamento. A princesa Nzambi prometeu dar a filha ao animal que roubasse o fogo (R 023). E num mito do Rio Negro (D 050), o rapaz doador do fogo adverte que o Sol instituirá novos costumes — especialmente os relativos ao matrimônio.[21]

Ora, se a regra elementar do parentesco de afinidade é a proibição do incesto; e se a noção de incesto, independentemente de sua expressão concreta, é (como parece ser) um dos fundamentos da hominização; ou (como diz Lévi-Strauss) se o incesto constitui a passagem do estado de *natureza* para o de *cultura*; ou, como anota Eduardo Viveiros de Castro no meu datiloscrito, se a proibição do incesto representa a passagem do estado de *natureza* para o de *sociedade* — o roubo do fogo, como signo mítico, é o ato que institui essa passagem.

O roubo do fogo institui, portanto, *a própria noção de humanidade*, cujos traços distintivos são a caça, o cozimento, a cosmologia protoxamânica e a proibição do incesto.

Como outra vez observa Viveiros de Castro, é curioso que Lévi-Strauss tenha estudado os mitos sobre a obtenção do fogo, que têm fortes relações estruturais com a noção de exogamia[22] — mas não os da proibição do incesto, muito raros ou talvez inexistentes. É o indício, me parece, de que são temas comutáveis, no pensamento cosmogônico dos primeiros *sapiens*, dada a estreita ligação entre esses dois fenômenos, no processo de hominização.

---

21. Há uma óbvia relação desse último mito com o ciclo do Jurapari, como se pode verificar no texto de Maximiano José Roberto.

22. Um dos motivos por que EVC me indicou a releitura do capítulo "O mito único", de *O homem nu*, último volume das *Mitológicas* lévi-straussianas. A observação me foi feita em conversa pessoal.

Tentarei reconstituir esse cenário — mas antes devo retomar o problema dos fogos vendidos, que parece ratificar tais ideias.

* * *

Considerei um mito do roubo do fogo a seguinte história dos motus da Nova Guiné:

R 086
Os homens não tinham fogo e comiam cru ou assavam a comida ao Sol. Um dia veem fumaça no meio do oceano. Os animais tentam buscar: Cobra, Bandicoot, Pássaro, Canguru (noutra versão, vão ainda Faisão, Iguana, Codorniz, Canguru-Mirim e Porco). Mas o Cão é o único que chega numa ilha e vê mulheres cozinhando. As donas do fogo querem matá-lo, mas ele consegue roubar uma acha e fugir. As mulheres ficam felizes com a chegada do Cão e passam a cozinhar. Outras mulheres vão comprar o fogo. Os outros animais ficam com inveja. Por isso, o Cão é inimigo de todos.

Há claramente um roubo do fogo. A cena que se entrevê é a do cão se aproximando da fogueira, roubando oportunamente uma acha, sendo perseguido pelas donas do fogo e conseguindo escapar. A questão aparentemente delicada, no texto, é o verbo *comprar*, que parece quebrar o conceito que venho empregando: o de que o ladrão, depois do roubo, distribui o fogo coletivamente. Isso poderia nos levar a classificar a história do cão como um mito do *fogo vendido*.

Ora, se (como se disse) referências à obtenção do fogo produzido, na conclusão de diversos mitos do *corpus*, não retiram o fogo possuído do foco principal da ação, não importa se há essa venda no fim da narrativa motu. A compreensão do sentido de um mito deve se fundamentar no seu centro de gravidade, no núcleo do *plot* — não na mera *coda*, a conclusão que sucede ao clímax.

Mesmo a ocorrência de um roubo, em si mesmo, não é suficiente para classificar um mito como do fogo roubado. Vejamos esse exemplo australiano, da região de Vitória:

I 018
No princípio, quando certo número de jovens, ainda não completamente formados, estava sentado no chão, numa grande escuridão, o velho Pundyil atendeu ao pedido de sua filha Karakarok e estendeu a mão para o Sol, que passou a aquecer a terra e a tornou ampla como uma porta aberta. Pundyil, então, vendo a terra cheia de serpentes, deu a Karakarok um grande cajado, para matá-las. Antes que matasse todas, o pau quebrou e o fogo escapou (presume-se do atrito entre as metades do pau). Daquele mal, surgiu um bem: as pessoas começaram a cozinhar. Mas Wang, ser misterioso na forma de um Corvo, roubou o fogo, deixando todos num estado miserável. Karakarok, no entanto, o recuperou. Pundyil vive agora no céu, e seu fogo é Júpiter, também chamado Pundyil.

Há uma cena de roubo; e um ladrão, que é um homem-pássaro. Todavia, esse homem-pássaro, em vez de distribuir, *priva* as pessoas de usufruí-lo. Quem recupera o fogo e o distribui, novamente, é a inventora Karakarok. O foco, portanto, está nesta personagem, não no ladrão. Logo, esse é um mito do fogo inventado, não do roubado.

No caso de R 086, inversamente, a trama se concentra na aventura da conquista do fogo, que existe em algum lugar do oceano. Vários animais fracassam, enquanto o Cão alcança a almejada ilha. Lá, espreita a fogueira — até encontrar um meio de *roubar* uma acha. Tanto é um roubo, que as cozinheiras, donas do fogo, querem matá-lo. Mas o Cão escapa e, enfim, traz o fogo, que é comprado pelas pessoas.

Reparem que a *coda*, a parte conclusiva, começa do ponto em que o Cão volta; e tem como função acentuar um novo aspecto do cosmo, que surge com a conquista do fogo: a inclusão do ladrão canino na "família" humana. O Cão, animal doméstico por excelência, vive entre humanos e tanto presta quanto recebe serviços deles. O Cão, nesse sentido, tem vida social — vida essa que se iniciou quando os homens compraram o fogo. É isso que provoca a inveja dos outros animais, alijados desse convívio.

Ora, a compra do fogo, assim, não se restringe a uma simples operação comercial, como a entendemos na perspectiva "civilizada": ela foi apenas a primeira prestação de uma série infinita de contraprestações que todo o meio social humano e canino passa a se dever mutuamente. Ou seja, a compra do fogo institui o *rito social da troca* — ou da dádiva, como diria Marcel Mauss.

É importante advertir que o verbo *comprar*, usado por Frazer, não passa de uma tradução de um verbo australiano cujo sentido exato desconhecemos — pois pertencente ao vocabulário de uma sociedade que concebe as relações de troca de bens e serviços de um modo muito diverso da nossa.

É o mesmo que se pode dizer sobre o verbo *vender* do seguinte mito dos lillooets, povo de língua salish que habita o sul da Colúmbia Britânica, no Canadá:

R 139
O Corvo e a Gaivota são amigos. A Gaivota tem o sol escondido numa caixa. O Corvo consegue quebrar a caixa com alguma artimanha. Passa a existir Sol, mas não tem fogo. Um dia o Corvo vê fumaça longe no sul. Tem quatro servos: Verme, Pulga, Piolho e Piolhinho. Tenta ir na canoa de todos, mas afundam porque é pequena. Pede emprestada a canoa da Gaivota. Chegam na terra do povo do fogo. Vão roubar um bebê e o escolhido é o Verme, que cava um buraco no chão e não faz barulho como os outros. Roubam. O povo do fogo percebe e vai atrás: o Esturjão, a Baleia e a Foca tentam, mas não acham. Só o Pequeno Peixe localiza os fugitivos, porém não os detém. A mãe causa dilúvio com lágrimas, mas não para o Corvo. O povo do fogo leva presentes; não consegue; depois da quarta oferta perguntam o que ele quer: ele diz que é o fogo. Eles dão. O Pequeno Peixe ensina como ferir. O Corvo "vende" o fogo para todas as famílias, em troca de uma moça. Tem muitas esposas.

Aqui, depois de uma trama espetacular de roubo e sequestro, o corvo *vende* o fogo em troca de esposas, conseguindo muitas. Logo, terá muitas filhas — filhas essas que não se casarão (presume-se) com o próprio pai, mas com filhos daquelas famílias que antes cederam mulheres. Ou seja, a *venda* do fogo não é exatamente uma venda, porque o vendedor, num certo sentido, terá de devolver o preço. Tal venda, portanto, serve apenas para instituir um sistema contínuo de prestações e contraprestações sociais, agora no campo estrito do parentesco, das relações de afinidade.

Não importa se o corvo é mais rico, por ter mais filhas e mulheres. No fim das contas, tudo se equilibra: todos terão fogo, todos terão esposas, infinitamente. Esta é a grande conquista, na verdade: além de seu valor intrínseco, o fogo representa, simbolicamente, a ignição do motor social, cujas engrenagens são as relações de troca, em geral; e as de parentesco, em particular.

É tudo muito diferente do que acontece nos mitos do fogo vendido. Citei já os casos do homem que vende o fogo em troca do espírito do filho (V 003) e do deus Tohil que vende o fogo em troca de sacrifícios humanos (V 004). O primeiro é um exemplo mais fraco, porque não há, aparentemente, desdobramentos, salvo um poder exclusivo conquistado pelo vendedor do fogo, o do acesso ao mundo dos mortos. Já no mito maia vemos claramente que se estabelece, após a venda, uma relação contínua e hierárquica de subordinação do comprador ao vendedor. Ocorre o mesmo com dois mitos africanos, respectivamente kikuyu e lamba:

V 001
Um homem pede a outro uma lança emprestada para caçar. Acerta um porco-espinho, que leva a lança presa no corpo para dentro de uma toca. O homem explica o ocorrido ao dono da lança, mas ele exige a devolução da mesma lança, não aceitando outra em troca. O caçador desce pela toca, e chega ao submundo, chamado Miri ya Mikeongoi. Lá, vê que há fogo. Pega a lança de volta e traz um pouco de fogo (presume-se, na lança). Quando retorna, trepando pela raiz da árvore Mugumu, devolve a lança, mas diz que o dono dela tem que devolver o fogo trepando pela fumaça. Os outros, então, decidem que o fogo será de uso coletivo, e em compensação o caçador será o chefe de todos.

e

V 002
No princípio, quando as pessoas só plantavam painço e não conheciam o fogo, homens do clã do Bode encontraram uma mulher do clã do Cabelo, Kinelungu, que estava

perdida. O chefe do Bode, Lwabasununu, se casa com ela. A mulher leva sementes de vários cereais, mas só aceita revelar o segredo do fogo se o clã do Bode abandonar a filiação patrilinear. E exigiu ainda que, depois da morte do marido, sua autoridade fosse dividida: o poder legal continuaria em linha paterna; mas o sagrado passaria a ser transmitido em linha materna. Nasce um filho desse casamento, Kabunda. E Kabunda mata o filho mais velho de Lwabasununu, seu meio-irmão. Todo o clã do Bode se lança no Zambezi.

No mito kikuyu, o primeiro conflito surge justamente quando uma das personagens, o dono da lança, se recusa a aceitar uma troca, uma compensação. Forçado a buscar o bem original, o caçador o devolve *enriquecido*: pegando fogo. O dono da lança (está implícito) não recusa o fogo, mais valioso que a arma. Mas o caçador, com base no mesmo princípio, exige que o fogo seja devolvido, com emprego do mesmo método imposto a ele, que teve de subir pela raiz de uma árvore. Tal devolução, contudo, é impossível, pois — tendo o fogo, como se sabe, *origem alta* — o dono da lança teria de escalar a fumaça para chegar ao céu. Não resta outra solução senão ficar com o fogo. Assim, todos decidem *pagar* ao caçador, dando a ele a chefia.

Não tenho dúvida de que a atitude do caçador foi intencional: ainda que ele não tenha exigido a chefia, esperava alguma coisa de valor para abdicar de sua exigência. E a troca, ou venda, que se conclui não gera, a longo prazo, nenhuma espécie de equilíbrio: todos terão fogo — mas só ele, caçador, será o chefe, podendo provavelmente transmitir essa chefia a seus herdeiros, como costuma ser nas sociedades bantas.

No caso do mito lamba o desfecho é mais radical: o equilíbrio inicial proposto por Kinelungu, a dona do fogo, é anulado depois, quando Kabunda, herdeiro do poder sagrado, mata seu meio-irmão, herdeiro do poder legal. Ou seja, Kabunda reúne novamente os dois poderes, provocando o suicídio coletivo do clã do Bode — símbolo extremo da impossibilidade de uma sociedade *exogâmica* surgida naquelas circunstâncias: quando o fogo *não é distribuído previamente como bem comum*.

Isso justifica, repito, as baixíssimas frequências do fogo vendido. Embora teoricamente possível, embora previsível na armação inicial dos mitos sobre a origem do fogo, a venda destoa demais de uma ideia mais ampla, imanente às outras categorias: a de que o fogo é um bem comum. Mitos da venda, embora estruturalmente deriváveis dos mitos do roubo, destoam especialmente destes, que contrapõem de modo enfático um dono *egoísta*, que não cogita vender, a um ladrão generoso, *que também não cogita vender*. Mitos do fogo roubado são os que mais plenamente expõem a transição cosmológica fundamental sofrida pelo fogo: de bem pessoal para bem coletivo.

Mitos da venda são raros, são bloqueados, porque o pensamento mítico dominante põe o fogo no princípio da sociedade, que é um dos princípios da própria noção de "homem" — como são a caça, o cozimento, a cosmologia. Mitos da venda são bloqueados porque não têm poder de explicar o que os demais mitos tacitamente explicam há milênios: a origem dos ritos da troca e, consequentemente (conforme Lévi-Strauss), da *exogamia* e do parentesco.

O tipo de escambo que há na venda do fogo, portanto, não tem nada a ver com os ritos sociais de troca, dos quais o parentesco é provavelmente a forma mais arcaica. Ao contrário, justamente por não ter sido trocado ou vendido, mas doado, é que o fogo enseja ou funda a humanidade — que passa a trocar ou a *doar de volta* (como talvez preferisse Marcel Mauss). É a *primeira dádiva*, portanto, que dá moto-perpétuo ao sistema.

Podemos agora voltar à pré-história; e entrever como tudo começou.

* * *

A irregularidade, ou mesmo a ausência, de registros arqueológicos de fogueiras intencionais, em períodos anteriores a 100 mil anos, é um indício decisivo de que fogos espontâneos eram coletados mas também perdidos. Os períodos sem fogo eram certamente os mais duros de enfrentar. Não se conheciam ainda os métodos de ignição; nem estavam muito desenvolvidas as técnicas de conservação do fogo.

O fogo era perdido porque se apagava: vento, chuva, falta de matéria combustível ou mesmo falta de alimentação — que podia ocorrer quando um grupo era forçado a abandonar rapidamente o acampamento, em função de um ataque inimigo. Pelo que se conhece da natureza humana, não é difícil supor que, algumas vezes, o objetivo de tais ataques fosse, precisamente, o fogo.

Imaginemos, então, a cena: um pequeno grupo de *Homo sapiens*, cerca de vinte pessoas, entre mulheres, homens e crianças, está à espreita, perto de uma área onde houve um incêndio. São os mbäi. Andaram muitos dias no rastro daquela fumaça. Estão exaustos. Têm fome. E esperam que o calor arrefeça para se aproximarem, entrarem propriamente na região queimada, pisando por entre as cinzas, e resgatarem alguma brasa ainda viva.

Avançam, então, dias depois, levando feixes de galhos secos. E logo percebem outro grupo humano, que parece assar, no próprio rescaldo, alguma espécie de raiz. Há tensão e ansiedade, de ambas as partes. Os grupos se encaram, têm gestos hostis; mas não querem luta. Os mbäi, então, se afastam. E conseguem o fogo, com certa facilidade.

Começa outra luta: a de levar aquele fogo aceso para uma área segura onde possam acampar e onde possa haver caça. Ao menos já podem se aquecer e cozinhar ovos. Estão felizes. E não sabem que o pior está por vir.

Ao raiar do dia, são surpreendidos por outro bando. Estão armados de paus, ossos e pedras; e têm intenção de atacar. Os mbäi se defendem, mas não conseguem evitar que os agressores matem dois homens e raptem crianças e uma mulher adulta.

Enfraquecidos, partem novamente, os mbäi, para longe de onde houve o incêndio, fugindo ao afluxo de outros bandos humanos, sempre atraídos pelo fogo. É árdua, a tarefa de carregar as brasas. Mas o peso maior é o da tristeza, da depressão.

Sobrevém, então, nova tragédia: ao tentarem escalar uma pedra, à procura de grutas ou abrigos, um deles perde o equilíbrio; e o trançado de gravetos, que servia de suporte aos tições, lhe escapa. Consternados, veem o fogo rolar pela encosta, e cair no córrego que passava embaixo. Estão, os mbäi, novamente sem fogo.

Não têm alternativa senão voltar à zona do incêndio. A sorte, contudo, parece ter mudado: os mbäi sentem cheiro de carne assada, riacho acima. Seguem aquele rastro e se deparam com um novo grupo, tão pequeno quanto o deles. Há, todavia, mais mulheres e menos homens adultos: o contrário do que ocorria entre os mbäi.

Era uma oportunidade; e os mbäi se armam com o que conseguem.

Os que fazem fogo, no entanto, também os pressentem. E algo inacreditável acontece: os estranhos (que eles passam a chamar de wjur) se entrincheiram atrás da fogueira, mas deixam achas incandescentes, livres, a certa distância. Os mbäi não entendem o que dizem. Mas os gestos sugerem que se trata de uma dádiva.

Forma-se, então, um acampamento insólito, com dois fogos; uma zona de fronteira, ou trégua. Embora precário, o convívio pacífico permite que percebam ser melhor partirem juntos. Juntos, estarão mais fortes, há mais pessoas para cuidar do fogo. Aos poucos, começam a compreender as respectivas línguas: palavras simples, pequenas frases.

E tudo começa, na verdade, no fim: quando decidem se fixar, num território aparentemente seguro, formam acampamentos separados, mas próximos. E os mbäi aceitam ceder um rapaz para os wjur — que lhe oferecem uma das moças.[23]

* * *

Consideremos algumas aparentes inconsistências nessa reconstituição da origem do parentesco:

---

23. EVC lembra que há nos *Tristes trópicos* de Lévi-Strauss uma história real ocorrida entre grupos nambikwaras que tem paralelos com a minha: dois grupos estão a ponto de se confrontar, quando alguém chama o rival por um nome de parentesco, permitindo o convívio pacífico. É possível que essa ideia tenha permanecido no meu inconsciente.

[a] o enredo tem muitas semelhanças com o do filme *A guerra do fogo*, a que já me referi e critiquei;
[b] não há nenhuma personagem que lembre, nem de longe, o *homem-pássaro* do protomito; e
[c] a obtenção do fogo não se dá por uma dádiva espontânea, mas sob coação.

Peço licença, assim, para a defesa. Primeiro, o filme de Annaud acentua a *evolução* da cultura, associando ao fogo produzido as grandes conquistas da espécie, como a cosmologia e mesmo os sentimentos de afeição e "amor" — pois aqueles que já sabem fazer fogo têm maneiras sexuais moderadas, em contraponto aos demais, que só conhecem o estupro.

Não proponho nada disso, nem na reconstituição pré-histórica, nem na do protomito. Pelo contrário, venho insistindo, por exemplo, que o conhecimento cosmológico se situa no limiar da humanidade, ou seja, é um de seus pressupostos. Já existe cosmologia, portanto, quando o fogo é distribuído coletivamente.

O fato de meu cenário pré-histórico também incluir uma disputa pelo fogo não significa seja uma imitação do filme. Numa história como a de Mogli, por exemplo, ocorre o mesmo conflito: os macacos do rei Lu sequestram, ou *roubam*, o menino-lobo, por julgarem que ele sabe *fazer* fogo — fogo esse que Mogli irá *coletar*, no fim, para enfrentar o tigre Shere Khan. São, todas elas (a minha, a de Annaud e a de Kipling), versões do mesmo mito universal e antiquíssimo do roubo do fogo, onde há, necessariamente, conflitos.

No que concerne à ausência de um xamã, de um *homem-pássaro*, na reconstituição da origem do parentesco, a explicação é simples e já foi antecipada: mitos são obras de arte narrativa, formam um segmento particular de ficção por se passar num período diverso do da ordem cósmica atual. Nenhuma obra de ficção, no entanto, por mais realista seja sua representação da vida, deixa de se inserir no universo dos símbolos.

Ora, a personagem do homem-pássaro, como vimos, tem como função semiótica enunciar um dos pilares da noção de humanidade (que é o assunto geral do mito), qual seja: o conhecimento cosmológico (ou metafísico, se se preferir) e a respectiva capacidade de agir em outros espaços e interagir com outros seres. Ou seja, um bando de primatas só se pode definir como humano se ao menos um dentre seus membros tiver acesso a planos ontológicos não humanos.

A humanidade, assim, é a sua própria negação. Gostaria muito de viajar nesse tema, mas agora não posso.

Coisa muito diferente ocorre na reconstituição pré-histórica da origem do parentesco: ainda que seja hipotética, ou "ficcional", como todo o discurso sobre fatos não testemunhados, a historinha dos mbäi e dos wjur transmite uma mensagem objetiva, diz o que está querendo dizer — enquanto qualquer ficção propriamente dita enuncia conteúdos codificados por signos de segundo e terceiro nível: metonímias e metáforas.

Por fim, o ponto mais delicado da minha reconstituição: a alínea [c]. No protomito, identifiquei como traço característico importante o fato de o ladrão distribuir, espontânea e coletivamente, o fogo roubado. E na reconstituição da origem do parentesco crio uma cena que, de fato, é de coação: os mbäi se armam e tentam explorar a vantagem do maior número de homens adultos para tomar o fogo dos wjur. Só não atacam porque os últimos agem rápido, entregando o fogo sem oferecer resistência.

Serei sincero: pelo que conheço da natureza humana, não creio que tenha havido essa dádiva generosa, constante das narrativas míticas. Minha teoria pessoal é mesmo a da história dos mbäi, ou alguma outra semelhante. Mas repito: mitos são discursos simbólicos. Não importava, para os primitivos narradores do roubo do fogo, se houve ou não o gesto primordial de doação: importante, fundamental para o pensamento mítico da época — época da nossa Grande Mãe, a Eva Mitocondrial — era a transmissão de uma determinada *ideologia*.

Porque o mito do roubo do fogo, além de tantas outras coisas, é o texto de um poderoso programa ideológico, que põe o ladrão generoso no papel de herói, e o dono, demiurgo egoísta, no de vilão. Defende, assim, um tipo de instituição social de segundo nível, acima do mero bando gregário e endogâmico dos grandes macacos: defende a sociedade *propriamente dita*, a sociedade *humana*, cujas bases são a troca, a dádiva mútua, a exogamia, o parentesco, o incesto — regra negativa que dá moto-perpétuo ao sistema.

Preciso me deter mais um pouco sobre isso.

* * *

Essa é a grande questão: por que há incesto? Analogias com os outros primatas não ajudam muito, porque o comportamento sexual deles é tão complexo quanto o nosso. Mas há dois pontos interessantes, relativos aos chimpanzés: cabe às fêmeas decidir quem tem acesso sexual a elas; e os machos, que costumam tomar a iniciativa de propor o sexo, também costumam abandonar o bando onde cresceram.

Ora, os primatólogos perceberam que as fêmeas costumam evitar sexo com os próprios filhos; aliás, a maioria dos filhos sequer tenta copular com a mãe; e, entre os que tentam, raros são os que obtêm consentimento. Por outro lado, se os machos abandonam o grupo natal, evitam assim, indiretamente, ter relações sexuais com suas irmãs. Há ainda relatos de que fêmeas jovens evitam machos mais velhos, ou seja: evitam fazer sexo com seus possíveis pais (já que o bando chimpanzé tende à promiscuidade, não à monogamia).

Isso nos leva a pensar ser o incesto um conceito de natureza instintiva, maturado pela bio-lógica da evolução. Há no entanto um pormenor fundamental: não parece haver nenhuma sanção a esses raros (mas constatados) casos de incesto. O bando chimpanzé não mata nem expulsa o filho ou a mãe que fazem sexo; como não pune a fêmea que aceita um possível pai como parceiro. É sintomático que os primatólogos se refiram a um *mecanismo de prevenção ao incesto* (nos livros que li, *incest avoidance*) — e não a uma *proibição*.

Entre humanos, ainda que suas regras variem de cultura para cultura, o incesto é um tabu; e gera sempre, sistematicamente, alguma espécie de sanção: moral, legal, ritual, espiritual ou mesmo física (quando o incestuoso adoece, por exemplo, em função de tal comportamento).

Assim, ainda que haja algo de espontâneo na rejeição ao incesto, a humanidade trata essa tendência de modo especial, dá uma atenção mais rigorosa a ela. A verdade está sempre no meio: nem Freud nem Darwin. Logo, é a primeira pergunta que precisa ser refeita: por que uma tendência espontânea, natural na espécie humana, passou a ser regulada e *reprimida*, passando a constituir um tabu — o tabu do incesto?

O erro seria procurar razões no próprio comportamento sexual. A resposta está em outro campo — campo esse que apenas se vale das tendências sexuais para elaborar suas instituições: o parentesco. E o que há de específico no parentesco humano relativamente ao dos demais primatas? Humanos, ao que tudo indica, além dos conceitos de pai, mãe, filhos e irmãos — que se vinculam ao plano da consanguinidade e parecem ser também conhecidos pelos chimpanzés —, têm noções como as de sogra, sogro, genro, nora, cunhados. Ou seja, têm noções que se referem a um plano não consanguíneo: o plano da *afinidade*, ou da *aliança*.

Voltemos à historinha dos mbäi e dos wjur. Estes últimos haviam notado algo muito peculiar e muito importante em relação ao manejo do fogo: enquanto as porções de alimento, quando distribuídas entre os indivíduos do bando, ficavam menores, o fogo, não. O fogo distribuído continuava com a mesma intensidade, mesmo que de uma fogueira se fizessem mais três ou quatro. Ou seja, o fogo não se dividia — só se multiplicava.

Foi esse pormenor que inspirou os wjur a criarem aquela estratégia de defesa: duplicaram a fogueira que faziam, oferecendo a segunda aos mbäi. Ao aceitarem, os mbäi permitem que ambos os bandos experimentem o convívio pacífico. Surge, ainda incipiente, um sentimento de solidariedade. E isso faz que prossigam juntos, na jornada de volta.

Solidariedade enseja gratidão: os mbäi não impedem que um dos seus rapazes fique entre os wjur, para reforçar seu contingente masculino.

Rapaz esse que logo se torna parceiro sexual de uma das moças, vindo a ser talvez de algumas outras, no futuro, quando a narrativa avançar. A moça, que no momento por ele se interessa, provavelmente costuma recusar, ou recusa terminantemente, o contato dos homens mais velhos do seu bando, não importando a ninguém os seus motivos. Importante é que a escolha do parceiro obedeceu a uma inclinação pessoal dela, ou a uma tendência natural característica das moças como um todo.

Ora, a aliança entre os bandos foi benéfica, na jornada de volta. Poderá ser benéfica em outras: quando os wjur decidem procurar caça em outro território, convidam os mbäi, seus primeiros aliados. São recebidos com presentes: conchas iridescentes, seixos rolados, uma presa de mamute. O rapaz estrangeiro já domina o idioma dos wjur. E atua como intérprete. A comunicação, agora, é quase perfeita. Os bandos partem; e já há entre eles alguns acordos: certo adolescente wjur quer ficar entre os mbäi, quando crescer; e vice-versa. É um primeiro sistema de parentesco, não exclusivamente consanguíneo, que se desenha.

Mas há outro acordo, o primeiro, o mais essencial à sobrevivência de todos: o compartilhamento do fogo. Sempre que o fogo for perdido, por quaisquer dos grupos, os demais se comprometem a doar o seu. Não é um gesto de sacrifício, porque os fogos nunca se dividem, só se multiplicam.

Quem doa o fogo, portanto, só tem a ganhar (por ora, ao menos em tese) porque conquista aliados. Em pouco tempo, os bandos compreendem que é melhor estarem próximos; e os acampamentos passam a ser contíguos. É o primeiro "povo" que se forma. Forma-se também uma língua comum. E as mudanças espontâneas de residência passam a ser compulsórias: é fundamental, para garantir o compartilhamento do fogo, que os lados não se isolem, que se crie uma teia de relações, que haja troca de indivíduos, como há troca de presentes.

Esse novo modelo de relacionamento, o parentesco de afinidade, acaba por consistir num poderoso *seguro* (emprego o termo na acepção propriamente atuarial) contra a perda do fogo. E é importante perceber que ele só é possível porque se baseia ou explora uma tendência natural, uma inclinação espontânea, das fêmeas humanas —

que não gostam muito de suas próprias crias nem de machos velhos, como as macacas.

Emerge, então, outra regra: é *proibida* a parceria sexual entre mães e filhos, e entre filhas e pais (se se souber apontá-los); e especialmente, talvez pela primeira vez entre primatas, entre *irmãs e irmãos* — precisamente para permitir que haja a migração de residência; que a busca de parceiros se dê entre os vizinhos; e que se formem, sobretudo, *alianças* duradouras. Alguém que passe a residir com sogros e cunhados não deixa de ser, num certo sentido, um refém.

Com as novas regras, os conceitos e a nomenclatura do parentesco se expandem muito; e esse passa a ser um dos elementos efetivamente estruturais do bando. Fora dele, do bando, permanece o velho padrão: a inimizade, a hostilidade, o roubo, a matança, o estupro. E línguas distintas; ou que se distinguem com o passar do tempo.

É tentador pensar que tenha sido esse parentesco de dois planos, ou dois lados, a razão da supremacia do *Homo sapiens* relativamente às demais espécies hominídeas, que estão extintas, a despeito dos vestígios de uma antiga miscigenação com elas, presentes no nosso genoma. Seria, tal hipótese, um duro golpe em nossa excessiva autoestima, que costuma atribuir a "vitória" *sapiens* a uma inteligência superior, à linguagem duplamente articulada, à habilidade de polir melhor lascas de pedra, a concepções metafísicas, à capacidade de produzir arte.

O mito do roubo do fogo contesta de modo veemente essas teses: segundo os narradores míticos, que sabem mais sobre essas coisas, tudo isso já existia antes. O que nos tornou definitivamente humanos foi a dádiva do fogo, a descoberta do seguro contra a sua perda eventual (e frequente) — que é o compromisso, o pacto do compartilhamento. Pacto esse que leva à invenção da aliança, à garantia do pacto, ao seguro do seguro, como o *hedge* das operações financeiras ou o descarrego das bancas de bicho. Aliança essa, por fim, que é traduzida, ou interpretada, como forma paralela, ou ficcional, de parentesco.

Terminei a seção anterior falando em programa ideológico: volto agora ao mesmo ponto. Se uma das funções do texto mítico é orientar, direcionar comportamentos, o mito do roubo do fogo teve como função primária, no tempo da Eva Mitocondrial, ou mesmo antes, difundir a ideologia da dádiva e da aliança exogâmica — que são faces da mesma moeda.

Mesmo depois da descoberta dos métodos de ignição, essa mensagem continuou válida e eficaz, ideologicamente, como ainda é para a maioria das sociedades forrageiras. Por isso o mito do roubo do fogo perdurou, através dos milênios.

E pôde muitas vezes perdurar, como perdura, no âmbito de outros modelos sociais; porque também é importante, é importantíssimo, entre esses primitivos, preservar a memória histórica da formação humana — onde o fogo tem lugar proeminente: primeiro bem; primeiro dom.

4.
genes, línguas, mitos

Este livro não é exatamente sobre a origem do fogo; mas sobre os *mitos* da origem do fogo. E mitos não existem sem linguagem. Logo, se o mito do roubo do fogo, ou a mais antiga de suas versões, surgiu entre 320 e 160 mil anos, deveria existir, nessa época, uma língua que permitisse sua narração.

A conclusão leva a corolários importantes, que tangenciam a temerária questão da origem da linguagem — problema extremamente intrincado, e crucial para teoria evolutiva, que pode ser abordado por diversos ângulos e por isso concerne a diferentes disciplinas, como a primatologia, a psicologia, a neurociência, a genética, a arqueologia, a antropologia, a etnologia, a semiótica e, naturalmente, a própria linguística.

Algumas delas têm como foco os aspectos naturais ou propriamente biológicos da capacidade linguística, desde o estudo da paleoanatomia, para identificar que espécies do gênero *Homo* estariam aptas a falar, produzindo os sons que hoje produzimos; até a descoberta de genes ligados à fala e à habilidade de enunciar frases complexas, como no caso do célebre FOXP2.

Outras enfatizam as línguas em si mesmas, suas estruturas, suas propriedades, sua mecânica, para estabelecer "universais" linguísticos e definir os princípios formais que regem a linguagem humana; ou a consideram comparativamente a outros sistemas de comunicação, os sistemas semióticos em geral, que não são necessariamente linguísticos, como a linguagem de sinais e a que parece existir entre os grandes macacos.

Línguas e famílias de línguas também são investigadas numa perspectiva mais exatamente histórica, havendo quem reconstrua idiomas paleolíticos ou proponha etimologias universais, como é o caso da raiz **tek* ou **tik*, que significaria "dedo" ou "um" — tese que pressupõe a existência de apenas *uma única língua* como matriz de todas as demais línguas humanas e ratifica a teoria monogenética do *Homo sapiens*.

E, finalmente, as disciplinas que associam a linguagem humana à preexistência ou coexistência de um *pensamento simbólico*, e datam sua origem a partir do momento em que se possam identificar manifestações concretas desse fenômeno, como evidências arqueológicas de ritos funerários, de senso estético ou mesmo de arte; ou evidências indiretas da presença de instituições *sociais* que só poderiam derivar do pensamento simbólico, como os sistemas de parentesco ou classificação etária.

Mas há um outro viés do problema relativo à origem da linguagem que as mencionadas disciplinas também discutem arduamente: se se trata de um fenômeno *evolutivo* ou *abrupto* (decorrente de uma *mutação genética*); e, em se tratando de um fenômeno evolutivo, se tal evolução ocorre antes ou depois da especiação do *Homo sapiens*.

Assim, há quem pense que os neandertais ou mesmo os *erectus* possam ter falado, empregando línguas mais ou menos similares às nossas; há quem defenda ser o *sapiens* o único a dispor de linguagem propriamente dita, sendo tal elemento o que nos separa dos demais hominídeos; e há quem postule que a linguagem humana, em sua plenitude, só passa a existir a partir de cerca de 50 mil anos atrás, bem depois do nascimento da Eva Mitocondrial, quando teríamos começado a realizar ritos funerários, a usar adornos corporais e a criar formas mais elaboradas de arte, como a música instrumental e a pintura rupestre.

A restauração do protomito do roubo do fogo, e sua respectiva datação entre 320 e 160 mil anos, tem, como afirmei, implicações nesse debate. Vamos a elas.

* * *

A história de um herói trapaceiro e alado que rouba o fogo de um demiurgo egoísta — e, por não saber ainda produzi-lo, precisa mantê-lo aceso até distribuí-lo entre as pessoas — necessitou, na época da Eva Mitocondrial, de uma língua que possuísse múltiplos recursos expressivos e que, portanto, *não poderia diferir, estrutural e funcionalmente, dos idiomas hoje conhecidos.*

A afirmativa é forte; mas me parece óbvia: não há línguas melhores que outras; não há línguas mais complexas que outras; não há línguas primitivas; todas as línguas são capazes de expressar as mesmas coisas. Todas as coisas.

Se houve uma contribuição relevante da ciência linguística em toda a sua história, terá sido precisamente essa: a demonstração objetiva de que a capacidade intelectual de qualquer etnia humana — mensurável pela complexidade de sua língua — é rigorosamente idêntica a qualquer outra, e independe da cultura ou da tecnologia.

Se os mitos contemporâneos do roubo do fogo derivam, todos eles, de um mesmo protomito — tal protomito foi narrado numa língua que podia empregar *os mesmos recursos expressivos das línguas atuais*.

A língua da Eva Mitocondrial poderia ser compreendida e falada por qualquer indivíduo atualmente vivo; do mesmo modo que as línguas que existem hoje poderiam ter sido faladas e compreendidas pela Eva Mitocondrial. Qualquer frase, qualquer texto na língua "mitocondrial" poderia ser traduzido para as línguas conhecidas; do mesmo modo que qualquer texto ou frase nas línguas conhecidas poderiam ter sido vertidos para a língua mitocondrial. E tal conclusão é possível porque sabemos que existiu uma narrativa, no período mitocondrial, com as mesmas características estruturais e simbólicas das que existem hoje.

Para narrar o mito do roubo do fogo, a Eva Mitocondrial não podia se restringir ao emprego de enunciados objetivos: necessitaria de metáforas, de metonímias, de todo um repertório retórico e expressivo. A narrativa mítica, em que se inclui a história do roubo do fogo, é um gênero de *ficção* — que envolve coisas ainda mais complexas que figuras de linguagem. Os protagonistas do roubo do fogo, por exemplo, são, em si mesmos, *símbolos*.

Mais: a trama narrativa embute, em suas entrelinhas, ou em seu *subtexto*, de forma condensada, alguns temas que o narrador daquele tempo considerava centrais para a noção de humanidade: a caça, o cozimento, o xamanismo, o compartilhamento de bens e a instituição do parentesco de aliança.

Não estamos, portanto, diante de uma simples historinha: o roubo do fogo constitui uma verdadeira *teoria da hominização*, que reuniu todo o conhecimento, sobre a natureza e sobre a própria espécie humana, acessível àquela humanidade primordial.

A arte de narrar, àquela altura, já tinha atingido um grau de complexidade equivalente ao dos períodos históricos. Essa arte não difere, na essência, do que faz hoje (por exemplo) um romancista: a maior extensão ou alcance que eventualmente a narrativa romanesca possa vir a ter, no que tange à quantidade de temas abordados simultaneamente num fluxo único de eventos, não decorreria de uma *evolução* do pensamento simbólico nem da linguagem — e sim das *tecnologias* de que o narrador dispõe para transmiti-la: o alfabeto, o papel, o livro impresso.

Assim, a reconstituição de um protomito complexo, datável da época da Eva Mitocondrial, *refuta* as teses de que a linguagem humana, na forma como a conhecemos, teria surgido há somente 50 mil anos, associada à expansão das artes, dos rituais e das "religiões" ocorrida nesse mesmo período, como sugerem alguns arqueólogos e especialmente Richard Klein, no seu *O despertar da cultura*.

Para Klein, só se poderia falar em pensamento simbólico e em linguagem a partir do momento em que manifestações concretas dessas coisas aparecem *sistematicamente* no registro arqueológico. E isso só se dá a partir de 50 mil anos atrás.

Ora, vou me valer de um chavão: *ausência de evidência não é evidência de ausência*. A arqueologia trabalha com produtos *materiais* da cultura humana (ou hominídea); mas a cultura humana, particularmente suas línguas e seu pensamento simbólico, se manifesta sobretudo em produtos *imateriais* — como a ficção e a poesia.

Mesmo não podendo *escavar* o protomito do roubo do fogo, ou qualquer outra narrativa pré-histórica, é perfeitamente possível *reconstituí-las*, pelo método comparativo. A reconstituição feita neste ensaio nos leva a um protomito de pelo menos 160 mil anos. O estudo bem mais amplo realizado por Michael Witzel em 2010 situa o desenvolvimento do primitivo *corpus* mítico da humanidade (que ele denomina "mitologia pangeica") entre 130 e 65 mil anos. Witzel, aliás (é preciso dizer), já havia refutado a tese de Klein.

A existência do protomito do roubo do fogo no tempo da Eva Mitocondrial também é perfeitamente coerente com a teoria *monogenética* da evolução humana, segundo a qual o *Homo sapiens* emerge de uma espécie precedente em função de *um processo único ocorrido num único lugar* — que sabemos ser provavelmente a região meridional da África (como constata Alan Barnard).

Essa teoria, dominante entre os especialistas, contraria a tese da poligênese regional, que pressupõe desenvolvimentos paralelos e independentes do *Homo erectus*, em distintas partes do globo, mas numa mesma direção, até culminarem no surgimento das variantes subespecíficas do *Homo sapiens*.

Se pensarmos pelo viés do protomito do roubo do fogo, dificilmente evoluções paralelas, regionais e independentes teriam levado ao amplo predomínio do tema do fogo roubado, se se consideram os argumentos do primeiro capítulo, e muito menos à reconstrução de uma única protonarrativa.

Além da existência de uma língua plenamente desenvolvida, a complexidade do protomito do roubo do fogo sugere que a humanidade do período mitocondrial já falava há muito tempo, dominando então uma arte oral sofisticada, repleta de recursos figurativos e de expressão simbólica, operando em vários planos do texto: ponto apical de um lento processo evolutivo, cujas raízes certamente estão bem antes do aparecimento do *Homo sapiens*.[24]

* * *

---

24. A possível linguagem dos neandertais e denisovanos, ou mesmo do *erectus*, é um tema fascinante; mas foge ao âmbito deste volume. Quero só registrar minha plena convicção de que neandertais e denisovanos falavam línguas que podiam ser aprendidas por *sapiens* e vice-versa. Se essas espécies se miscigenaram, se o *sapiens* absorveu geneticamente denisovanos e neandertais, como hoje está provado, é impossível conceber tal integração sem que os primeiros mestiços, e mesmo suas mães, não fossem capazes de se comunicar.

Quero insistir num ponto, que me parece crucial: a maior parte das teorias sobre a evolução da linguagem e do pensamento simbólico se baseia na documentação *arqueológica*, nos vestígios de coisas que, em tese, representam manifestações subjetivas de senso estético e "artístico" ou de ideias metafísicas: pintura corporal, colares, arte rupestre, instrumentos musicais, corpos sepultados com "coroas", estatuetas de "Vênus" e outros objetos de significado simbólico.

Ora, a limitação dessa maneira de pensar me parece bem evidente: as culturas líticas, em geral, são constituídas por *ferramentas*, como machados de mão, raspadores, perfuradores, talhadores, socadores, instrumentos que talvez se prestassem a mais de uma função. Ferramentas, contudo, são usadas para produzir *outras coisas*. E são precisamente essas *outras coisas* que desconhecemos. Talvez por terem sido talhadas, perfuradas, raspadas, esculpidas em madeira ou pele — materiais que não resistem muito tempo, como pedras e ossos.

Além disso, arte e metafísica podem estar em coisas completamente abstratas e imateriais: poesia, narrativa, música, dança, rito. Qual a evidência de que não havia música, por exemplo, antes de serem encontradas as flautas de osso, datadas de 43 mil anos, se o mais perfeito instrumento musical é a voz? E sobre outros instrumentos musicais, se até hoje inúmeros deles são feitos de madeira e pele? E sobre a dança?

É forçoso admitir que a arqueologia, *por si só*, não pode responder às principais questões relativas à origem da arte, do senso estético, da metafísica, da cosmologia, do pensamento simbólico e da linguagem.

Nesse sentido, cabe a reivindicação de Alan Barnard, no seu *Genesis of symbolic thought*: a etnologia (ou antropologia social) não pode ficar fora do debate sobre a evolução humana.

Barnard, etnólogo das sociedades forrageiras e pastoras da África meridional (falantes de línguas pertencentes às famílias tuu, khoe--kwadi e kx'a, antes reunidas sob o nome de *khoisan*), contesta especialmente as teorias que situam a origem do pensamento simbólico em torno de 50 mil anos atrás, como faz Richard Klein no seu *O despertar da cultura*.

Com base na datação da divergência genética entre os khoisans e as demais populações de *Homo sapiens*, calculada em 130 mil anos, Alan Barnard propõe ser esta, aproximadamente, a época em que surge o pensamento simbólico.

Não vou resumir o livro inteiro, apenas sua linha central de raciocínio, que se apoia em dados da genética, da neurociência, da psicologia evolutiva e da arqueologia, confrontados com os da sua própria especialidade: a etnografia comparada dos povos caçadores-coletores, particularmente a dos bosquímanos (que estão entre os khoisans). Eis as principais constatações:

[a] a população nuclear de *Homo sapiens* que deu origem à humanidade anatomicamente moderna evoluiu no sul da África, onde estão os bosquímanos;

[b] o modelo social dessa população nuclear foi seguramente análogo ao modelo mais arcaico hoje conhecido, que é o dos caçadores-coletores;

[c] todos os caçadores-coletores conhecidos hoje têm sistemas de parentesco;

[d] todos os caçadores-coletores conhecidos hoje têm rituais e "religião";

[e] todos os caçadores-coletores conhecidos hoje têm mitologia — e portanto linguagem e pensamento simbólico;

[f] é possível reconhecer semelhanças estruturais entre a mitologia, a "religião", os rituais e os sistemas de parentesco de todos os caçadores-coletores conhecidos hoje;

[g] a população nuclear de caçadores-coletores que deu origem à humanidade anatomicamente moderna tinha, portanto, sistema de parentesco, ritual, "religião e mitologia; e, necessariamente, linguagem e pensamento simbólico; e

[h] se a mais antiga divergência genética entre as populações *sapiens* se deu há 130 mil anos, havia pensamento simbólico, e havia linguagem, há pelo menos 130 mil anos.

Os resultados que obtive com a reconstrução do protomito do roubo do fogo convergem parcialmente com as conclusões de Barnard. Além da caça e do cozimento, identifiquei, como elementos basilares da noção de humanidade, tanto o parentesco, quanto o xamanismo (que implica ritual e "religião"). A mitologia, a linguagem e o pensamento simbólico, é claro, estão implícitos em tal noção — pois o roubo do fogo é precisamente um *mito*, plasmado numa dada *língua*, que informa certo conjunto de *símbolos*, como metáforas, metonímias, alegorias.

Assim, a mitologia comparada, seja como disciplina autônoma, seja como ramo da etnologia, ao reconstruir um protomito, também pode contribuir para a compreensão do nosso processo evolutivo, especialmente por recuperar e expor um objeto (ainda que abstrato) *diretamente produzido* por populações pré-históricas.

A reconstrução do protomito do roubo do fogo revela o que a própria população nuclear, que deu origem à humanidade anatomicamente moderna, pensava de si mesma; e que coincide com o que Alan Barnard pensa sobre ela.

A população que pela primeira vez narrou o mito do roubo do fogo *também reconhecia* no ritual, na religião, na mitologia e no parentesco os seus fundamentos ontológicos, os elementos definidores do seu lugar no mundo e entre as espécies animais.

Isso tem, me parece, muito a dizer — não apenas sobre a inteligência da humanidade pré-histórica —, mas principalmente sobre a função do mito como transmissor de *conhecimento*.

É incompreensível, assim, que o acervo mitológico não tenha sido aproveitado de modo sistemático como fonte pré-histórica. Um estudioso da matéria, Chris Gosden, autor de *Prehistory* (constante da minha bibliografia), tem, por exemplo, uma frase sintomática: *"Essa continuidade populacional talvez possa formar a base de uma continuidade cultural e histórica, mesmo em áreas bastante efêmeras da vida, como a mitologia."*

Devo discordar: a sobrevivência milenar do roubo do fogo, com uma duração de 160 mil anos, é a prova cabal de que nada é efêmero, quando se trata de mitologia.

Mitos, na verdade, são mais velhos que línguas; são mais antigos que populações. Já passa da hora de dar voz a eles.

* * *

Não poderia terminar a parte fundamental deste ensaio sem me reencontrar com o querido padre Jácome. Se ele ainda estivesse entre nós, e aceitasse me receber, gostaria de lhe perguntar por que motivo não insistiu, por que não inquiriu mais vezes, por que não conseguiu extrair, dos tupinambás da Bahia, o enredo completo de um mito muito semelhante à passagem bíblica da Torre de Babel.

Temo que o padre, talvez cansado, não tenha percebido a semelhança, pois não alude a ela, como fez em relação ao mito do dilúvio. É esse o fragmento que nos legou:

Dizem mais que este Maíra Tupã dividiu entre eles as línguas para que tivessem guerra com os tapuias, mas não sabem dar a razão delas.

Talvez o padre Jácome não tivesse notado a relação direta, expressa nos dois mitos, entre língua e etnicidade. Maíra Tupã induz à guerra; Javé anula a solidariedade. São faces da mesma moeda: línguas estabelecem fronteiras, demarcam os territórios até onde vale o ideal da dádiva e do compartilhamento.

A linguagem é o primeiro símbolo que distingue o *nós* dos *outros*. Por isso, há menos mitos sobre a *origem* da linguagem que sobre a *separação* entre as línguas — como são o da Torre de Babel e o de Maíra Tupã.

Assim, gostaria de ter dito ao padre Jácome que os tupinambás não precisavam ter dado a razão das guerras com os tapuias, porque tal razão já estava dada: o fato de tupis e tapuias falarem línguas totalmente diferentes.

Foi a conclusão que antecipei, no prólogo, quando me referi à vocação etnocêntrica da espécie humana, decorrente de sua própria capacidade de falar.

É essa a ironia suprema: o roubo do fogo, que carrega o ideal da dádiva e do compartilhamento, esbarra em sua própria substância — a linguagem humana, que é instável; que muda; que se separa em muitas; que se torna incomunicável e incompreensível para o Outro.

Todavia, talvez o padre Jácome ponderasse, na sua sabedoria, que essa não seria uma boa razão, ou uma razão bastante: porque línguas se aprendem, como ele mesmo aprendeu a dos tupinambás. E eu teria ficado sem resposta para dar ao padre.

E talvez já fosse tarde, quando me lembrasse, novamente, da terrível lição contida no mito do roubo do fogo: só é possível dádiva quando um fica de fora; quando se *exclui* ou é *excluído* da comensalidade.

Há, portanto, alguma coisa maior. Diferenças de línguas talvez sejam só pretextos. Talvez haja algo profundo na própria natureza da semiose, da criação de significados: *vermelho* é tudo o que eu não chamo de *amarelo*, nem de *verde*, nem de *azul*.

Conceituar, assim, é, antes de tudo, excluir.

Esse aspecto me parece essencial para a compreensão da verdadeira noção de *humanidade*, concebida no paleolítico; ou a de *sociedade*, como existe hoje: alguma coisa muito humana, e muito antiga, permanece.

SEGUNDA PARTE

MAR DE HISTÓRIAS

estrutura dos verbetes

Nos mitos do roubo do fogo, a primeira linha do verbete contém o código do mito, como definido na "Chave de Leitura"; depois, a indicação de etnia e família linguística, segundo o *Glottolog*; e, por fim, a localização geográfica aproximada, consoante as divisões políticas atuais.

Na segunda linha, são especificados os quatro elementos que estruturam o mito.

Na terceira linha, se houver, são indicados os motivos constantes do mito, analisados na primeira parte.

Na última linha, o genótipo do mito, conforme definido no respectivo apêndice.

Para as demais categorias, apresentam-se apenas as duas primeiras linhas referidas acima.

5.
o fogo roubado

Assinalei no *corpus* alguns motivos presentes no roubo do fogo, discutidos na primeira parte: origem alta, queda ontológica, vingança, cauda inflamável e fogo corporal — este último associado aos temas do riso e do réptil fugitivo.

É importante perceber que o tempo mítico não é necessariamente "cronológico", como o concebemos. Assim, relações de causa e efeito podem parecer "invertidas", na ordem lógica, como nos casos de R 001 (tema da vingança) e R 004 (tema da origem alta, por ser, o detentor original, um pássaro).

Certas narrativas muito semelhantes foram excluídas do *corpus* quando documentadas no mesmo grupo étnico e quando apresentam o mesmo genótipo (como definido no Apêndice 1, "Aritmética do fogo").

A certa altura, deixei de incluir muitos mitos americanos e alguns oceânicos, já bastante numerosos, para evitar distorção na amostra.

inventário
[195]

R 001 [Damara; *khoe-kwadi*] [Namíbia]
bem: posse / ladrão: humano / método: trapaça / dono: felino
[vingança]
P.H.I.fe

No princípio, o homem não tinha fogo e sentia frio. Um deles resolve ir até a aldeia do Leão, que tem fogo. Lá chegando, encontra a família reunida em torno de uma fogueira, roendo ossos humanos. O convidado é posto no fundo da cabana, longe da porta; mas vai aos poucos se aproximando da saída, sem que notassem. Então empurra um dos filhos do Leão na fogueira e foge com uma tocha. O Leão, que demorou para salvar o filho, desiste de persegui-lo.

[*a menção a "ossos humanos" expressa a vingança dos leões contra os homens que lhe roubaram o fogo*]
[Frazer]

R 002 ["bosquímano"; *kxʼa*] [Namíbia]
bem: posse/ ladrão: inseto alado / método: trapaça / dono: ave
[origem alta] [queda]
P.A.I.A
Louva-Deus percebe que no local onde Avestruz comia ficava um cheiro bom. Ele a convida para comer uns frutos deliciosos. Chegando na árvore, Louva-Deus convence Avestruz a subir cada vez mais alto, porque os frutos de cima seriam mais saborosos. Na subida, Avestruz tem que esticar a "asa", para alcançar os galhos, e daí a brasa, que ficava oculta sob as axilas, acaba caindo. Louva-Deus rouba a brasa e desde então Avestruz não levanta mais a asa, ficando incapaz de voar.
[van der Post]

R 003 ["bosquímano"; *kxʼa*] [Namíbia]
fogo: indefinido / ladrão: inseto alado / método: indefinido / dono: aracnídeo
[queda]
1.A.3.ar
/Kaggen, o Louva-Deus, visita a aldeia dos Carrapatos, que tinham fogo e comiam cozido. Há conflitos. Ele condena os Carrapatos a passarem frio, andarem no escuro e beberem sangue; e dá o fogo aos verdadeiros homens.
[Guenther]

R 004 [!Kung; *kxʼa*] [Angola]
bem: segredo / ladrão: demiurgo / método: trapaça / dono: ave
[origem alta] [queda]
S.D.I.A
/Kai/kini era o único que tinha fogo. Ele sabia fazer fogo com paus mas os escondia num certo lugar. #Gao!na um dia chega na casa de /Kai/kini e come comida cozida. Volta no dia seguinte, e se esconde. Vê como /Kai/kini faz e onde ele esconde os paus de fogo. Propõe brincadeira com uma espécie de peteca. Quando /Kai/kini joga a peteca, #Gao!na provoca um vento que leva a peteca para onde estão escondidos os paus de fogo (macho e fêmea). Quando chegam lá, #Gao!na rouba os paus, e transforma /Kai/kini num pássaro.
[*embora transformado em pássaro, /Kai/kini já é um pássaro, desde o princípio*]
[Scheub]

R 005 [*Sandawe*] [Tanzânia]
fogo: indefinido / ladrão: indefinido / método: indefinido / dono: indefinido
1.2.3.4
Fogo roubado de seu possuidor original ou retomado do personagem que o roubou antes.
[Berezkin 2: D4a]

R 006 [Hadza] [Tanzânia]
fogo: indefinido / ladrão: indefinido / método: indefinido / dono: indefinido
1.2.3.4
Fogo roubado de seu possuidor original ou retomado do personagem que o roubou antes.
[Berezkin 2: D4a]

R 007 [Mbuti; *pigmeu*] [RD Congo]
bem: posse / ladrão: humano / método: trapaça / dono: homem-macaco
[origem alta] [queda] [extremidade inflamável]
P.H.I.si
Antigamente, os Chimpanzés eram homens. Porém, depois de conflitos com os pigmeus, foram para a floresta, levando o conhecimento de plantar bananas e do fogo. Um pigmeu começa a visitá-los até se tornar íntimo. Um dia, o pigmeu vem vestido com uma roupa de casca de árvore, com uma longa cauda. Chega ao meio-dia, quando os Chimpanzés adultos estão na plantação. Os Chimpanzés menores o põem perto do fogo e dão bananas a ele. Advertem sobre o risco de a cauda pegar fogo. Mas o pigmeu não liga e o fogo acaba pegando na cauda. Ele finge estar com dor e vai se afastando até se embrenhar na floresta, fugindo. Os Chimpanzés adultos tentam persegui-lo mas chegam tarde: na aldeia dos homens, o pigmeu já distribuiu fogo para todos. E os Chimpanzés, indignados com o roubo, desistem de plantar e de fazer fogo, passando a viver como animais.
[Belcher]

R 008 ["pigmeus"; *pigmeu*] [RD Congo]
bem: posse / ladrão: humano / método: oportunismo / dono: demiurgo
[origem alta]
P.H.I.D
Os pigmeus foram os primeiros a ter fogo, que só depois passaram aos negros, que imaginavam ser os mestres. Um pigmeu caçava um Elefante quando se aproximou por

acaso da aldeia de Deus e viu o fogo. Pegou uma acha, mas Deus fê-lo devolver. Isso aconteceu três vezes. Deus fez uma cerca de lianas, mas o pigmeu pulou e roubou o fogo de novo. Cansado, Deus desistiu.
[Parrinder]

R 009 ["pigmeus"; *pigmeu*] [RD Congo]
bem: posse / ladrão: homem-pássaro / método: trapaça / dono: demiurgo
[origem alta] [vingança]
P.A.I.D
No princípio, Deus tinha o fogo, e a mãe de Deus se aquecia com ele. Deus costumava ir pulando de liana em liana, de um rio a outro. Quando Deus estava nas lianas, um pigmeu perdido na floresta chegou no lugar onde o fogo queimava. Roubou o fogo. A mãe de Deus acordou com frio e chamou o filho. Ele pegou o fogo de volta. O pigmeu, todavia, contou sobre o fogo. Outro foi roubar. Acontece o mesmo. Um terceiro, então, fez uma "roupa de penas" e foi voando roubar o fogo. Dessa vez, Deus não conseguiu apanhá-lo; e desistiu, reconhecendo que os pigmeus eram seus iguais e irmãos. Mas, quando chegou em casa, viu a mãe morta de frio. Então, determinou que os pigmeus também passassem a morrer.
[Parrinder]

R 010 [*Dogon*] [Mali]
bem: segredo / ladrão: humano / método: agressão / dono: demiurgo
[queda]
S.H.V.D
Um pastor de cabras ouvia um ruído, mas não via nada. Eram espíritos invisíveis que faziam um fogo invisível. A conselho do pai, jogou pedras na direção do barulho. Os espíritos atingidos se tornaram visíveis e perderam poder. O pastor pôde trazê-los para casa com seus respectivos instrumentos (e fica implícito que com eles pôde ferir fogo).
[Belcher]

R 011 [*Dogon*] [Mali]
bem: posse / ladrão: demiurgo / método: indefinido / dono: demiurgo
[origem alta]
P.D.3.D
Quando os primeiros ancestrais estavam prontos para descer à Terra, não tinham fogo. Os nummos eram espíritos, filhos de Deus e da Terra. Eram os ferreiros celestes. Um

desses ancestrais roubou um pedaço do Sol da forja dos nummos. As nummos fêmeas jogaram relâmpagos nele, mas ele se protegeu com o couro em que estava posto o pedaço do Sol. Depois, os machos nummos lançaram contra ele o raio, mas ele escapou, escorregando tão rápido pelo arco-íris que quebrou braços e pernas. Por isso, os homens têm joelhos e cotovelos.
[Parrinder]

R 012 [Gur; *afro-atlântico*] [Burkina Faso]
fogo: indefinido / ladrão: indefinido / método: indefinido / dono: indefinido
1.2.3.4
Fogo roubado de seu possuidor original ou retomado do personagem que o roubou antes.
[Berezkin 2: D4a]

R 013 [Biafada; *afro-atlântico*] [Guiné-Bissau]
fogo: indefinido / ladrão: indefinido / método: indefinido / dono: indefinido
1.2.3.4
Fogo roubado de seu possuidor original ou retomado do personagem que o roubou antes.
[Berezkin 2: D4a]

R 014 [Zande; *afro-atlântico*] [R Centro-Africana]
bem: posse / ladrão: homem-aranha / método: trapaça / dono: humano
[extremidade inflamável]
P.ar.I.H
Ture, uma Aranha em forma humana, foi visitar seus tios maternos, que eram ferreiros. Naquele tempo, só eles conheciam o fogo. Ture faz uma roupa de casca de árvore e dança perto da forja. A roupa pega fogo e ele foge. Pondo fogo na grama, impede que os parentes o persigam. Depois canta para o fogo, dizendo quem ele é. E dá o fogo aos outros homens.
[Belcher]

R 015 [Fon; *afro-atlântico*] [Togo]
bem: segredo / ladrão: ave / método: traição / dono: demiurgo
[origem alta]
S.A.V.D
Sogbo quis ser rei da Terra. Mawu negou e mandou Sagbata. Legba propôs um estratagema a Sogbo. Quando Sagbata veio, trouxe a semente de todas as plantas, os instrumentos

e as artes. Ficaram no céu os segredos da água e do fogo (que seria depois roubado). Legba convence Mawu a mandar Sogbo segurar a chuva. Quando Sagbata chega à terra e promete comida, as plantas não crescem porque não chovia. Legba fala para Sagbata que vai interceder com Mawu. E envia o pássaro Wututu para mandar os homens fazerem fogo (revelando, obviamente, o segredo ou dando fogo a eles). Mas como a vegetação estava seca, houve grande incêndio. Legba diz a Mawu que o fogo vai pegar no céu. Mawu manda Sogbo soltar a chuva. Mawu decide, assim, que Sogbo vai controlar a chuva no céu. Mas na terra os homens podem convocá-la. Wututu é o mensageiro de Mawu.
[Belcher]

R 016 [Ewe; *afro-atlântico*] [Benim]
bem: posse / ladrão: quelônio / método: trapaça / dono: gigante
P.ex.I.gg
Dada-Segbo vai obter fogo para os homens. O fogo era guardado por um gigante. Ele manda primeiro o Leão roubar, enquanto o gigante dormia. O Leão rouba, mas um Pássaro dá o alarme e o gigante retoma o fogo. Depois vão o Macaco, o Elefante e vários animais. No fim, vai o Cágado, que esconde o fogo dentro do casco, e por isso consegue roubá-lo.
[Scheub]

R 017 [Iorubá; *afro-atlântico*] [Nigéria]
bem: posse / ladrão: demiurgo / método: indefinido / dono: demiurgo
[origem alta]
P.D.3.D
Aroni (anão de uma perna; ou uma perna, um braço e um olho no meio da testa; ou anão com rabo de cachorro etc.) rouba o fogo no Céu, para entregá-lo aos homens, que não o conheciam.
[Verger]

R 018 ["candomblé"; *afro-atlântico*] [diáspora afro-brasileira]
bem: segredo / ladrão: demiurgo / método: traição / dono: demiurgo
[fogo corporal]
S.D.V.D
Xangô foi visitar Ogum e se apaixona por Iansã, que era mulher de Ogum. Um dia volta à casa do ferreiro e finge estar com muita fome. Ogum manda Xangô ensinar

a Iansã o seu prato predileto. Xangô ensina e antes de comer manda Iansã pôr na comida um certo pó, mas adverte para não prová-la. Ela, curiosa, prova e passa a cuspir fogo como ele. Com isso, Ogum se apavora, repudia Iansã e a deixa ir com Xangô.

[*noutra versão, Xangô apenas manda Iansã ir buscar um preparado com o pó na terra dos baribas; adverte para ela não beber; mas ela bebe.*]
[Prandi]

R 019 [Ekoi, Ejagham; *afro-atlântico*] [Nigéria]
bem: posse / ladrão: humano / método: trapaça / dono: demiurgo
[origem alta] [vingança]
P.H.I.D
Obassi Osaw, o criador, envia o homem à terra, mas não dá o fogo. Etim Ne manda o Coxo ir buscar o fogo. Obassi Osaw fica furioso e manda o Coxo (que ainda não era coxo) de volta. Etim, com medo, vai pedir desculpas, mas Obassi Osaw não o perdoa. Quando volta, o Coxo debocha de Etim; e diz que se não quiserem dar o fogo a ele, Coxo, vai roubá-lo. E parte de novo para o céu. Lá, se comporta como servo. Obassi ganha confiança e o manda ir buscar uma candeia na casa das mulheres, onde o fogo ficava. Ele fica sozinho e acende uma acha, que esconde em folhas. Pede para sair um pouco e depois, numa floresta, acende uma tocha com fogo (que esconde outra vez). De noite, enquanto todos dormem, volta à floresta, pega o fogo e desce para a terra. Obassi Osaw manda seu filho mais velho, Akpan, perguntar se o fogo da terra tinha sido roubado pelo Coxo. O Coxo confessa, e por isso fica incapaz de andar.
[Frazer]

R 020 [Tsonga; *afro-atlântico*] [Moçambique]
bem: posse / ladrão: humano / método: indefinido / dono: humano
P.H.3.H
No princípio, os hlengwe não tinham fogo, que era conhecido dos sonos. Tshauke, o primeiro rei hlengwe, se casa com uma princesa sono, e o filho do rei rouba o fogo, trazendo cinzas incandescentes numa concha. Os sonos fizeram guerra, mas como o hlengwe tinha comido comida cozida, ficou mais forte e venceu.
[Frazer]

R 021 [Kuba; *afro-atlântico*] [RD Congo]
bem: segredo / ladrão: humano / método: trapaça / dono: humano
[queda]
S.H.I.H
No princípio, os homens pegavam fogo quando havia relâmpagos, mas não sabiam como feri-lo. No tempo do rei Muchu Mushanga, um homem chamado Kerikeri sonhou que Bumba, o criador, o mandava caminhar até certa árvore e pegar galhos. Depois, em outro sonho, o ensinou a ferir fogo. Mas Kerikeri não ensinou o segredo, e vendia o fogo a preços muito altos. O rei manda a filha descobrir o segredo. Ela é linda e seduz Kerikeri. Um dia, manda todos na aldeia apagarem seus fogos comprados; e vai até a casa de Kerikeri, dizendo estar com frio, e pedindo que ele fizesse fogo. Ele tenta pegar emprestado com os vizinhos, mas ninguém mais tinha fogo. Então, ele se vê obrigado a ferir fogo na frente da princesa. Ela, descobrindo o segredo, o humilha, dizendo que nunca gostara dele, por ser princesa, que ele então se casasse com uma escrava. E ela, então, revela a todos o segredo do fogo (logo, ninguém precisaria mais comprar fogo, quando o anterior se apagasse). Por isso entre os kubas há o posto de katenge, que é a mulher conselheira.
[Frazer]

R 022 [Loki; *afro-atlântico*] [RD Congo]
bem: segredo / ladrão: humano / método: coação / dono: demiurgo
[origem alta]
S.H.V.D
Motu não conhecia o fogo. Ele tinha uma plantação de bananas. As bananas passaram a ser roubadas. Ele descobre que era o Povo das Nuvens. Persegue os ladrões e pega uma mulher. E se casa com ela. Ela ensina o segredo do fogo.
[*reparar que ela tem, por coação e por ser a mulher dele, que ensinar; não é uma doação, mas um constrangimento, pois não há alternativa*].
[Scheub]

R 023 [Cabinda; *afro-atlântico*] [Angola]
bem: posse / ladrão: animal alado / método: indefinido / dono: demiurgo
[origem alta]
P.A.3.D
Nzambi Mpungu é o criador, que mora no céu. A filha de Nzambi Mpungu é a grande princesa Nzambi, que foi mandada à terra, e que é mãe de todos os animais. A princesa

Nzambi prometeu sua bela filha ao animal que trouxesse para ela o fogo do céu. A princesa deu tudo aos homens: leis, artes, jogos e instrumentos musicais. Nzambi Mpungu era o dono do fogo, guardado em caixas de relâmpagos. A princesa roubou uma parte desse fogo (presume-se que roubaram para ela, com o objetivo de obter a mão da filha).
[Scheub]

R 024 [Shilluk; *nilótico*] [Sudão do Sul]
bem: posse / ladrão: canídeo / método: trapaça / dono: demiurgo
[extremidade inflamável]
P.ca.I.D
Os homens não tinham fogo, que existia na terra do Grande Espírito. Um dia, o Cão roubou um pedaço de carne assada. Os homens gostaram e mandaram o Cão de volta, com palha amarrada no rabo. Quando ele passou na fogueira, o rabo pegou fogo e o Cão voltou, arrastando e balançando o rabo. Os homens pegaram o fogo que pegou na grama.
[Frazer]

R 025 [Shilluk; *nilótico*] [Sudão do Sul]
bem: posse / ladrão: humano / método: agressão / dono: humano
[queda] [vingança]
P.H.V.H
Dak, antepassado dos shilluks, era filho de Nyikang e de uma Mulher-Crocodilo. Viviam todos em paz até que Dak comeu carne de Crocodilo moqueada. A partir de então, Crocodilos matam homens no rio; e homens matam Crocodilos na terra. Mas Dak fez outros inimigos. Lutou contra seu primo Dim. Dim escondeu o fogo, e por isso o povo de Dak passou a comer cru. Dak retaliou, fazendo o povo dele ficar cego. E continuaram nessa guerra.
[*o ritmo da narrativa sugere que o castigo da cegueira fez o povo de Dak recuperar o fogo*]
[Belcher]

R 026 [Luo; *nilótico*] [Quênia]
bem: posse / ladrão: canídeo / método: traição / dono: demiurgo
[extremidade inflamável]
P.ca.I.D
Um Cão entra na aldeia de Juok, o criador. Ele estava na oficina de um ferreiro. Havia um fogo ali. O Cão disse sentir frio e se aproximou do fogo. Quando chegou perto, o

rabo pegou fogo e ele fugiu. Sacudindo o fogo durante a fuga, ele pôs fogo numa certa árvore; e disse aos homens (que desconheciam o fogo, mantido em segredo na aldeia de Juok) onde tinha ficado.
[Scheub]

R 027 [Lendu; *sudânico*] [Uganda]
bem: posse / ladrão: humano / método: indefinido / dono: humano
P.H.3.H
Os lendu chegaram ao lugar onde moram vindo do norte e encontraram pigmeus que não conheciam fogo. Eles, lendus, já faziam fogo. Um dia, os pigmeus roubaram o fogo dos lendus e o deram também aos ndjalis (wassongoras).
[Frazer]

R 028 [tradição talmúdica; *afro-asiático*] [Oriente Médio]
bem: posse / ladrão: demiurgo / método: indefinido / dono: indefinido
[origem alta]
P.D.3.4
A humanidade não tem fogo. Um herói cultural rouba o fogo do possuidor original. Fogo transportado do céu nas unhas da mão.
[Thompson: A 1415.1.1]

R 029 [Sumério; *sumérico*] [Iraque]
bem: segredo / ladrão: demiurgo / método: trapaça / dono: demiurgo
S.D.I.D
Enki, deus da sabedoria, que mora no abismo abissal do oceano, o Abzu, tem todos os "decretos" concernentes à civilização. Inanna vai até ele para conquistar esses decretos, por meios lícitos ou ilícitos, e trazer bem-estar a Uruk. Ciente do seu poder de sedução, ela se apresenta; e Enki, seduzido, a convida para um banquete. Eles bebem. Sob efeito da bebida, Enki oferece os decretos a Inanna. Ela, então, pega seu barco celeste e volta com os decretos. Passada a embriaguez, Enki manda um mensageiro e monstros marinhos deterem o barco de Inanna. Por sete vezes Inanna convence o mensageiro a voltar e pedir reconsideração. E nisso atinge sua cidade, descarrega os decretos e traz a civilização a Uruk. Entre os mais de cem decretos, há o da "chama que acende" e o da "chama que consome".
[Kramer]

R 030 [Abaza; *circássico*] [Turquia]
bem: posse / ladrão: humano / método: trapaça / dono: gigante
[queda]
P.H.I.gg
Os homens de Sosruquo o abandonam, indo embora sem ele. Mas Sosruquo os reencontra. Estão morrendo de frio. Sosruquo decide ir buscar fogo para salvá-los. Vai até uma montanha. E vê embaixo uma luz. Desce. Há um gigante ao lado do fogo. Há homens também, junto com um rebanho. Sosruquo conversa com o gigante até ele dormir. Fala com os homens, que dizem que o gigante irá matá-los, como já fez com outros. Sosruquo pega um espeto e fura os olhos do gigante. E rouba o fogo, libertando também os homens.
[Colarusso]

R 031 [Abkhaz; *circássico*] [Geórgia]
fogo: indefinido / ladrão: indefinido / método: indefinido / dono: indefinido
1.2.3.4
Fogo roubado de seu possuidor original ou retomado do personagem que o roubou antes.
[Berezkin 2: D4a]

R 032 [Le Charme; *indo-europeu*] [França]
bem: posse / ladrão: ave / método: indefinido / dono: indefinido
[origem alta]
P.A.3.4
A Cambaxirra rouba o fogo do céu e, quando vinha para a terra, suas asas pegam fogo; ela passa o fogo para o Pintarroxo, que queima o peito; o Pintarroxo passa então o fogo para a Cotovia; e a Cotovia entrega o fogo à humanidade.
[Frazer]

R 033 [Islandês; *indo-europeu*] [Islândia]
bem: posse / ladrão: demiurgo / método: trapaça / dono: ave
[origem alta] [queda] [vingança] [fogo corporal]
P.D.I.A
Três deuses (Aesir) de Asgard, Odin, Loki e Haenir, saíram para cruzar montanhas e regiões desertas. Sentiram fome. Viram um rebanho e pegaram uma das reses. Puseram a rês para assar num forno feito num buraco do chão; mas não havia como fazê-la

cozinhar. Enquanto discutiam, ouviram uma enorme Águia (que era o gigante Thiassi) no alto de uma árvore. A Águia disse que era responsável pelo não cozimento do forno. E propôs que, se dessem a ela uma parte da rês, ela faria o forno cozinhar. Eles concordam; a Águia desce e senta sobre o forno. E separa sua parte: as duas pás e os dois quartos traseiros. Loki, enfurecido (talvez por ter a Águia escolhido as melhores partes), enfia uma estaca na Águia. A Águia, então, voa, abandonando a carne, mas carregando Loki, que não teve tempo de soltar a estaca (Thiassi continua nesse conflito com Loki, que envolve as maçãs do rejuvenescimento de Idun, deusa esposa de Bragi, até ser queimado pelos Aesir, quando persegue Loki até Asgard em forma de falcão).
[Sturluson]

R 034 [Lituano; *indo-europeu*] [Lituânia]
fogo: indefinido / ladrão: indefinido / método: indefinido / dono: indefinido
1.na.3.4
A humanidade não tem fogo. Um herói cultural rouba o fogo do possuidor original. Roubo do fogo por um animal.
[Thompson: A1415.2]

R 035 [Ucraniano; *indo-europeu*] [Ucrânia]
fogo: indefinido / ladrão: indefinido / método: indefinido / dono: indefinido
1.2.3.4
Fogo roubado de seu possuidor original ou retomado do personagem que o roubou antes.
[Berezkin 2: D4a]

R 036 [Grego; *indo-europeu*] [Grécia]
bem: posse / ladrão: demiurgo/ método: indefinido / dono: demiurgo
[origem alta] [vingança]
P.D.3.D
Com intuito de enganar o glorioso Zeus, Prometeu sacrifica um Boi e divide o animal em duas partes: carne e vísceras, cobertas com a pele; e os ossos, cobertos com gordura. E oferece a Zeus uma das porções. Zeus escolhe a segunda, deixando aos mortais a primeira. Furioso ao descobrir que ficara só com os ossos, priva os homens de fogo (deixando de lançar raios contra os freixos). Prometeu, então, rouba o fogo e o esconde no oco de um galho de férula. Quando percebe que os homens ainda se beneficiam do

fogo, Zeus pune Prometeu: preso por correntes, tem o fígado diariamente devorado por uma Águia, pois o órgão devorado cresce de novo, durante a noite. Zeus também castiga a humanidade, enviando Pandora, o "belo mal", de quem descendem as mulheres.
[Hesíodo]

R 037 [Grego; *indo-europeu*] [Grécia]
bem: posse / ladrão: demiurgo / método: indefinido / dono: demiurgo
[origem alta] [vingança]
P.D.3.D
No princípio, não existiam as raças mortais. Os deuses as modelaram no interior da terra, e pediram a Prometeu e a Epimeteu que as completassem, atribuindo a cada uma delas características que as distinguissem. Epimeteu pede a Prometeu que o deixe executar a tarefa e dá a todos os seres vivos, mortais, qualidades que permitem que eles não se extingam. Quando chega a vez da humanidade, Epimeteu constata que gastou tudo que dispunha com os animais. O homem fica nu, descalço, sem abrigo e sem defesa. Prometeu, então, mesmo proibido de subir ao monte Olimpo, entra furtivamente na sala onde Hefesto e Atena trabalham; e rouba o fogo, além de outras artes. Foi esse roubo que permitiu à espécie humana sobreviver. Por culpa de Epimeteu, contudo, Prometeu foi perseguido pela justiça divina.
[Platão]

R 038 [Persa; *indo-europeu*] [Irã]
fogo: indefinido / ladrão: ave / método: indefinido / dono: indefinido
[origem alta]
1.A.3.4
A humanidade não tem fogo. Um herói cultural rouba o fogo do possuidor original. Roubo do fogo por um pássaro.
[Thompson: A1415.2.1]

R 039 [Sânscrito; *indo-europeu*] [Índia]
bem: segredo / ladrão: demiurgo / método: indefinido / dono: demiurgo
[origem alta]
S.D.3.D
Vagando livremente, Agni foi escondido da nossa vista, Matarisvan o trouxe de longe, trouxe dos deuses, produzido por fricção.

[*o roubo se caracteriza porque o fogo estava escondido, para a humanidade não usufruí-lo*]
[Macdonell]

R 040   [Nenets da Tundra; *urálico*]   [Ártico russo]
fogo: indefinido / ladrão: indefinido / método: indefinido / dono: indefinido
1.2.3.4
Fogo roubado de seu possuidor original ou retomado do personagem que o roubou antes.
[Berezkin 2: D4a]

R 041   [Karachay-Balkar; *turcaico*]   [Rússia]
fogo: indefinido / ladrão: indefinido / método: indefinido / dono: indefinido
1.2.3.4
Fogo roubado de seu possuidor original ou retomado do personagem que o roubou antes.
[Berezkin 2: D4a]

R 042   [Tártaro; *turcaico*]   [Rússia]
bem: segredo / ladrão: humano / método: trapaça / dono: demiurgo
S.H.I.D
Depois de criar o homem, Kudai pensou em dar o fogo a eles, porque viviam nus e teriam frio. Havia um homem chamado Ulgon com três irmãs. Quando Kudai chegou, com sua longa barba, pisou nela e tropeçou. Elas riram. Ele se foi, então, com raiva. Mas elas se esconderam na estrada e ouviram ele comentar, falando sozinho, que os homens ficariam sem o fio da pedra e a dureza do ferro. Elas pegaram esses elementos e feriram fogo com eles.
[Frazer]

R 043   [Khakas; *turcaico*]   [Rússia]
fogo: indefinido / ladrão: indefinido / método: indefinido / dono: indefinido
1.2.3.4
Fogo roubado de seu possuidor original ou retomado do personagem que o roubou antes.
[Berezkin 2: D4a]

R 044 [Shor; *turcaico*] [Rússia]
fogo: indefinido / ladrão: indefinido / método: indefinido / dono: indefinido
1.2.3.4
Fogo roubado de seu possuidor original ou retomado do personagem que o roubou antes.
[Berezkin 2: D4a]

R 045 [Buriato; *mongólico*] [Mongólia]
fogo: indefinido / ladrão: ave / método: indefinido / dono: demiurgo
[origem alta] [vingança]
1.A.3.D
Vendo que os homens não tinham fogo, a Andorinha rouba o fogo de Tengri, divindade do céu. Este, irado com o pássaro, atira sua flecha, que não acerta o corpo mas fende seu rabo em duas metades.
[Frazer]

R 046 [Oirat; *mongólico*] [Mongólia]
fogo: indefinido / ladrão: indefinido / método: indefinido / dono: indefinido
1.2.3.4
Fogo roubado de seu possuidor original ou retomado do personagem que o roubou antes.
[Berezkin 2: D4a]

R 047 [Evenki; *tungúsico*] [Mongólia]
fogo: indefinido / ladrão: indefinido / método: indefinido / dono: indefinido
1.2.3.4
Fogo roubado de seu possuidor original ou retomado do personagem que o roubou antes.
[Berezkin 2: D4a]

R 048 [Even; *tungúsico*] [Rússia]
fogo: indefinido / ladrão: indefinido / método: indefinido / dono: indefinido
1.2.3.4
Fogo roubado de seu possuidor original ou retomado do personagem que o roubou antes.
[Berezkin 2: D4a]

R 049 [Hani; *tibeto-sínico*] [China]
bem: posse / ladrão: humano / método: trapaça / dono: monstro
[fogo corporal]
P.H.I.mo

Os homens não tinham fogo e sofriam com frio e escuridão. Um jovem chamado Ah--Cha vai roubar o fogo de um monstro que tinha uma pérola ardente encravada na testa. Enquanto o monstro dorme, ele rouba e engole a pérola. Em casa, corta o peito com uma faca de bambu para liberar a bola de fogo, morrendo queimado.
[Witzel]

R 050 [Chang Naga; *tibeto-sínico*] [Índia]
bem: segredo / ladrão: humano / método: indiscrição / dono: felino
[vingança]
S.H.I.fe

Duas mulheres surpreenderam o Tigre fazendo fogo friccionando uma correia sob as garras. Até aquele momento, os homens dependiam da boa vontade do Tigre.
[Frazer]

R 051 [Ao Naga; *tibeto-sínico*] [Índia]
bem: segredo / ladrão: humano / método: indiscrição / dono: símio
[queda]
S.H.I.si

Antigamente, fogo e água brigaram e o fogo fugiu e se escondeu em bambus e pedras. Um dia lutarão de novo: o fogo incendiará tudo; e a água submergirá tudo. Mas, quando o fogo fugiu, só o Gafanhoto viu onde ele estava. Naquele tempo, homens e Macacos tinham pelos. O Gafanhoto ensinou ao Macaco como fazer fogo. Mas o homem observava e roubou o fogo do Macaco. Por isso, por não mais precisar de pelos, o homem os perdeu, enquanto o Macaco ainda precisa deles.
[Frazer]

R 052 [Dakpakha; *tibeto-sínico*] [Butão]
fogo: indefinido / ladrão: indefinido / método: indefinido / dono: indefinido
1.2.3.4

Fogo roubado de seu possuidor original ou retomado do personagem que o roubou antes.
[Berezkin 2: D4a]

R 053 [Zhuang; *tai-kadai*] [China]
fogo: indefinido / ladrão: indefinido / método: indefinido / dono: indefinido
1.2.3.4
Fogo roubado de seu possuidor original ou retomado do personagem que o roubou antes.
[Berezkin 2: D4a]

R 054 [Thai; *tai-kadai*] [Tailândia]
bem: segredo / ladrão: inseto alado / método: trapaça / dono: demiurgo
[origem alta]
S.A.I.D
Após o dilúvio, sobraram um menino e uma menina numa abóbora. Tiveram sete filhos. Como não tinham fogo, um deles foi mandado ao céu. O Espírito do Céu deu a ele fogo; mas ele deixou por três vezes o fogo se apagar, antes de chegar na terra. Quando voltou, não tinha fogo. Mandaram então a Serpente e a Coruja. A primeira foi caçar Rãs, e a outra, Ratos, e não trouxeram o fogo. Os irmãos mandam então a Mosca-Varejeira. Ela foi com a condição de poder depois viver picando os Búfalos e as pernas dos tolos e pacíficos. Eles aceitaram. No céu, o Espírito Celeste perguntou onde ela tinha olhos e ouvidos. Ela mentiu, dizendo que tinha olhos e ouvidos onde todos tinham, embora tivesse olhos na base da asa. O Espírito Celeste perguntou onde podia escondê-la, para não ver como se faz o fogo. Ela disse que dentro de um cântaro veria tudo; que o ideal seria dentro de um cesto. Pelos interstícios da trama, viu o segredo do fogo. Quando voltou, mesmo tendo apagada sua tocha, sabia como fazer. E ensinou aos sete irmãos.
[Frazer]

R 055 [Khmu; *austro-asiático*] [Laos]
fogo: indefinido / ladrão: indefinido / método: indefinido / dono: indefinido
1.2.3.4
Fogo roubado de seu possuidor original ou retomado do personagem que o roubou antes.
[Berezkin 2: D4a]

R 056 [Sedang; *austro-asiático*] [Laos]
fogo: indefinido / ladrão: indefinido / método: indefinido / dono: indefinido
1.2.3.4
Fogo roubado de seu possuidor original ou retomado do personagem que o roubou antes.
[Berezkin 2: D4a]

R 057 [Vietnamita; *austro-asiático*] [Vietnã]
fogo: indefinido / ladrão: indefinido / método: indefinido / dono: indefinido
1.2.3.4
Fogo roubado de seu possuidor original ou retomado do personagem que o roubou antes.
[Berezkin 2: D4a]

R 058 [Muria; *dravídico*] [Índia]
fogo: indefinido / ladrão: indefinido / método: indefinido / dono: indefinido
1.2.3.4
Fogo roubado de seu possuidor original ou retomado do personagem que o roubou antes.
[Berezkin 2: D4a]

R 059 [Gondi; *dravídico*] [Índia]
fogo: indefinido / ladrão: indefinido / método: indefinido / dono: indefinido
1.2.3.4
Fogo roubado de seu possuidor original ou retomado do personagem que o roubou antes.
[Berezkin 2: D4a]

R 060 [A-Pucikwar; *andamânico*] [Ilhas Andamã]
bem: posse / ladrão: ave / método: trapaça / dono: demiurgo
[origem alta] [vingança]
P.A.I.D
Os antepassados não tinham fogo e moravam em Wota-Emi. Bilik morava em Tol-Lokotima e um dia fez fogo quebrando o galho de uma árvore chamada perat. O Martim-Pescador pega o fogo quando Bilik dormia. Bilik acorda e vê o Martim-Pescador. Indignado, lança uma acha contra o pássaro, que fica queimado nas costas, onde hoje tem penas vermelhas. Mas ele dá o fogo aos homens. Bilik, então, vai para o céu.
[Frazer]

R 061 [*andamânico*] [Ilhas Andamã]
a) bem: posse / ladrão: ave / método: oportunismo / dono: crustáceo
P.A.I.aq
b) bem: posse / ladrão: ave / método: oportunismo / dono: ave
P.A.I.A
a) O calor fez uma folha de inhame pegar fogo espontaneamente. O Pitu pegou o fogo, pôs na lenha e foi dormir.
b) O Martim-Pescador roubou o fogo. Cozinhou e foi dormir. O Pombo roubou o fogo. E foi o Pombo quem deu fogo aos homens.
[Frazer]

R 062 [*andamânico*] [Ilhas Andamã]
bem: posse / ladrão: ave / método: trapaça / dono: demiurgo
[origem alta] [vingança]
P.A.I.D
Os homens não tinham fogo. A deusa Bilika tinha. O Martim-Pescador roubou o fogo enquanto ela dormia. Ela vê o roubo e atira uma ostra, cortando as asas e o rabo da ave. O Martim-Pescador cai, mas nada com o fogo e o entrega a Tepe. Tepe dá o fogo ao Pombo, que o distribui.
[Frazer]

R 063 [*andamânico*] [Ilhas Andamã]
bem: posse / ladrão: ave / método: trapaça / dono: demiurgo
P.A.I.D
Biliku tinha uma pedra vermelha e uma ostra. Feriu fogo com os dois e foi dormir. O Pombo roubou o fogo e o distribuiu.
[Frazer]

R 064 [*andamânico*] [Ilhas Andamã]
bem: posse / ladrão: ave / método: indefinido / dono: demiurgo
P.A.3.D
Pombo roubou o fogo de Deus e o deu ao finado Lech, que o distribuiu.
[Frazer]

R 065 [*andamânico*] [Ilhas Andamã]
bem: posse / ladrão: homem-pássaro / método: oportunismo / dono: demiurgo
[origem alta] [vingança]
P.A.I.D
Após o dilúvio, os homens ficaram sem fogo. Puluga, o criador, morava na única montanha que ficou livre das águas. O espírito de um dos mortos, com pena dos vivos, assume a forma de um Martim-Pescador e vai até o lugar onde está o fogo, que queima ao lado de Puluga. Ele pega uma acha; mas o calor e o peso o fazem derrubar o fogo em Puluga. Indignado, e com dor, Puluga lança a acha contra o pássaro; mas erra o alvo. O fogo, assim, cai entre os homens.
[Frazer]

R 066 [Minriq; *negrito*] [Malásia]
bem: posse / ladrão: ave / método: oportunismo / dono: cervídeo
[origem alta]
P.A.I.ce
Quando os menris (minriqs) conheceram os malaios, encontraram uma flor vermelha dita gantang, em torno da qual esticavam os braços para se aquecer. Depois, os malaios acenderam fogo e incendiaram a savana. Os menris fugiram para a floresta. O Veado (então sem chifres) foi até o incêndio e trouxe fogo. Para não ser roubado, pôs o fogo no alto da sua cabana enquanto trabalhava na sua roça. O Pica-Pau roubou o fogo e deu aos menris. Mas avisou que o Veado vinha buscá-lo e mandou acertá-lo com lanças. Dois homens acertaram o Veado na cabeça. Ele perdeu o fogo mas hoje tem chifres. O Pica-Pau pediu aos menris para não matá-los, por ter roubado o fogo para eles.
[Frazer]

R 067 [Semang; *negrito*] [Malásia]
bem: posse / ladrão: símio / método: indefinido / dono: demiurgo
[origem alta]
P.si.3.D
O Macaco-do-Coco (*Macaca nemestrina*, em inglês *southern pig-tail macaque*; a espécie é treinada para pegar cocos, daí o nome popular) roubou o fogo de Karei, Ser Supremo que vive no céu e provoca o trovão. O Macaco-do-Coco pôs fogo na savana. Os que fugiram para a água são os malaios; os que fugiram para a floresta e as montanhas são

os antepassados dos semangs. Como foram mais lentos, o fogo os atingiu e chamuscou o cabelo deles, por isso têm o cabelo crespo.
[Frazer]

R 068 [Ontong Java; *austronésio*] [Ilhas Salomão]
bem: segredo / ladrão: humano / método: agressão / dono: demiurgo
S.H.V.D
Paeva era o deus do oceano. Vivia com o filho, Ke Ahi, o fogo, no fundo do mar. Um dia brigaram. Ke Ahi foi até a superfície. Pôs fogo numa ilha. Pôs fogo em outra, onde uma mulher, Kapaea, o matou com um pau de ponta. Paeva teve saudade. Seguiu as cinzas. Presumiu que o filho morreu. Começou a bater embaixo da ilha de Kapaea. Kapaea ofereceu se casar com ele, para Paeva parar de bater. Paeva se casou com ela e perguntou sobre Ke Ahi. Ela contou. Ele, com saudade, pegou o pau de ponta. O filho reviveu (presume-se, por algum método de fricção). Ele mandou o filho de volta para o mar. O filho morreu. Ele fez o filho reviver. E por isso o fogo não podia mais entrar na água.
[Frazer]

R 069 [Toraja; *austronésio*] [Celebes]
bem: segredo / ladrão: inseto alado / método: trapaça / dono: demiurgo
[origem alta]
S.A.I.D
No princípio, o criador (noutra versão, Pooang Matooa) fez o homem e a mulher esculpidos em pedra e deu vida fazendo o vento soprar nelas. Deu o fogo mas não ensinou a fazer. Os homens cuidavam do fogo mas um dia o perderam. Como o céu fosse ainda próximo da terra, mandaram a Mosca-Varejeira buscar mais. Os deuses exigiram que ele fechasse os olhos, para não aprender como fazer. O inseto tinha, contudo, olhos nas axilas; e quando levantou os braços para fechar os olhos do rosto, viu com os das axilas como fazer o fogo.
[Frazer]

R 070 [Nias; *austronésio*] [Indonésia]
bem: segredo / ladrão: humano / método: trapaça / dono: demiurgo
[vingança]
S.H.I.D
Antigamente, um espírito mau chamado Belas, que foi antes um homem, tinha amizade com os homens (hoje, só pode ser visto pelos sacerdotes, mas antes era visível a

todos). As pessoas conservavam o fogo e costumavam pegar de outros quando o seu apagava. Belas, todavia, sabia fazer fogo e guardava o segredo. Um dia, um homem foi pedir fogo a uma esposa de Belas. Como o fogo dela estivesse apagado, ela pede que o homem fique coberto com um pano. Ele diz que podia ver através do pano e sugere que ela o cubra com um cesto. Ela faz isso, e o homem, ardiloso, vê pelos interstícios da trama da cestaria o método de fazer fogo. A partir de então, os homens aprenderam a ferir fogo. E Belas disse que nunca mais iriam poder vê-lo.
[Frazer]

R 071 [Kilivila; *austronésio*] [Ilhas Trobriand]
bem: posse / ladrão: humano / método: trapaça / dono: demiurgo
[fogo corporal]
P.H.I.D
Uma mulher na aldeia de Lukwasisiga dá à luz a Lua, o Sol e o Coqueiro. A Lua pede primeiro para ir para o céu, mas o Sol também pede e é atendido antes. A Lua fica com raiva. Essa mulher também pare o fogo, há muito tempo. Mas o fogo fica esperando (dentro dela). A mulher tem uma irmã mais nova, que vai buscar inhames no mato. Come cru e de noite tosse. A mais velha não, porque cozinha o seu inhame. Um dia, a irmã mais nova finge que vai ao mato e se esconde. Vê como a mais velha tira o fogo de entre as pernas. A mais velha, percebendo que seu segredo foi revelado, tenta convencer a mais nova a não divulgar o conhecimento do fogo. Mas ela não aceita e põe o fogo em certas árvores, tornando o conhecimento comum.
[Frazer]

R 072 [Dobu; *austronésio*] [Nova Guiné]
bem: posse / ladrão: humano / método: agressão / dono: demiurgo
[fogo corporal] [queda]
P.H.V.D
Os ancestrais caçavam Porcos Selvagens e comiam a carne crua. Quando todos estavam na caça, uma velha separava inhames crus para os caçadores e, tirando o fogo de entre as próprias pernas, cozinhava os que ela ia comer. Um dia, um inhame cozido ficou por engano entre os crus. Eles percebem a diferença e decidem espionar a velha. No dia seguinte, um deles volta mais cedo e descobre o segredo; rouba o fogo e incendeia a grama. A velha morre gritando "meu fogo, meu fogo". Depois, cai a chuva, apagando

quase todo o fogo; o pouco que sobrou ficou embaixo de certa Cobra. Depois que os ancestrais pegam o fogo, descobrem como feri-lo com paus.
[Frazer]

R 073 [Kuanua; *austronésio*] [Nova Bretanha]
bem: segredo / ladrão: canídeo / método: traição / dono: humano
[vingança]
S.ca.I.H
Só a sociedade secreta tinha fogo. Um Cão, que era iniciado, tinha fome e se aproximou das mulheres e dos não iniciados. Pediu comida. A mulher disse que não tinha fogo. O Cão ensinou a ferir fogo com paus, apesar do temor das mulheres (temiam represália da sociedade secreta). Quando souberam da revelação do segredo, fizeram mágica e o Cão perdeu a fala.
[Frazer]

R 074 [Wagawaga; *austronésio*] [Nova Guiné]
bem: posse / ladrão: homem-cobra / método: trapaça / dono: demiurgo
[origem alta] [fogo corporal]
P.ex.I.D
Uma velha tinha fogo, que tirava do corpo e cozinhava seus alimentos. Todavia, secava ao Sol a comida dos outros. Um dia, calhou de um pedaço de comida cozida ficar no meio da comida crua dos rapazes. O mais novo deles provou e deu aos outros. Todos gostaram. No dia seguinte, enquanto os rapazes iam à caça, o mais novo ficou espionando a velha. Viu ela tirar o fogo de entre as pernas e cozinhar apenas a sua própria comida, enquanto secava a dos rapazes ao sol. O mais novo contou essa história aos outros. Eles cortaram uma árvore da altura de uma casa e todos tentaram pular, mas só o mais novo conseguiu. Foi escolhido para roubar o fogo, consegue roubar uma acha e pula a árvore. A velha não conseguiu; mas o fogo queima a mão dele e a acha cai, incendiando a grama e uma árvore pandanus (que é cheia de espinhos). Dentro, morava uma cobra chamada Garubuiye. O fogo pegou no rabo dela e não se extinguiu, nem quando a velha provocou uma chuva que apagou o incêndio. Os rapazes só achariam fogo na cobra. Então, todos foram apanhar fogo e o puseram num tipo diferente de árvore, que passou a ser o totem de cada clã. A cobra era o totem de um outro clã (presume-se do clã fundado pelo ladrão, que deixou o fogo cair na cobra; ou pelo rapaz que achou o fogo no rabo da cobra).
[Frazer]

R 075 [*austronésio*] [Ilhas Carolinas]
bem: posse / ladrão: humano / método: agressão / dono: humano
[origem alta] [fogo corporal]
P.H.V.H
No princípio, não havia fogo nem cerâmica. Caiu o Trovão em forma de cachorro numa árvore de espinhos (pandanus). Pediu socorro a uma mulher que tinha dois filhos e que estava ali assando taro ao sol. Ela tinha medo. Ele pega o taro e põe no sovaco. Quando devolve, estão cozidos e a mulher aprecia o sabor. Trovão ensina como fazer fogo (põe paus no sovaco e depois fricciona) e cerâmica. Os outros homens pedem a ela o segredo. Ela não dá. Eles invadem a casa dela e roubam o fogo. Pedem o segredo da cerâmica, prometendo a ela prestígio e pagamento. Mas pelo fogo não pagaram nada.
[Frazer]

R 076 [*austronésio*] [Ilhas Marquesas]
bem: posse / ladrão: homem-pássaro / método: agressão / dono: demiurgo
[origem alta] [queda] [fogo corporal]
P.A.V.D
Mauike, deusa do fogo, dos terremotos e dos vulcões, moradora do submundo, tem uma filha casada, que é avó de Maui. Maui vive com os pais na superfície e come cru enquanto os pais comem moqueado e passam a noite fora. Maui os segue. Um dia, quando os pais vão para o submundo, veem um pássaro, trepado numa árvore (que não pega fogo); jogam pedras e quando acertam veem que o pássaro é Maui. Maui segue os dois até o submundo. Mata a avó, que é a guardiã. Pede fogo várias vezes a Mauike. Ela tem fogos ruins e fogos melhores, sendo o melhor o da cabeça. Acontece como noutras versões: ela dá do pior fogo, Maui o apaga e pede mais (porque quer o da cabeça). No fim, quando a deusa se irrita, Maui corta a cabeça dela. Depois volta para a superfície e põe fogo em várias árvores, exceto naquela em que pousou quando assumiu a forma de pássaro.
[Frazer]

R 077 [*austronésio*] [Ilhas Marquesas]
bem: posse / ladrão: demiurgo / método: agressão / dono: demiurgo
[fogo corporal]
P.D.V.D
Mauike, o terremoto, era o dono do fogo e morava no submundo. Maui ouviu falar do fogo e desceu. Pediu, o guardião não deu. Lutaram, Maui venceu. O guardião tentou

uma fraude (pôs fogo na perna de Maui, que incendiaria a terra quando subisse). Maui percebeu e ficou com o fogo na cabeça, de onde o pôs em todas as árvores, menos em uma, conforme instrução de Mauike.
[Frazer]

R 078 [austronésio] [Samoa]
bem: segredo / ladrão: demiurgo / método: agressão / dono: demiurgo
[queda]
S.D.V.D
No princípio, os homens comiam cru. Havia um homem, Talanga, que gozava dos favores do deus do terremoto, Mafuie, que morava no subsolo, onde o fogo ardia sempre. Quando ia descer, Talanga chegava próximo de uma pedra e dizia: "Pedra, abre; eu sou Talanga; vim trabalhar." A pedra abria e ele passava. Um dia, seu filho Tiitii o seguiu; e viu como ele fazia. Imitou a voz do pai e entrou. O pai o advertiu sobre a ira de Mafuie. O rapaz foi pedir fogo e se identificou. Mafuie deu um pouco. Mas quando pai e filho estavam cozinhando taro, Mafuie soprou e apagou o fogo. O rapaz foi tomar satisfações e, furioso, Mafuie lutou com ele. Tiitii arrancou o braço direito de Mafuie. Quando estava prestes a arrancar o esquerdo, Mafuie propôs um acordo: que ele ficasse com suas mil mulheres. Tiitii recusou. Então, deixou o braço para ter o fogo. Mafuie disse que ele encontraria fogo na madeira. Por ter só um braço, os terremotos provocados por Mafuie não são tão desastrosos como seriam se ele tivesse ainda os dois.
[Frazer]

R 079 [austronésio] [Tonga]
bem: posse / ladrão: demiurgo / método: agressão / dono: demiurgo
[queda] [extremidade inflamável]
P.D.V.D
Quando a terra foi povoada, os homens comiam cru. Maui Atalonga vivia numa ilha com seu filho Maui Kijikiji. Atalonga toda manhã ia visitar Bulotu, a terra dos mortos. E voltava à tarde, trazendo comida moqueada. Um dia Kijikiji seguiu o pai e o viu entrar numa caverna cuja entrada era escondida por bambus. Entrou e desceu até Bulotu. Lá viu o pai trabalhando numa roça. Atirou uma fruta nas costas dele. Ele reconheceu o filho pela marca dos dentes. Atalonga advertiu sobre os perigos do lugar. E disse para o filho ajudá-lo no trabalho sem olhar para trás. Kijikiji não seguiu o conselho. O pai pediu, então, que ele fosse buscar o fogo com Maui Modua, o avô. Kijikiji chegou e Mo-

dua estava sentado ao lado de um pau-ferro em chamas na ponta. Pediu fogo; levou um pouco e o fogo apagou; ele voltou e tudo se repetiu; ele voltou e Modua, sem paciência, mandou ele levar o fogo todo. Ele carregou a árvore consigo. Mas Modua o desafiou pra lutar (ou seja, não queria ceder o fogo). Kijikiji ganhou, deixando o avô com os ossos quebrados. Quando voltou para o pai, não contou por que demorou tanto. O pai foi ver e encontrou o avô caído. Voltou para punir o filho. Não conseguiu alcançá-lo (noutra versão, matou o filho mas o avô o ressuscitou). Advertiu o filho para não trazer fogo. Mas Kijikiji ateou chamas na ponta do seu manto e trouxe o fogo para a superfície. Quando chegou, incendiou várias árvores. Os homens passaram a ter fogo e a comer moqueado.
[Frazer]

R 080 [*austronésio*] [Tokelau]
fogo: indefinido / ladrão: demiurgo / método: coação / dono: demiurgo
P.D.V.D
Mafuike é uma mulher cega e velha, que tem fogo e mora no subsolo. Talanga desce até ela e pede o fogo. Ela se recusa a dar. Ele a ameaça de morte. Ela, então, entrega o fogo e ensina que peixes cozer e o que pode ser comido cru (noutra versão, ele põe o fogo nas árvores).
[Frazer]

R 081 [*austronésio*] [Niue]
bem: posse / ladrão: humano / método: trapaça / dono: humano
P.H.I.H
Maui vivia na superfície e sabia fazer fogo. O filho, sentindo o bom cheiro da comida do pai, observava escondido e, num dia que este não estava, roubou uma acha e pôs fogo na árvore ovava, de onde os ilhéus tiram hoje fogo.
[Frazer]

R 082 [*austronésio*] [Ilhas Cook]
bem: segredo / ladrão: demiurgo / método: agressão / dono: demiurgo
S.D.V.D
No princípio, os homens comiam cru. Na terra dos mortos, viviam quatro grandes pessoas: Mauike, deus do fogo; Ra, deus do Sol; Ru, que carrega os céus; e Buataranga, mu-

lher de Ru, guardiã da estrada que conduz ao mundo invisível. Ru e Buataranga tiveram um filho, Maui, guardião do mundo superior, onde vivem os mortais. Mas ele comia cru, como os demais homens. E Buataranga, quando ia visitá-lo, comia em segredo sua comida cozida. Maui provou a comida dela, enquanto ela dormia, e gostou do sabor. Seguiu a mãe e viu que ela parou diante de uma pedra negra. Ela disse palavras mágicas e a pedra se abriu. Maui guardou as palavras. Foi até o deus Tane, que tinha pombos mágicos. Tane ofereceu pombos a Maui, mas ele só aceitou um vermelho chamado Akaotu (sem medo). Tane deu, mas exigiu que fosse devolvido sem ferimentos. O pássaro ajudou Maui a descer, mas perdeu o rabo. Maui foi até Mauike, ganhou o fogo, mas este se apagou. Maui lutou com Mauike, venceu e exigiu o segredo. Voltou com o fogo, pôs fogo em tudo, restituiu o pássaro a Tane. E os deuses Mokoiro e Rangi salvaram a terra do incêndio. Maui ensinou aos homens o segredo do fogo.
[Frazer]

R 083 [*austronésio*] [Ilhas Cook]
bem: segredo / ladrão: demiurgo / método: agressão / dono: demiurgo
S.D.V.D

Manuahifare tinha três filhos chamados Maui. O terceiro, esperto, percebeu que o pai desaparecia misteriosamente de manhã e voltava só de noite, também de modo misterioso. Maui não via porque estava dormindo nessas horas. Maui pega a ponta da manta do pai e percebe que ele está se levantando. Segue o pai e o vê falar palavras mágicas e um pilar se abrir. Maui leva os irmãos para fora de casa e repete as palavras do pai para entrar no mundo subterrâneo. Maui vê sua avó, Ina, a cega. Ela cozinha. Ele restaura a visão dela. Ela diz que ele será o chefe dos dois mundos. E diz que o dono do fogo é o avô, Tangaroa. Maui vai até ele e leva achas que se apagam. Depois respira e apaga o fogo que Tangaroa está produzindo por fricção. Tangaroa pede, então, ajuda a um pássaro, para segurar um dos paus enquanto ele roda outro. O pássaro ajuda Tangaroa a produzir fogo por fricção; Maui rouba os paus e queima o pássaro ("tern", ave marinha) que foge para o mundo superior por um buraco. Maui propõe que ele e Tangaroa subam para o mundo superior. Tangaroa veste seu manto (o arco-íris), mas Maui o derruba e ele cai e morre. Maui ressuscita Tangaroa. A história segue e termina com ele dando fogo aos homens.
[Frazer]

R 084 [*austronésio*] [Kiribati]
bem: segredo / ladrão: demiurgo / método: agressão / dono: demiurgo
[queda]
S.D.V.D
No princípio, havia dois senhores: Tabakea, rei da terra, no levante; e Bakoa, rei do mar, no poente. Bakoa teve um filho chamado Te-Ika. Este olhava o nascer do Sol e pretendia morder e arrancar um raio. Consegue isso depois de algumas mordidas. E vai para a casa do pai. Mas lá, como tudo ficava muito quente, Bakoa o manda embora. Ele vai na direção do levante até o domínio de Tabakea. Como tudo fica quente também, Tabakea se arma com galhos de vários tipos de árvores e destroça o corpo de Te-Ika (que já tinha engolido o raio de Sol). Com saudade do filho, Bakoa vai procurá-lo. No reino de Tabakea, sabe a história, mas Tabakea fricciona dois paus e faz Te-Ika renascer. Bakoa tenta levá-lo de volta, para o oeste, mas quando entra na água, ele se apaga. Assim é até hoje. [Bakoa é o dono do fogo, seu filho; mas o perde, quando ele foge e o ladrão Tabakea o destroça e o transfere para os galhos que o mataram; a prova do roubo definitivo é que Bakoa não pode mais levar o filho-fogo de volta].
[Frazer]

R 085 [*austronésio*] [Havaí]
bem: segredo / ladrão: demiurgo / método: coação / dono: ave
[origem alta] [queda]
S.D.V.A
Hina-akeahi ficou grávida dos deuses Kane e Kanaloa. Pôs um ovo e nasceu Maui Kiikii. Ele via o fogo na casa de sua mãe, pois tudo o que ela tocava pegava fogo. Mas um dia vê fogo nas montanhas. A mãe diz que aqueles pássaros que lá fazem fogo são seus filhos. Maui põe um boneco no barco fingindo estar pescando e vai até a montanha. Os pássaros fogem, mas um deles rola montanha abaixo. Maui o persegue e ele revela o segredo de ferir fogo com paus. Por ter dado trabalho a ele, Maui queima a cabeça do pássaro, que fica com a parte de cima do bico avermelhada.
[Frazer]

R 086 [Motu; *austronésio*] [Nova Guiné]
bem: posse / ladrão: canídeo / método: indefinido / dono: humano
P.ca.3.H
Os homens não tinham fogo e comiam cru ou assavam a comida ao Sol. Um dia veem fumaça no meio do oceano. Os animais tentam buscar: Cobra, Bandicoot, Pássaro,

Canguru (noutra versão, vão ainda Faisão, Iguana, Codorniz, Canguru-Mirim e Porco). Mas o Cão é o único que chega numa ilha e vê mulheres cozinhando. As donas do fogo querem matá-lo, mas ele consegue roubar uma acha e fugir. As mulheres ficam felizes com a chegada do Cão e passam a cozinhar. Outras mulheres vão comprar o fogo. Os outros animais ficam com inveja. Por isso, o Cão é inimigo de todos.
[Frazer]

R 087 [*austronésio*] [Estreito de Torres]
bem: segredo / ladrão: lacertílio / método: trapaça / dono: demiurgo
[queda] [fogo corporal]
S.ex.I.D
Uma mulher, Serkar, tinha seis dedos (um a mais entre o polegar e o indicador). O da mão direita tinha fogo. Em outra ilha, os animais não tinham fogo. Foram atrás. Primeiro, a Cobra; depois, a Rã; depois, o Lagarto-Pequeno; depois, o Lagarto-de-Rabo-Comprido; depois, o Lagarto-Caseiro; depois, o Lagarto-Grande. Todos fracassam. Vai o Lagarto-de-Pescoço-Grande e atinge a ilha de Serkar. Vê como ela faz fogo com o sexto dedo e cozinha. Na despedida, ela lhe dá a mão esquerda. Ele recusa. Ela dá a mão direita. Ele morde o sexto dedo e traz o fogo. Todos os animais passam a ter fogo. Os homens passam a ter cinco dedos.
[Frazer]

R 088 [Buin; *bougainvílico sul*] [Ilhas Bougainville]
bem: posse / ladrão: ave / método: indiscrição / dono: humano
P.A.I.H
Não havia fogo em Buin, mas havia em Alu. Os de Buin pediram, mas os de Alu negaram. Então, um pequeno Pássaro se oferece para roubar o fogo. Os de Buin não acreditam, mas o Pássaro vai. Em Alu, escondido no mato, o Pássaro vê como fazem os de Alu para ferir fogo com paus. Volta e revela o segredo para os de Buin.
[Frazer]

R 089 [*trans-fly*] [Ilhas Murray]
bem: segredo / ladrão: homem-lagarto / método: trapaça / dono: demiurgo
[fogo corporal]
S.ex.I.D
Uma mulher de seis dedos tinha fogo. Vendo a fumaça, homens de outra ilha decidem pegá-lo. E se transformam em vários animais, que tentam ir a nado: o Rato, o Lagarto-

-Pequeno, a Cobra, o Iguana, o Lagarto-de-Pescoço-Grande. Só o último consegue. Lá, em forma humana, pede o fogo. A mulher nega, mas dá a comida cozida. Ele dorme com um olho aberto e vê o processo. Na despedida, ela lhe dá a mão esquerda; ele recusa; ela dá a mão direita; ele corta a mão dela com uma faca. E leva o fogo. Algumas árvores se aproximam e ficam com o fogo também.
[Frazer]

R 090 [Mawatta; *kiwai*] [Nova Guiné]
bem: segredo / ladrão: quiróptero / método: indefinido / dono: demiurgo
[fogo corporal]
S.A.3.D
Numa antiga tribo certa pessoa tinha um sexto dedo de onde tirava fogo. Houve dissensão, as pessoas se transformaram em animais, e o Morcego roubou o fogo para Mawatta.
[Frazer]

R 091 [Mawatta; *kiwai*] [Nova Guiné]
bem: posse / ladrão: humano / método: oportunismo / dono: humano
[fogo corporal] [réptil fugitivo]
P.H.I.H
O Crocodilo tinha fogo na boca e cozinhava sua comida. Os de Mawatta pediram fogo a ele, que negou. Contaram ao chefe. O chefe nadou até uma ilha e viu uma mulher pôr fogo na grama. Roubou o fogo e levou até outra ilha. E de lá, de ilha em ilha, o fogo foi levado até Mawatta.
[Frazer]

R 092 [*kiwai*] [Nova Guiné]
bem: posse / ladrão: humano / método: oportunismo / dono: ave
[origem alta] [queda]
P.H.I.A
Dois homens sabiam produzir fogo na terra firme. Os animais tentam roubá-lo, em vão. Depois, os pássaros. Finalmente, a Cacatua rouba o fogo e (por causa do calor) vai deixando cair em todas as ilhas, durante o percurso; mas ela sempre desce e pega de volta. Até que na última os homens pegam o fogo e ficam definitivamente com ele. Por isso, o bico da cacatua é queimado.
[Frazer]

R 093   [*kiwai*]   [Nova Guiné]
bem: posse / ladrão: ave / método: indefinido / dono: indefinido
[origem alta]
P.A.3.4
O fogo era conhecido num lugar chamado Dibiri. Sabendo disso, os animais tentaram roubá-lo. Primeiro, o Crocodilo, depois, o Casuar, depois, o Cão, que fracassaram. Depois, os pássaros, entre os quais a Cacatua roubou. Mas, quando chegou sobre a ilha Iasa, o fogo queimou seu bico e caiu. Daí os kiwais obtiveram fogo e ela ficou com o bico vermelho.
[Frazer]

R 094   [*kiwai*]   [Nova Guiné]
fogo: indefinido / ladrão: canídeo / método: indefinido / dono: roedor
1.ca.3.ro
O cão roubou o fogo do rato.
[Frazer]

R 095   [*kiwai*]   [Nova Guiné]
bem: segredo / ladrão: homem-pássaro / método: trapaça / dono: demiurgo
[fogo corporal] [réptil fugitivo]
S.A.I.D
Um homem e sua mãe não tinham fogo. O Crocodilo tinha, mas se recusou a entregá-lo ao homem. Este vai a outra ilha, todo fantasiado com penas e pinturas, de modo a parecer uma Cacatua, e encontra uma mulher que tinha fogo queimando constantemente entre o polegar e o indicador. Ele a espiona e descobre como ela tira fogo de entre os dedos. Na despedida, ela lhe dá mão esquerda; ele recusa; ela dá a mão direita; ele corta a mão dela. Depois que o homem rouba o fogo, o Crocodilo muda de ideia e vai oferecer fogo a ele. Mas ele agora já não quer. E diz que o Crocodilo deve ficar só na água. O Crocodilo passa a atacar os homens.
[Frazer]

R 096   [*kiwai*]   [Nova Guiné]
bem: posse / ladrão: homem-pássaro / método: indefinido / dono: demiurgo
[fogo corporal]
P.A.3.D
Um homem tinha fogo entre o polegar e o indicador. Os outros, não. Dois são levados por um Falcão à ilha onde havia fogo. Roubam o fogo e são levados de volta pela ave.

O antigo dono não pôde persegui-los. Depois passaram a transmitir o conhecimento do fogo.

[Frazer]

R 097 [*kiwai*] [Nova Guiné]
bem: posse / ladrão: humano / método: coação / dono: humano
P.H.V.H

Um homem sabia fazer fogo; o outro, não. O que não sabia surpreende o outro fazendo fogo e o rouba. Como o primeiro era velho, não pôde perseguir o mais novo, que roubou o fogo.

[Frazer]

R 098 [Gaagudju; *gunwinygua*] [Austrália]
bem: segredo / ladrão: homem-crocodilo / método: agressão / dono: humano
[fogo corporal]
S.ex.V.H

Dois meio-irmãos caçavam com suas mães. Os dois se chamavam Nimbiamaiianogo. Eles pegavam patos e tarambolas; elas, sementes e raízes de lírio. Enquanto eles caçavam, elas, que tinham fogo, cozinharam a comida. Mas eles voltaram (talvez mais cedo que o de costume), e elas esconderam as cinzas na vagina. Eles perguntaram pelo fogo, mas elas não deram. Como estava quente, tudo o que eles caçavam apodrecia logo. Certa vez, enquanto as mulheres cozinhavam, uma tarambola as avisou de que eles vinham. Elas escondem o fogo na vagina. Começa nova discussão e os homens mostram cada vez mais estarem desconfiados de que elas têm fogo, já que tinham visto fumaça no acampamento. Os homens, então, descobrem o fogo sozinhos, quando vão tirar resina do pau-ferro. Para puni-las, eles se transformam em Crocodilos; e matam as mulheres quando elas vão pescar (ou seja, roubam o fogo delas, que se apaga dentro da água).

[Frazer]

R 099 [Marra; *mangarrayi-mara*] [Austrália]
bem: posse / ladrão: ave / método: agressão / dono: ave
[origem alta]
P.A.V.A

No princípio, havia um enorme pinheiro que ia até o céu. Os homens subiam e desciam por ele. Um dia, quando um grupo estava no céu, um Falcão descobriu o modo

de ferir fogo com paus. Houve então uma disputa entre este e um Falcão-Branco; e o fogo se alastrou pela terra (certamente porque o Falcão-Branco o arrancou do outro), queimando o enorme pinheiro. O grupo que tinha subido ficou no céu. Como tinham cristais incrustados no corpo, são hoje as estrelas.
[Frazer]

R 100 [Baía de Vitória; *pama-nyunga*] [Austrália]
a) bem: posse / ladrão: ave / método: oportunismo / dono: ave
P.A.I.A
b) bem: posse / ladrão: ave / método: coação / dono: ave
P.A.V.A
[origem alta]
a) Em determinada montanha, moravam os Corvos, que sabiam como fazer fogo, mas guardavam o segredo só para si. Um dia, uma espécie de Cambaxirra (um atricornitídeo, o *scrubbird* dos ingleses, endêmico da Austrália) assistiu a uma brincadeira entre os corvos, que jogavam galhos incandescentes uns contra os outros. Conseguiu pegar um desses galhos e fugiu.
b) Vendo aquilo, Falcão roubou da Cambaxirra o galho incandescente e pôs fogo no país inteiro. Desde essa época, o fogo ficou disponível para os homens.
[Frazer]

R 101 [Gippsland; *pama-nyunga*] [Austrália]
bem: posse / ladrão: homem-pássaro / método: trapaça / dono: humano
[origem alta]
P.A.I.H
O fogo era de duas mulheres que não gostavam dos negros. Elas o guardavam zelosamente. Um homem, amigo dos negros, fingiu amizade com as mulheres para roubar o fogo. Feito isso, o escondeu atrás das costas e fugiu. Entregou o fogo aos negros, que o consideram seu benfeitor. Depois se transformou num pássaro, com marca do fogo nas costas: o Pintassilgo.
[Frazer]

R 102 [Baía de Vitória; *pama-nyunga*] [Austrália]
bem: posse / ladrão: ave / método: oportunismo / dono: marsupial
P.A.I.ma

No início, o fogo pertencia ao Bandicoot (marsupial peramelídeo), que o guardava só para si. Os outros animais pediram o fogo, mas ele não deu. O Pombo tentou roubá-lo e o Bandicoot atirou o fogo (que ardia num pau) no rio. Antes, porém, que caísse na água, o Falcão bateu no pau em chamas e o fogo caiu na terra, incendiando tudo. Os negros experimentaram o fogo e gostaram dele.
[Frazer]

R 103 [Wathiwathi; *pama-nyunga*] [Austrália]
bem: posse / ladrão: homem-pássaro / método: trapaça / dono: teriantropo aquático
[origem alta] [queda]
P.A.I.aq
No princípio, havia uma raça de homens muito poderosa, "bookoomuri" (que depois se transformou em animais). Só dois bookoomuris tinham fogo — o Rato-d'Água e o Bacalhau. Eles guardavam o fogo secretamente, nas margens do rio Murray. Os outros bookoomuris e os homens atuais pediam em vão uma centelha do fogo. O Falcão, todavia, descobriu ambos cozinhando mexilhões. E subiu muito alto (de modo a que os dois não o pudessem ver) e fez um redemoinho de vento, batendo as asas. O fogo se espalhou e queimou as florestas; por isso o rio Murray corre em planícies desérticas.
[*supõe-se que o incêndio tornou o fogo disponível para todos*]
[Frazer]

R 104 [Ta-Ta-Thi; *pama-nyunga*] [Austrália]
bem: posse / ladrão: ave / método: oportunismo / dono: roedor aquático
[queda]
P.A.I.aq
O dono do fogo era o Rato-d'Água que o guardava zelosamente numa cabana. Um dia, enquanto ele catava mexilhões no rio, uma labareda de fogo saltou fora da cabana. O Falcão (que tinha com ele materiais inflamáveis) a apanhou e acendeu o fogo (presume-se que se aproveitou da labareda para acender alguma acha). Depois queimou a cabana e a floresta em volta. Por isso existem as planícies desérticas. E os negros aprenderam a ferir fogo.
[Frazer]

R 105 [Kabi; *pama-nyunga*] [Austrália]
bem: posse / ladrão: ave / método: trapaça / dono: ofídio
[queda] [fogo corporal] [riso]
P.A.I.ex

No princípio, a Víbora-Surda era a dona do fogo, que ela guardava dentro de si. Os pássaros tentavam pegar o fogo dela, sem sucesso; até que o Falcão fez tantas palhaçadas que a Víbora riu. O fogo escapou e se tornou propriedade comum.
[Frazer]

R 106   [Booandik; *pama-nyunga*]   [Austrália]
bem: posse / ladrão: ave / método: trapaça / dono: ave
[vingança]
P.A.I.A
O primeiro dono do fogo era uma Cacatua chamada Mar. Ela tinha o fogo oculto na crista. E não compartilhava o segredo com as outras Cacatuas. Então, estas urdiram uma trama para roubar o segredo de Mar: mataram um Canguru e convidaram Mar para compartilhar a carne. Mar pegou sua porção e foi para casa comer. As Cacatuas a seguiram e viram como ela fazia o fogo (arranhando a crista com as garras). Uma pequena Cacatua, então, foi cautelosamente com um galho e ateou o fogo nele. Mar, furiosa, ateou fogo no país inteiro. O Pato-Almiscarado, furioso com a queima da mata, bateu asas e trouxe água para encher rios e lagos.
[*presume-se que com isso também apagou o incêndio*]
[Frazer]

R 107   [Booandik; *pama-nyunga*]   [Austrália]
bem: posse / ladrão: homem-baleia / método: trapaça / dono: homem-pássaro
[vingança]
P.aq.I.A
No princípio, os negros não tinham fogo. Mas era sabido que um homem chamado Mar (e que mais tarde se transformaria numa Cacatua) morava no levante e tinha fogo, que escondia debaixo do seu cocar de penas. Como Mar fosse muito poderoso, os negros não podiam tomar o fogo à força. Então urdiram uma artimanha para roubar o fogo. Convocaram uma reunião e quando Mar chegou mataram um Canguru e ofereceram a ele um pedaço saboroso. Mar recusou, dizendo preferir a pele. Um negro chamado Prite seguiu Mar rastejando e viu que ele tirava o fogo de baixo do cocar para cozinhar a pele. Outro chamado Tatkanna espionou o fogo e percebeu o calor, ficando com o corpo vermelho da queimadura. E foi um terceiro, com um pau. Ao tentar pegar o fogo, acaba espalhando tudo e incendiando o país. Mar desconfia dos negros e quando vê Tatkanna percebe que foi espionado. Um negro chamado Quartang luta contra Mar.

Mar o atinge e ele se transforma no pássaro carnívoro chamado Kookaburra. Tatkanna se transforma num tipo de pintarroxo. Prite se transforma num outro pássaro que assombra os arbustos. Outro se transforma na baleia (com o furo nas costas feito pela lança de Mar (presume-se que seja o que provocou o incêndio, que é o ladrão, pois vem na sequência de outros que foram atrás de Mar). Houve ainda outras metamorfoses. E Mar, ainda com raiva, virou Cacatua. Os negros passaram a ferir fogo com o pau usado pelo que provocou o incêndio.
[Frazer]

R 108 [Baía do Encontro; *pama-nyunga*] [Austrália]
bem: posse / ladrão: humano / método: agressão / dono: homem-baleia
[queda] [riso]
P.H.V.aq
No princípio, os homens não tinham fogo. Eram obrigados a dançar de dia, e o suor formou lagos e rios; e as batidas dos pés, os morros e vales. Mas havia um homem, Kondole, que morava no levante e tinha fogo. Kuratje e Kanmari foram convidá-lo para a dança. Como Kondole escondeu o fogo, pensaram em tirar dele à força. Só um teve coragem de lutar: Rilballe. Ele feriu Kondole com uma lança. Kondole foi para o mar e virou Baleia. Os que riram disso viraram vários tipos de animais. Kuratje e Kanmari viraram Peixes Pequenos (que têm esse nome). Alguns viraram Cacatuas; outros, Gambás. Rilballe roubou o fogo e o pôs num tipo de pau.
[Frazer]

R 109 [Vale do Yarra; *pama-nyunga*] [Austrália]
a) bem: posse / ladrão: ave necrófaga / método: trapaça / dono: demiurgo
P.A.I.D
b) bem: posse / ladrão: humano / método: coação / dono: ave necrófaga
P.H.V.A
[origem alta] [queda]
a) No princípio, uma mulher chamada Karakarook era a única a ter fogo, que não dividia com ninguém. O fogo ficava no seu cajado (que é um pau de cavar usado pelas mulheres, feito de galho de inhame). O Corvo imaginou uma artimanha: como ela gostasse de ovos de formiga, pôs cobras debaixo de um formigueiro e convidou Karakarook para pegar os ovos. Quando ela furou, viu as cobras. Ao tentar matá-las com

o cajado, o fogo escapou. Corvo, então, roubou o fogo. Karakarook foi para o céu, onde é o Setestrelo, ao lado do Criador Pund-Jel.
b) Mas o Corvo também não distribuiu o fogo. Pund-Jel ficou furioso, reuniu os homens e eles ameaçaram o Corvo. Com medo, o Corvo jogou o fogo contra os homens. Cada um pegou um pouco. Dois homens queimaram o Corvo. E viraram pedras no pé da montanha Dandenong.
[Frazer]

R 110 [Bunurong; *pama-nyunga*] [Austrália]
a) bem: posse / ladrão: ave / método: oportunismo / dono: humano
P.A.I.H
b) bem: posse / ladrão: demiurgo / método: coação / dono: ave
P.D.V.A
c) bem: posse / ladrão: ave / método: oportunismo / dono: demiurgo
P.A.I.D
d) bem: posse / ladrão: demiurgo / método: oportunismo / dono: ave
P.D.I.A
[origem alta]
a) Duas mulheres cortavam uma árvore para pegar formigas, quando foram atacadas por cobras. Lutaram e uma delas quebrou o pau com que tentava matar as cobras. Saiu fogo do pau e o Corvo o roubou.
b) Dois homens, Toordt e Trrar, correram atrás do Corvo. Assustado, o Corvo deixou o fogo cair e veio um incêndio. Os dois homens viraram estrelas. E Pund-Jel, o criador, veio do céu dizer que os homens tinham agora fogo e não deviam perdê-lo. Mas os homens perderam o fogo.
c) Veio o inverno e as cobras se multiplicaram. Pal-yang, que trouxe as mulheres do fundo da água, mandou Karakarook do céu para protegê-las. Ao matar cobras, Karakarook quebrou seu cajado e o fogo surgiu. O Corvo o roubou de novo e o escondeu na montanha Nun-Ner-Woon.
d) Toordt e Trrar desceram do céu e revelaram o esconderijo. E Trrar foi buscá-lo e o trouxe aos homens. Toordt pode ter morrido queimado ou sido transformado no planeta Marte por Pund-Jel. Karakarook ensinou as mulheres a fazer fogo. E Trrar fez o mesmo para os homens e depois voltou ao céu.
[Frazer]

R 111 [Wurundjeri; *pama-nyunga*] [Austrália]
bem: posse / ladrão: ave necrófaga / método: indefinido / dono: demiurgo
[origem alta]
P.A.3.D
Um grupo de jovens mulheres pegava ovos de formiga com seus paus de cavar, em cujas pontas havia fogo. O Corvo roubou o fogo delas. E quando um Corvo-Almiscarado fez um redemoinho de vento, seguindo ordens de Bunjil, o criador, elas foram para o céu onde são o Setestrelo. O pau delas ainda tem fogo.
[Frazer]

R 112 [Melbourne; *pama-nyunga*] [Austrália]
bem: posse / ladrão: demiurgo / método: trapaça / dono: demiurgo
[origem alta]
P.D.I.D
Uma virgem adquire o monopólio do fogo, que escondia na ponta do seu pau de cavar (feito da árvore do inhame). Tentaram roubar o fogo mas não conseguiram. Bundjil mandou seu filho Tarrang para ajudar os homens. Ele tenta convencer a virgem. Sem sucesso, enterra uma cobra venenosa debaixo de um formigueiro. Quando ela vai apanhar ovos de formiga, vê a cobra. Tarrang manda a virgem matar a cobra. Quando ela acerta o pau, o fogo escapa; e ele o rouba. Para que ela não o tornasse de novo seu monopólio, Tarrang a leva para o céu, onde ela é o Setestrelo.
[Frazer]

R 113 [Aranda; *pama-nyunga*] [Austrália]
bem: segredo / ladrão: homem-euro / método: agressão / dono: marsupial
[queda] [fogo corporal]
S.ma.V.ma
Um homem do clã dos euros partiu do Oriente para caçar um enorme Canguru que tinha fogo no corpo. O homem tinha churingas (paus sagrados, que eram armas), mas não conseguia fazer fogo com elas, apesar de ter tentado. Tentou matar o Canguru mas não conseguiu. Viu no acampamento dele, já no Ocidente, que havia fogo. Roubou e cozinhou a carne que trazia. O Canguru voltou para o Oriente. O homem o perseguiu e dessa vez conseguiu matá-lo, com a churinga. Examinou o fogo e viu que estava no pênis. E a partir daí conseguiu fazer fogo cantando certa canção.

[*note-se que os marsupiais têm o escroto na frente do pênis, o que pode sugerir um "roubo", porque parecem faltar; ou porque o pênis é bifurcado, o que pode sugerir agressão*]
[*o homem do clã dos euros também "é" um euro*]
[Frazer]

R 114 [Wangganguru; *pama-nyunga*] [Austrália]
bem: segredo / ladrão: humano / método: trapaça / dono: humano
S.H.I.H
No tempo dos mooras, antepassados míticos, um certo moora, vindo do sul, fez um acampamento perto de uma duna. No dia seguinte, encontrou com outro moora, Paralana, comendo peixe cru. O moora do sul leva Paralana para seu acampamento e mostra o fogo. Paralana aprende o segredo e mata o homem do sul. Depois, passa a dar o fogo a seu povo, exigindo em troca comida e mulheres jovens. Certo dia, duas delas, que não gostavam de Paralana, esperam que ele durma e roubam o fogo, fugindo depois e entregando o segredo do fogo ao povo.
[Frazer]

R 115 [Wangganguru; *pama-nyunga*] [Austrália]
bem: posse / ladrão: homem-pássaro / método: agressão / dono: humano
[origem alta]
P.A.V.H
Uma mulher moora jovem rouba e mata uma moora velha que tinha o fogo. Depois, a ladra se transforma num Cisne e leva o fogo no bico. Por isso, o interior do bico é vermelho.
[Frazer]

R 116 [*esquimó*] [Alasca]
fogo: indefinido / ladrão: indefinido / método: indefinido / dono: indefinido
1.2.3.4
A humanidade não tem fogo. Um herói cultural rouba o fogo do possuidor original.
[Thompson: A1415]

R 117 [*Haida*] [Canadá]
bem: posse / ladrão: homem-pássaro / método: trapaça / dono: demiurgo
P.A.I.D

Depois do dilúvio, sobra um homem que tinha uma pele de Corvo. Casou com um Mexilhão e teve uma filha. Dessa filha, repovoou o mundo. Mas não tinham nem fogo, nem luz, nem água fresca, nem o peixe hooligan (um osmerídeo, aparentemente sem correlatos brasileiros). Isso era de um grande chefe ou divindade. O Corvo se transforma numa folha; a filha do chefe pega a folha para beber água e engole a folha. Fica grávida do próprio Corvo. Ele renasce, rouba o fogo e foge com sua pele de penas. Distribui fogo por toda parte.
[Frazer]

R 118 [Tlingit; *na-dene*] [Canadá]
bem: posse / ladrão: cervídeo / método: trapaça / dono: ave
[origem alta] [queda] [extremidade inflamável]
P.ce.I.A
Como nem homens nem animais tinham fogo, o Corvo avisa que é a Coruja-das-Neves quem o guarda. Vão sucessivamente vários animais tentar pegar o fogo, mas não conseguem. Até que o Veado vai, dança em torno do fogo, que pega no seu rabo. Ele, assim, volta. E por isso tem o rabo queimado.
[Frazer]

R 119 [Tlingit; *na-dene*] [Canadá]
bem: posse / ladrão: homem-pássaro / método: oportunismo / dono: indefinido
[origem alta]
P.A.I.4
Depois de ter obtido o Sol e a Lua, o herói El, que podia se transformar em qualquer coisa, foi até uma ilha distante. Só nessa ilha havia fogo, mantido em segredo das outras pessoas. Ele se transforma numa Gralha e, voando, apanha um tição ardente. Volta, então, para entregar o fogo. Mas, quando estava chegando, o calor fez com que caíssem fagulhas em pedras e árvores. Por isso há fogo nelas.
[Matsumura]

R 120 [Navajo; *na-dene*] [EUA]
bem: posse / ladrão: canídeo / método: trapaça / dono: indefinido
[extremidade inflamável]
P.ca.I.4

Os ancestrais, seis homens e seis mulheres, vieram do fundo da terra e chegaram no meio de um lago, precedidos pelo Gafanhoto e pelo Texugo. Já existiam todos os animais, menos o Veado e o Alce. Os outros tinham fogo, menos os homens. Mas o Coiote, o Morcego e o Esquilo eram amigos dos homens. E decidiram roubar o fogo para eles. O Coiote amarrou paus no rabo e foi para o meio de uma dança dos animais. O fogo pegou nos paus e ele fugiu. Cansado, passou o fogo para o Morcego. Quando ia cair, o Morcego passou para o Esquilo; e este entregou o fogo aos homens.
[Frazer]

R 121 [apache jicarilla; *na-dene*] [EUA]
bem: posse / ladrão: canídeo / método: trapaça / dono: inseto alado
[origem alta] [vingança] [extremidade inflamável]
P.ca.I.A

Quando os ancestrais emergiram da terra, as árvores podiam falar mas não continham fogo. A Raposa foi pedir aos Gansos que ensinassem a ela sua voz. Eles disseram que ela tinha que voar com eles, mas não podia abrir os olhos. Deram asas a ela, e a Raposa voou; mas quando passou sobre o cercado dos Vaga-lumes, que tinham fogo, o brilho do fogo passou pelas pálpebras da Raposa e ela abriu os olhos. Abrindo, caiu. Dois Vaga-lumes disseram a ela como sair do cercado, em troca de dois colares: havia um cedro que se curvava sob comando e levava o indivíduo para fora. A Raposa descobriu, perto da fonte de água dos Vaga-lumes, terra para pintura; e se pintou de branco. Depois convenceu os Vaga-lumes a fazerem uma festa, em troca de dar a eles um novo instrumento: o tambor. Eles fizeram a festa e acenderam uma fogueira com seu próprio brilho. A Raposa fez o tambor com casca de cedro e atou essas cascas no rabo. Cansada de bater, chegou perto da fogueira e o fogo pegou nas cascas. Os Vaga-lumes a advertiram sobre o risco de ficar queimada, mas ela acaba indo na direção do cedro, dá a voz de comando, e consegue escapar do cercado, pondo fogo em todas as árvores, exceto numa não identificada, que permanece incombustível até hoje. A Raposa ainda deu o fogo ao Falcão, depois o Falcão deu o fogo ao Grou e o fogo se espalhou pela terra. Como castigo, os Vaga-lumes disseram que a Raposa roubara o fogo mas ficaria sem poder usá-lo.
[*não classifiquei a Raposa como alada porque essa circunstância não é constante durante todo o processo do roubo*]
[Frazer]

R 122   [Tolowa; *na-dene*]   [EUA]
bem: posse / ladrão: homem-cobra / método: trapaça / dono: demiurgo
[origem alta]
P.ex.I.D
Depois do dilúvio, sobreviveu um casal no alto da montanha mais alta. Repovoaram a terra, mas não havia mais fogo. Os índios-aranha e os índios-cobra resolveram roubar o fogo que havia na Lua. Os aranhas fizeram um balão e subiram até lá, e convenceram os índios da Lua que só tinham ido jogar. Jogam perto do fogo e um índio-cobra rouba o fogo. Na volta, toca em pedras e árvores; e o fogo permanece lá.
[Frazer]

R 123   [Chilcotin; *na-dene*]   [Canadá]
bem: posse / ladrão: ave necrófaga / método: trapaça / dono: humano
[extremidade inflamável]
P.A.I.H
O Corvo prendeu pedaços de madeira resinosa na cabeça; foi até a casa do homem que tinha fogo; dançou, fez o fogo pegar na cabeça; fugiu ateando fogo em tudo. O homem tentou recuperar, mas o fogo estava em vários lugares. Daí passou para as árvores, que retêm fogo até hoje. O Coelho não conseguiu fugir e por isso tem a sola do pé preta.
[Frazer]

R 124   [Kaska; *na-dene*]   [Canadá]
bem: segredo / ladrão: ave / método: oportunismo / dono: ursídeo
S.A.I.ur
Só o Urso tinha fogo. Um pequeno pássaro um dia chegou perto e disse estar com frio. O Urso pede para ele catar seus piolhos. Enquanto cata, desata a pedra de fazer fogo do cinto do Urso; e voa. O Urso o persegue. Ele vai passando a pedra de animal para animal. Até chegar na Raposa, que sobe numa alta montanha. O Urso já está cansado. Ela distribuiu o fogo por todas as tribos.
[Frazer]

R 125   [Babine; *na-dene*]   [Canadá]
bem: posse / ladrão: roedor / método: trapaça / dono: humano
[origem alta] [extremidade inflamável]
P.ro.I.H

Caribu e o Rato-Almiscarado vão dançar na casa do homem que tem fogo. O Caribu fazia o fogo pegar na sua galha feita com madeira resinosa. Mas o dono apagava o fogo. Até que o Rato conseguiu roubar e subiu numa montanha. De lá distribuiu o fogo.
[Frazer]

R 126 [Wailaki; *na-dene*] [EUA]
bem: posse / ladrão: mefitídeo / método: trapaça / dono: aracnídeo
[fogo corporal] [riso]
P.me.I.ar
Não havia fogo. Uma criança chora sem que ninguém saiba a razão. Mais tarde, explica que chora com medo do fogo. Descobrem que o fogo era escondido pela Aranha, dentro dela. O Coiote reúne os animais. Manda fazer coisas ridículas, mas a Aranha não ri. Até que chega a Jaguaritaca (Cangambá), que veio dançando com ar superior. Todos riem e a Aranha ri também. O fogo escapa e todos pegam.
[Matsumura]

R 127 [Nootka; *wakash*] [Canadá]
bem: posse / ladrão: cervídeo / método: indefinido / dono: molusco
[extremidade inflamável]
P.ce.3.aq
O Criador fez o mundo mas não deu o fogo, que ardia apenas na casa do Choco (molusco parecido com a lula). O Choco vivia na terra e no mar. Os animais foram roubá-lo. E o Veado trouxe no jarrete, que por isso é vermelho.
[Frazer]

R 128 [Nootka; *wakash*] [Canadá]
bem: posse / ladrão: ave / método: trapaça / dono: canídeo
[extremidade inflamável]
P.A.I.ca
Só os Lobos tinham fogo. O Pica-Pau, que era o chefe, falou para o Veado ir na casa dos Lobos dançar enquanto ele cantava com uma casca de árvore no rabo; ele foi, pegou o fogo mas não conseguiu escapar. Depois, o Pica-Pau e o Kwotiath (não se sabe o que é) mandaram os pássaros para dançar enquanto os dois cantavam. Os pássaros que dançaram acima da fogueira pegaram o fogo e fugiram.
[Frazer]

R 129 [Nootka; *wakash*] [Canadá]
bem: posse / ladrão: cervídeo / método: trapaça / dono: ave
[extremidade inflamável]
P.ce.I.A

O Pica-Pau, chefe dos Lobos, era o dono do fogo. O povo Mowatcath não tinha fogo e seu chefe perguntou quem se dispunha a roubar dos Lobos. O Veado apareceu. O chefe deu as instruções, que eram três coisas para o Veado jogar: uma virava montanha, outra, uma floresta, outra, um enorme lago. Pôs também pedras nos pés do Veado para este não pisar nos estrepes que ficavam na frente da casa do Pica-Pau. Pôs ainda casca de árvore nos joelhos do Veado. E o Veado foi, enquanto todos cantavam. Na casa do Pica-Pau, faziam uma cerimônia de inverno. O Pica-Pau não quer deixar o Veado entrar, mas a filha pede para ver a dança. O Veado dança e, depois de negaças, rouba o fogo. Foge e joga as coisas como instruído. Depois, entrega, também como instruído, o fogo à Concha, para ela engolir e esconder dos Lobos. Todos passam a ter fogo.
[Frazer]

R 130 [Kwakiutl; *wakash*] [Canadá]
bem: posse / ladrão: cervídeo / método: trapaça / dono: indefinido
[extremidade inflamável]
P.ce.I.4

Um homem (animal ou espírito) tinha o fogo. Kutena manda um mensageiro para roubar. Ele engole o fogo e quando o dono pergunta, ele não pode responder. O dono percebe o roubo e bate na boca do mensageiro, recuperando o fogo. Kutena manda o Veado. Ele põe lascas de árvore na cabeça. Vai dançando e rouba o fogo. Na perseguição, lança coisas e faz aparecer um lago, uma floresta e quatro montanhas. Consegue trazer o fogo aos homens.
[Frazer]

R 131 [Kwakiutl; *wakash*] [Canadá]
bem: posse / ladrão: homem-veado / método: trapaça / dono: demiurgo
[extremidade inflamável]
P.ce.I.D

O dono do fogo vivia na margem do dia. O herói Kanikelaq, na forma de um Veado, pôs madeira resinosa na galha e foi dançar. Pegou o fogo e fugiu. Seus amigos puseram Hipoglossos no caminho, e os perseguidores tropeçaram. O Veado trouxe fogo aos homens.
[Frazer]

R 132   [kwakiutl; *wakash*]   [Canadá]
bem: segredo / ladrão: mustelídeo / método: coação / dono: demiurgo
S.mu.V.D
A Doninha entrou na casa do dono do fogo, que era o chefe dos fantasmas, e roubou o filho. Depois, devolveu o filho em troca do segredo do fogo.
[Frazer]

R 133   [Awikenox; *wakash*]   [Canadá]
bem: posse / ladrão: cervídeo / método: trapaça / dono: indefinido
[extremidade inflamável]
P.ce.I.4
Depois que o Corvo libertou o Sol, dois homens (o Sábio e seu companheiro) desceram do céu para fazer coisas boas. O Sábio mandou o companheiro separar a terra da água, fazer o peixe *candle-fish* e os homens, cavados no cedro. Depois o Sábio mandou o companheiro pegar o fogo. Ele não conseguiu. Mandou o arminho. Ele pegou o fogo e o pôs na boca. Mas quando o dono perguntou o que ele fazia, não pôde responder. O dono deu um tapa e recuperou o fogo. O Sábio mandou o Veado; e o companheiro fez as pernas dele finas e atou madeira no rabo. O Veado foi cantando e roubou o fogo, fugindo. O fogo pegou na grama e os homens o preservaram.
[Frazer]

R 134   [Heiltsuk; *wakash*]   [Canadá]
bem: posse / ladrão: homem-veado / método: trapaça / dono: indefinido
[extremidade inflamável]
P.ce.I.4
Quando o Veado era homem recebeu o nome de carregador da tocha porque roubou o fogo com madeira presa ao rabo.
[Frazer]

R 135   [Comox; *salish*]   [Canadá]
bem: posse / ladrão: cervídeo / método: trapaça / dono: humano
[extremidade inflamável]
P.ce.I.H
Um velho tinha uma filha, que tinha um arco e flecha mágicos, que trazia para ela o que quisesse. Mas ela era preguiçosa. O pai disse para ela atirar no umbigo do oceano,

pois ali havia um redemoinho com os paus que podiam ferir fogo. Ela atira. O homem faz fogo mas constrói uma casa onde ninguém podia entrar, pois a porta se fechava e esmagava o passante. O Veado resolve roubar o fogo e finca lascas de madeira resinosa no cabelo. Vai cantando até a casa do velho. A filha pede para o pai deixá-lo entrar, pois canta muito bem. O Veado faz uma ginga, a porta se fecha e quando se abre é que ele entra. Lá rouba o fogo e foge, dando para os homens.
[Frazer]

R 136 [Nlaka'pamux; *salish*] [Canadá]
bem: posse / ladrão: homem-castor / método: trapaça / dono: humano
[origem alta] [homem-pássaro]
P.ro.I.H
No princípio, os homens esquentavam a comida ao sol. Dois deles, vestidos com peles de Castor e Águia, vão até as montanhas e se iniciam em mistérios. Veem que havia fogo num certo lugar. Vão até lá. A Águia pega um Mexilhão. O Castor chega numa enseada, onde o povo do fogo, que morava numa casa subterrânea, buscava água. As moças veem o Castor e avisam os homens. Eles o flecham, e o levam para casa, para tirar a pele. A Águia chega e atrai atenção. O Castor provoca inundação (noutra versão, é a Doninha, que também foi com eles). Não conseguem flechar a Águia, que deixa cair o Mexilhão no fogo. O Castor põe o fogo dentro do Mexilhão. E fogem. Depois espalham o fogo pelas árvores.
[*noutra versão, a Águia ensinou a moquear; e a Doninha ensinou a cozinhar com pedras quentes*]
[Frazer]

R 137 [Nlaka'pamux; *salish*] [Canadá]
bem: posse / ladrão: canídeo / método: trapaça / dono: humano
[origem alta] [vingança] [extremidade inflamável]
P.ca.I.H
Do alto de uma montanha, o Coiote vê fumaça e por adivinhação descobre que é o fogo. Vai acompanhado de bons corredores: Raposa, Lobo, Antílope (provavelmente o *pronghorn*, também chamado *antelope* por lá, que seria o nosso Antilocapra). Chegam e propõe dança e jogos. O Coiote faz uma capa de casca de árvore. Faz o fogo pegar na roupa. O povo do fogo o persegue. Ele passa para o Antílope; mas o povo do fogo mata todos, exceto o Coiote, que passa o fogo para a árvore. O povo do

fogo provoca um vendaval e há grande incêndio. O Coiote causa dilúvio, mas o fogo fica nas árvores.
[Frazer]

R 138 [Lillooet; *salish*] [Canadá]
bem: posse / ladrão: roedor / método: trapaça / dono: humano
[origem alta]
P.ro.I.H
O Castor e a Águia viviam com uma irmã, que pedia fogo para moquear pele de salmão. Eles vão se iniciar numa montanha, por quatro anos. Vão aonde moram os donos do fogo, numa casa subterrânea, perto do mar. O Castor faz um buraco embaixo da casa; e constrói um dique. Um velho vê o Castor nadando e o captura. Quando o estão esfolando, batem numa concha de marisco que estava embaixo do braço. Então, a Águia pousa numa árvore próxima. Quando todos vão tentar pegá-la, o Castor foge pelo buraco que cavou embaixo da casa. E dão fogo à irmã.
[Frazer]

R 139 [Lillooet; *salish*] [Canadá]
bem: segredo / ladrão: ave necrófaga / método: coação / dono: fauna aquática
S.A.V.aq
O Corvo e a Gaivota são amigos. A Gaivota tem o sol escondido numa caixa. O Corvo consegue quebrar a caixa com alguma artimanha. Passa a existir Sol, mas não tem fogo. Um dia o Corvo vê fumaça longe no sul. Tem quatro servos: Verme, Pulga, Piolho e Piolhinho. Tenta ir na canoa de todos, mas afundam porque é pequena. Pede emprestada a canoa da Gaivota. Chegam na terra do povo do fogo. Vão roubar um bebê e o escolhido é o Verme, que cava um buraco no chão e não faz barulho como os outros. Roubam. O povo do fogo percebe e vai atrás: o Esturjão, a Baleia e a Foca tentam, mas não acham. Só o Pequeno Peixe localiza os fugitivos, porém não os detém. A mãe causa dilúvio com lágrimas, mas não para o Corvo. O povo do fogo leva presentes; não consegue; depois da quarta oferta perguntam o que ele quer: ele diz que é o fogo. Eles dão. O Pequeno Peixe ensina como ferir. O Corvo "vende" o fogo para todas as famílias, em troca de uma moça. Tem muitas esposas.
[*trata-se de roubo por ser a tônica da narrativa; e porque essa "venda" é apenas a troca ritual no conceito de Mauss*]
[Frazer]

R 140 [Lillooet; *salish*] [Canadá]
bem: posse / ladrão: ave; ladrão: roedor / método: indefinido / dono: peixe
bem: posse / ladrão: mustelídeo / método: coação / dono: demiurgo
P.A.3.aq
P.mu.V.D
a) O Castor e o Pica-Pau roubaram o fogo do Salmão e deram aos fantasmas.

b) Os homens ficaram sem fogo e a Doninha foi apanhar, levando a faca da avó. Na casa dos fantasmas, finge que vai levar água e vai apagando as fogueiras. Quando fica escuro ela corta a cabeça do chefe. E foge. Os fantasmas querem resgatar a cabeça, oferecem presentes, mas a avó da Doninha só aceita a troca pelo fogo.
[Gray, L. 10º v.]

R 141 [Nanaimo; *salish*] [Canadá]
fogo: indefinido / ladrão: mustelídeo / método: coação / dono: humano
1.mu.V.H
Os homens não tinham fogo. A Marta quer o fogo e vai com a avó à casa do Chefe que tem o fogo, que fica em alguma ilha. A Marta entra na casa. Um pássaro, Tegya, embala o berço do bebê do Chefe. A Marta faz ele dormir e rouba o bebê. Na volta, de canoa, a avó belisca a criança para fazê-la chorar alto, sempre que passam diante de uma aldeia. No dia seguinte, o Chefe vai procurar o bebê roubado. Sabe que a Marta passou com um bebê na canoa e vai atrás dela. Lá, a Marta recusa vários bens e exige o fogo como resgate do bebê.
[Frazer]

R 142 [Okanagan; *salish*] [Canadá]
bem: posse / ladrão: roedor / método: trapaça / dono: demiurgo
[origem alta]
P.ro.I.D
Não havia fogo. Decidem ir buscar no mundo superior. Depois de vários tentarem, um pássaro consegue fixar uma flecha no céu. Fazem uma cadeia de flechas. No céu combinam que o Castor vai para o lago onde o povo do fogo pesca; vai ser capturado e quando estiverem esfolando a pele dele, a Águia irá aparecer (presume-se, distraindo o povo do fogo). O Castor então fugirá com o fogo na pele esfolada. Isso acontece. Mas na hora de descer, a cadeia quebra e a Sanguessuga e o Bagre caem e se quebram. Por isso, têm a forma de hoje (noutra versão, o Coiote desce numa pele de búfalo e se transforma

em Morcego; o Rato-Almiscarado também sobe; o Urso tenta subir mas não consegue; a Sanguessuga fica presa no céu).
[Frazer]

R 143 [*tsimshian*] [Canadá]
bem: posse / ladrão: homem-veado / método: trapaça / dono: indefinido
[extremidade inflamável]
P.ce.I.4
No princípio, havia um Gigante cujo pai dera a ele uma pele de Corvo. Quando a vestia, podia voar. O povo, porém, não tinha fogo. O Gigante lembrou que os animais tinham e foi lá pegar; mas negaram a ele. Ele mandou então a Gaivota avisar que um grande Veado iria visitá-los. Mata um Veado e se veste com a pele, pondo madeira resinosa no rabo. Pega a canoa do Tubarão e vai. Entra, dança, rouba o fogo e foge. Põe o fogo numa árvore. Por isso, o Veado tem o rabo negro e curto.
[Frazer]

R 144 [Zia; *keres*] [EUA]
bem: posse / ladrão: canídeo / método: oportunismo / dono: aracnídeo
[extremidade inflamável]
P.ca.I.ar
A Aranha, que criou os seres vivos, fazia fogo em sua casa, no mundo subterrâneo. Pôs nas quatro portas quatro guardiães: a Cobra, a Suçuarana, o Urso e um outro indeterminado. Os homens não tinham fogo, na superfície. E mandaram o Coiote roubar o fogo. Ele encontra todos os guardiães dormindo, além da própria Aranha. Leva o fogo num pau preso ao rabo e foge antes que o peguem.
[Frazer]

R 145 [*karok*] [EUA]
bem: posse / ladrão: canídeo / método: trapaça / dono: demiurgo
P.ca.I.D
Kareya, o criador, fez homens e animais mas não deu o fogo. Pelo contrário, pôs o fogo numa caixa e o entregou para que duas bruxas o guardassem dos karoks. O Coiote era amigo dos karoks e prometeu roubar o fogo. Chamou os animais e os pôs em linha, o mais forte perto da casa das bruxas, o mais fraco perto da aldeia do homem. Pediu asilo às bruxas, porque sentia frio e percebeu que elas não dormiam. No dia seguinte,

pediu ao homem (que escondera sob um monte) que atacasse a casa enquanto ele estivesse lá. Assim, enquanto as bruxas combatiam o homem, o Coiote roubou o fogo. Elas o perseguiram; ele passou o fogo primeiro à Suçuarana. O penúltimo da linha era o Esquilo-Terrestre, que se queimou e passou à Rã. Ela engoliu o fogo, saltou, as bruxas agarraram o rabo dela (por isso hoje não tem rabo) e a Rã cuspiu o fogo nuns paus, onde ele está até hoje.
[Frazer]

R 146 [Achumawi; *palaihnih*] [EUA]
bem: posse / ladrão: canídeo / método: indefinido / dono: indefinido
[origem alta]
P.ca.3.4
O Coiote e a Águia fizeram o mundo. Como os índios tinham frio, o Coiote foi até o poente, onde havia fogo, roubou e trouxe nas orelhas. Depois, acendeu fogueiras no alto de uma montanha. Os índios foram lá apanhar e até hoje conservam o fogo.
[Frazer]

R 147 [Nisenan; *maidu*] [EUA]
bem: posse / ladrão: lacertílio / método: indefinido / dono: indefinido
P.ex.3.4
Depois que o Coiote criou o mundo e os habitantes, ainda faltava o fogo. O Morcego propôs ao Lagarto que fosse roubá-lo no poente, onde havia muito. Foi difícil para o Lagarto trazer, pois todos queriam roubar o fogo dele. Certa noite, o Lagarto foi descoberto pelos Grous, que jogavam de noite. Eles o perseguiram. O Lagarto deixou a grama pegar fogo. O Morcego ficou cego com o fogo, pediu ajuda ao Lagarto. O Lagarto passou piche nos olhos do Morcego, e o cegou de vez. Ele se debateu no fogo, e ficou queimado.
[Frazer]

R 148 [Maidu; *maidu*] [EUA]
a) **bem: posse / ladrão: demiurgo / método: indefinido / dono: humano**
P.D.3.H
b) **bem: posse / ladrão: roedor / método: trapaça / dono: demiurgo**
P.ro.I.D
[origem alta] [queda]

a) As pessoas acharam fogo, mas o Trovão quis pegá-lo só para si, para ter o poder de matar todas as pessoas. E conseguiu, levando o fogo para o sul, e pondo um pequeno pássaro como guardião.
b) As pessoas, todavia, sobreviveram. E os chefes puseram um pássaro de olho vermelho, que olhava a carne e as cozinhava só de olhar. Mas as outras pessoas comuns não tinham esse recurso. Um dia, o Lagarto e seu irmão viram fumaça no poente. Ninguém acreditou. O Coiote jogou sujeira e terra neles. As pessoas tiveram pena. E depois pediram para eles apontarem a fumaça. Viram a fumaça. O Rato, o Veado, o Cão, o Coiote e outros foram pegar o fogo, levando uma flauta, onde pretendiam pôr o fogo. Foram até a casa do Trovão. O pássaro guardião cantava "sou o homem que nunca dorme". Mas o Rato, percebendo que ele estava na verdade dormindo, entrou na casa e roubou o fogo. Desamarrou o vestido das filhas do Trovão, para que se elas acordassem perdessem tempo amarrando os vestidos. E pôs o fogo na flauta. O Veado levou um pouco no joelho, e o Cão, nas orelhas. Quando o Trovão percebeu o roubo, foi persegui-los. Mas as filhas perderam tempo amarrando os vestidos. Quando o Trovão chegou nos fugitivos, com vento capaz de apagar qualquer fogo, o Cangambá acertou nele uma flechada e o condenou a viver no céu e a ser o trovão. As pessoas têm fogo até hoje.
[Frazer]

R 149 [Creek; *muscogeano*] [EUA]
bem: posse / ladrão: roedor / método: trapaça / dono: demiurgo
[extremidade inflamável]
P.ro.I.D
Os homens não tinham fogo. O Coelho vai buscar no levante, atravessando a grande água. Lá, é recebido com uma dança, em que todos se curvam diante do fogo sagrado. O Coelho tem uma capa. Ao se curvar, rouba o fogo. Indignado por ter tocado no fogo sagrado, o povo do fogo começa a persegui-lo. O Coelho corre e entra na água; os perseguidores param na praia. O Coelho traz o fogo.
[Frazer]

R 150 [Hitchiti; *muscogeano*] [EUA]
bem: posse / ladrão: roedor / método: trapaça / dono: humano
[extremidade inflamável]
P.ro.I.H

Havia fogo, mas só podia ser aceso no terreiro da dança sagrada. O Coelho pôs piche na cabeça e roubou o fogo, enquanto dançava. As pessoas o perseguiram e fizeram chuva por dias. Mas o Coelho manteve o fogo aceso no buraco de uma árvore. Isso se repetia sempre, até que as pessoas desistiram. O Coelho deu o fogo a todos.
[Frazer]

R 151 [Koasati; *muscogeano*] [EUA]
bem: posse / ladrão: roedor / método: indefinido / dono: indefinido
P.ro.3.4
Os homens não tinham fogo, que existia do outro lado do oceano. O Coelho se ofereceu para buscar. Um homem disse que daria uma de suas filhas a quem trouxesse o fogo. O Coelho disse que uma era pouco. O Grande Canibal se dispôs a ir. Foi e se afogou. O Coelho então disse que conseguiria buscar o fogo, mas queria dormir com todas as filhas do homem. Ele acabou concordando. O Coelho fez uma jangada com a própria camisa e madeira; e foi. Os donos do fogo se recusaram a entregar o fogo a ele. Ele roubou e fugiu. Ele nadou com o fogo numa das mãos fora da água; depois jogou o fogo atrás da cabeça, onde tinha posto piche. Deu o fogo aos homens e ficou com as moças.
[Frazer]

R 152 [Alabama; *muscogeano*] [EUA]
bem: posse / ladrão: humano / método: oportunismo / dono: ursídeo
[queda]
P.H.I.ur
Os Ursos tinham fogo e um dia deixaram o fogo para encherem a boca com bolotas de carvalho. O fogo quase se extingue e grita por socorro. Chegam homens, que põem um galho no norte, outro no leste, outro no sul, outro no oeste. O fogo revive. Quando os Ursos voltam, o fogo diz que não os reconhece. Os Ursos ficam sem fogo, que passa a ser dos homens.
[Frazer]

R 153 [Paiúte; *uto-asteca*] [EUA]
bem: posse / ladrão: canídeo / método: trapaça / dono: indefinido
[origem alta] [extremidade inflamável]
P.ca.I.4

O Coiote era o chefe. Um dia, o vento leva até ele um pedacinho de madeira queimada. Ele convoca a Coruja, a Águia, o Corvo, o Faisão, o Tetraz, o Beija-Flor, a Mariposa. Ninguém sabia o que era. Ele faz um disfarce, uma cabeleira de canas. As aves vão procurar o lugar de onde veio a madeira queimada. Chegam até lá, numa montanha plana. O Coiote anuncia que aquilo era o fogo; e que ele ia roubar o fogo daquele povo, com sua cabeleira de canas. Entram na aldeia. O Coiote propõe dança. No fim da dança, joga a cabeleira no fogo, que se extingue, mas a cabeleira se incendeia. Ele foge com o fogo. Os donos do fogo o perseguem para matá-lo. O Coiote passa o fogo para a Águia; dela para o Beija-Flor; dele para a Mariposa. Isso vai acontecendo, até que o próprio Coiote é o único a ter um pouco de fogo e continuar fugindo. Ele despista os perseguidores e eles desistem, mas fazem chover. O Coiote sobe numa montanha e encontra o Coelho-de--Rabo-Preto. Entrega o fogo, mas ele quase o apaga na água; e devolve o fogo ao Coiote, ensinando onde há um esconderijo. Coiote mantém o fogo. Mata depois o Coelho. Volta com o fogo para casa; distribui fogo entre os homens que ficaram e ensina como fazer fogo. Quando os cúmplices retornam, têm que voltar para onde se esconderam durante a fuga; e se transformam nos animais que são hoje.
[Frazer]

R 154   [Cora; *uto-asteca*]   [México]
bem: posse / ladrão: marsupial / método: trapaça / dono: ave necrófaga
[origem alta] [queda] [réptil fugitivo] [vingança]
P.ma.I.A
Iguana, o dono do fogo, depois de brigar com a mulher e sogra, foi para o céu levando o fogo. Os homens fazem um conselho e concluem que o fogo está no céu. Mandam primeiro o Corvo buscar. Ele sobe um penhasco, mas cai no meio do caminho e morre. Vai o Beija-Flor. Fracassa mas não morre; e diz que é impossível porque há uma cachoeira lá. Foi outro, e volta dizendo ser impossível ir até o céu. Todos os pássaros tentam; e fracassam. Vai então o Gambá. Ele vence as dificuldades, passa a cachoeira e chega onde está o fogo, que tem ao lado um Abutre (noutra versão, é um velho). Este permite que o Gambá se aqueça, mas adverte que não pegue o fogo. O Gambá espera o Abutre dormir e com o rabo pega um galho e põe no fogo. O Abutre acorda. Repreende o Gambá. O Gambá desconversa. Ele espera o Abutre dormir e pega o fogo de novo. Quando está à beira do abismo, o Abutre acorda. Mas o Gambá joga o fogo lá de cima. O Abutre espanca o Gambá e o arremessa ao chão. Quando o fogo chega à terra, ninguém consegue pegá-lo e tudo se incendeia. O Gambá cai no meio do fogo e

morre. Os homens enrolam o Gambá com uma manta e ele revive. E então chamam a Mãe Terra; e ela apaga o fogo (ou diminui sua intensidade) com seu leite. E os homens levam o fogo.
[Frazer]

R 155 [Quiché; *maia*] [Guatemala]
bem: posse / ladrão: vegetal / método: oportunismo / dono: humano
P.vg.I.H
Uma tribo (cuja criação não é clara) tinha o fogo. Quando Jaguar Quiché e Jaguar Noite o avistam em Tula, o desejam. E Tohil dá o fogo a eles, que aquecem as tribos todas. Depois, uma chuva negra e o granizo apagam o fogo e eles ficam com frio. A tribo dos Qaq Chekeleb (Árvores de Fogo) rouba o fogo oculto na fumaça.
[*Popol Vuh*]

R 156 [Kuna: *chibcha*] [Colômbia]
bem: posse / ladrão: lacertílio / método: indefinido / dono: felino
P.ex.3.fe
A Onça era dona do fogo. Os animais fazem cair uma chuva que apaga todas as fogueiras menos uma, que estava na oca da Onça. Aí o Lagarto (Iguana? Teiú?) entra lá, rouba uma brasa e mija sobre as demais. Foge a nado, e não pode ser perseguido porque a Onça não sabe nadar.
[Lévi-Strauss (1)]

R 157 [Arekuna; *caribe*] [Venezuela]
bem: posse / ladrão: demiurgo / método: trapaça / dono: ave
[origem alta]
P.D.I.A
Antes do dilúvio, os homens não tinham fogo e comiam cru. O fogo era do Mutum. Quando a ave estava pescando, Macunaíma amarrou uma corda no rabo dela. Assim que voou, Macunaíma e seus irmãos subiram pela corda, chegaram à casa do Mutum e roubaram de lá o fogo. Depois veio o dilúvio, mas a Cutia se escondeu dentro de um buraco numa árvore e tampou a entrada. Lá fez fogo, mas o fogo queimou seus pelos, que ficaram vermelhos.
[Frazer]

R 158 [Taulipang; *caribe*] [Roraima]
bem: segredo / ladrão: humano / método: agressão / dono: demiurgo
[fogo corporal]
S.H.V.D
A velha Pelenosamó cozinhava mandioca na lenha enquanto os homens comiam a raiz seca ao sol. Ela se agachava sobre a lenha, e o fogo saía do ânus. Uma menina viu, contou o segredo aos homens. Mas a velha não quis dar o fogo. Eles então a pegaram, a puseram sobre a lenha e abriram seu ânus à força: ela expeliu o fogo; e este se transformou nas pedras de onde os índios hoje o tiram.
[Lévi-Strauss (2)]

R 159 [Arara; *caribe*] [Pará]
bem: posse / ladrão: humano / método: trapaça / dono: mustelídeo
P.H.I.mu
Os Araras comiam cru. Mas a Ariranha tinha o fogo e cozinhava Peixes. Um dos Araras esperou ela se ausentar e roubou o fogo. Deu aos outros Araras e passou a ser o primeiro pajé entre os homens, aquele que tem acesso ao mundo sobrenatural.
[Ieipari]

R 160 [Bacairi; *caribe*] [Mato Grosso]
bem: posse / ladrão: teriantropo aquático / método: trapaça / dono: canídeo
P.aq.I.ca
Os irmãos Keri e Kami foram procurar fogo a mando da tia Ewaki. O dono do fogo era o Graxaim (Cachorro-do-Mato ou Raposa-do-Campo). Eles se transformaram num Peixe e num Caramujo, respectivamente. E quando o Graxaim fez uma armadilha de pescar, caíram dentro. Quando o Graxaim fez fogo, eles jogaram água. O Graxaim vai se irritando e tentando pegá-los, mas eles jogam mais água. Até que o Graxaim vai embora enfurecido. Eles sopraram e reavivaram as brasas e levaram fogo para Ewaki.
[Frazer]

R 161 [Kuikuro; *caribe*] [Mato Grosso]
bem: posse / ladrão: demiurgo / método: trapaça / dono: ave necrófaga
[origem alta]
P.D.I.A

A certa altura das aventuras de Kanassa, depois que ele fixou o enfeite de cabeça do Mutum e o ralador no rabo do Jacaré, entre outras transformações, manda a Saracura soprar o fogo, porque só tem a luz de um pequeno Vaga-lume, que carrega na mão fechada. A Saracura diz que o dono do fogo é o Urubu-Rei. Kanassa desenha um Veado grande, entra debaixo da unha e espera o Veado apodrecer. Vêm os Urubus e depois o Urubu-Rei. Quando este se aproxima, Kanassa o segura pela perna. E diz que não fará mal a ele, que só quer o fogo. O Urubu-Rei fica zangado só um pouco; e manda um Passarinho preto pegar o fogo no céu. Quando entrega o fogo, Kanassa o liberta. Ele ensina ainda como ferir fogo. Os Sapos jogam água no fogo (água que eles têm na boca), mas Kanassa consegue reavivar. Depois, chama várias Cobras para ajudá-lo a atravessar o rio com o fogo. Só uma Cobra ligeira conseguiu levar o fogo até a outra margem, a Itóto.
[Villas Bôas]

R 162 [Terena; *aruaque*] [Mato Grosso do Sul]
fogo: indefinido / ladrão: humano / método: trapaça / dono: ave necrófaga
[origem alta] [queda]
1.H.I.A
Fogo roubado dos Urubus, por um herói que se finge de morto.
[Lévi-Strauss (1)]

R 163 [Terena; *aruaque*] [Mato Grosso do Sul]
bem: posse / ladrão: roedor / método: trapaça / dono: indefinido
[queda]
P.ro.I.4
Os Orecajuvacais mandaram pegar fogo, antes de tirarem os homens do buraco. Foi o Tico-Tico e não achou. Depois, foi o Coelho. Ele encontrou o fogo, que estava cercado pelos Toqueores, que eram os donos do fogo. Pôs uma vara de ingá verde na fogueira e a vara estourou, espantando os Toqueores. O Coelho se aproveita e leva o fogo; se esconde num oco de pau; tira sangue do nariz e um pedaço da própria tripa; põe isso na vara e ilude os Toqueores, que pensam que o Coelho estava morto. Depois sai do esconderijo incendiando tudo. Os Toqueores lamentam a perda do fogo. E o Coelho entrega o fogo aos Orecajuvacais, que enfim tiram os homens do buraco.
[Baldus (3)]

R 164 [Deçana; *tucano*] [Amazonas]
bem: posse / ladrão: homem-macaco / método: trapaça / dono: demiurgo
[vingança] [fogo corporal]
P.si.I.D
No princípio, Umurin Mahsã, a gente do universo, sofria muito comendo carne crua e outros alimentos crus. Mas havia uma velha, Pehanhehkó, que expelia fogo quando peidava. Pediram fogo a ela, que negou. Então, transformaram o caçula deles em Macaco e disseram a ela que iam caçar macacos. Ela pede que lhe tragam um. Eles entregam o caçula. Ela prepara o moquém e, quando acende o fogo, o Macaco foge pegando um tição. Chega morto, mas os irmãos o ressuscitam. A velha os amaldiçoa, dizendo que o fogo os fará morrer; e que serão também preguiçosos.
[Diakuru e Kisibi]

R 165 [Rio Negro; *tucano*] [Amazonas]
bem: posse / ladrão: ave / método: trapaça / dono: crocodiliano
[queda] [fogo corporal]
P.A.I.ex
No princípio, não havia fogo. Só Tupana tinha fogo em casa. Um dia, Tupana se descuidou e deixou o fogo fora de casa. O Jacaré engoliu o fogo e mergulhou no rio. Tupana viu através da sombra o que tinha acontecido. Mandou a Lontra ir buscar o fogo de volta. Ela não conseguiu, porque o Jacaré estava feroz. Foi a Piraíba, que convidou o Jacaré para um caxiri. Ele foi, mas não bebeu muito. Foi o Tucunaré, que também fracassou. Foram então as Rãs. O tuxaua das Rãs chamou também os Japus. E avisou ao Jacaré que as moças Rãs e Japus estavam fazendo caxiri de macoari há um mês; e o convidou. O Jacaré ficou seduzido pelas moças, que o agradaram. E se embriagou. Uma delas o convidou para "se alegrarem" e o levou para uma armadilha, feita com estacas pontudas (curabi). Quando passaram perto, ela o empurrou, o Jacaré caiu e os homens o mataram. Mas não acharam o fogo dentro dele: só o Japu encontrou o fogo, dentro do ouvido. Daí o fogo se distribuiu.
[Amorim]

R 166 [*warrau*] [Guiana]
bem: segredo / ladrão: homem-lagarto / método: agressão / dono: homem-sapo
[queda] [fogo corporal]
P.ex.V.ex

Macunaíma e Piá nasceram e a mãe deles morreu no parto. Foram criados por uma mulher (Nanyobo, uma grande espécie de Rã). Eles sempre iam caçar e pescar. Ela dizia para eles assarem peixe no sol, nunca no fogo, mas mandava eles pegarem lenha. Ela, na verdade, vomitava fogo, cozinhava e depois lambia o fogo de volta, não permitindo que vissem a fogueira. Mas o peixe preparado por ela era cozido. Desconfiados, decidiram observar em segredo. Um dos irmãos se transformou em Lagarto e vê tudo. Decidiram matar a mulher. Abriram uma clareira e a amarraram numa única árvore deixada no centro. Cercaram isso com estacas. Enquanto a mulher ardia, o fogo do corpo dela passou para a madeira da cerca, que é do tipo de que os índios tiram fogo.
[Frazer]

R 167 [*taruma*] [Pará]
bem: segredo / ladrão: humano / método: coação / dono: demiurgo
[fogo corporal]
S.H.V.D

Os irmãos Ajejiko e Duid eram os únicos que viviam na terra. Não havia nem outros homens, nem mulheres. Mas eles desconfiavam de que pudesse haver mulheres, pois achavam às vezes espinhas e pegadas perto do rio. Perguntaram em vão à Rã e à Coruja, mas a Ariranha revelou que uma mulher vivia no fundo do rio. Se a quisessem, deveriam pescá-la. Duid, o mais novo, pescou e se casou com ela, do que descende o restante da humanidade. Os irmãos moravam perto. E perceberam que a mulher não comia cru, embora comesse sempre sozinha. Passaram os anos, ela se tornou velha com muitos filhos. Um dia, Ajejiko visitou o irmão. E quando foi embora esqueceu seu saco de bugigangas. De longe, pediu à cunhada que levasse o saco até ele. Ela foi, se aproximou cada vez mais (porque ele sempre pede para ela vir mais perto) e ele a acabou agarrando, dizendo que iria abraçá-la (estuprá-la?), se não contasse o segredo do fogo. Ela expeliu o fogo pela vagina. Mas não era o fogo de hoje. Ajejiko, então, pegou pimenta, cascas de árvore e frutos que ardiam e misturou com o fogo da mulher, criando o fogo atual. E Duid, marido dela, passou a ser o guardião do fogo. Um dia o Jacaré roubou o fogo, Ajejiko recuperou e o Jacaré perdeu a língua. Um Pássaro também roubou e ficou com o pescoço vermelho. A Onça pisou no fogo e hoje anda sobre os dedos. O Tapir também.
[*presume-se que os três últimos, como o Jacaré, também roubaram e não foram bem-sucedidos*]
[Frazer]

R 168 [Surara; *ianomâmi*] [Roraima]
bem: posse / ladrão: ave / método: trapaça / dono: crocodiliano
[fogo corporal] [riso]
P.A.I.ex
O Beija-Flor roubou o fogo que ficava escondido na boca do Jacaré (fazendo ele rir) e o deu aos homens.
[Lévi-Strauss (1)]

R 169 [Xamatari; *ianomâmi*] [Amazonas]
bem: posse / ladrão: ave / método: trapaça / dono: crocodiliano
[vingança] [queda] [fogo corporal] [riso]
P.A.I.ex
Ninguém tinha fogo, só o Jacaré. Ele escondia a brasa dentro da boca e comia cozido junto com sua mulher, uma Perereca que tem desenhos na coxa. Os outros passavam e enlouqueciam porque comiam cru. Até que descobriram que o Jacaré comia cozido, pelo barulho. Alguns pássaros tentaram fazer o Jacaré rir. Mas ele ficava dormindo. Até que o Beija-Flor Pequeno (há espécie maior) conseguiu fazer o Jacaré rir. A brasa salta da boca e o pássaro Bico-de-Brasa rouba o fogo. A Perereca tentou apagar a brasa com sua urina, mas o Japu conseguiu levar a brasa mais alto; e espalhou o fogo. A Perereca disse então que todos iam ser cremados quando morressem, por terem roubado o fogo. E assim acontece. Ela foi com o marido viver no igarapé.
[Ballester]

R 170 [*ticuna*] [Amazonas]
bem: posse / ladrão: humano / método: oportunismo / dono: humano
[origem alta] [queda] [fogo corporal] [riso]
P.H.I.H
Quando os homens não conheciam nem o fogo nem a mandioca-doce, uma velha recebeu das Formigas o segredo da mandioca, que ela assava com o fogo do Urutau, que o escondia no bico e só dava àquela velha. Os índios gostaram do beiju da velha e perguntaram como ela fazia; ela respondeu que assava ao sol; e o Urutau riu da mentira; os índios viram o fogo e roubaram, por isso o Urutau tem o bico comprido.
[Lévi-Strauss (1)]

R 171 [Uitoto; *bora*] [Amazonas]
bem: posse / ladrão: humano / método: oportunismo / dono: ave
[origem alta] [vingança] [fogo corporal]
P.H.I.A

O fogo não existia e os uitotos comiam apenas frutas. Certo dia, enquanto a moça Hiteroegueça dormia de perna aberta na cabana, uma Minhoca Grande entrou dentro dela. Ela pariu um menino e o cobriu com uma panela. Dias depois, o menino se encantou num pé de mandioca que dava todos os tipos de fruta: abiu, ananás, banana. Vieram as Piranhas e derrubaram a árvore, deixando só a raiz. A moça se transformou num Mico-Leão. Então, aparece a velha Bacurau, que tinha fogo na boca. Vinha para assar beijus com a raiz da mandioca. Mas outro menino, que estava sobre as costas da mãe, viu a Bacurau se aproximando da raiz. E disse à mãe que ela tinha fogo. Ela deu algodão a ele; e ele, rápido, roubou o fogo da Bacurau. Amaldiçoado pela velha, o diabo leva o ladrão. E a mãe ensina aos uitotos como moquear carne de caça.
[Pereira]

R 172 [Jívaro; *jívaro*] [Equador]
bem: posse / ladrão: homem-pássaro / método: trapaça / dono: humano
[origem alta]
P.A.I.H

No princípio, só um homem chamado Tacquea sabia ferir fogo. Sendo inimigo de todos os outros jívaros, não dava fogo a ninguém. Nessa época, os jívaros eram pássaros e vieram voando para tentar roubar o fogo. Mas Tacquea fechava a porta em cima deles e os matava, quando tentavam entrar na sua casa. O Beija-Flor decide roubar o fogo. Molha as asas e, sem poder voar, fica caído no chão. A mulher de Tacquea o leva para casa, para tê-lo como xerimbabo. E o aproxima do fogo para secar suas asas. Ele então deixa que o fogo pegue na sua cauda e foge. Vai para uma árvore de casca seca e a árvore pega fogo. O Beija-Flor grita avisando a todos para irem pegar o fogo na árvore. Tacquea fica indignado. Os jívaros passam a ter fogo e depois aprendem a feri-lo.
[Frazer]

R 173 [Wari'; *txapacura*] [Rondônia]
a) bem: posse / ladrão: homem-pássaro / método: oportunismo / dono: homem-onça
P.A.I.fe
b) bem: posse / ladrão: demiurgo / método: oportunismo / dono: homem-pássaro
P.D.I.A
c) bem: posse / ladrão: homem-sapo / método: oportunismo / dono: demiurgo
P.ex.I.D
[origem alta] [queda] [vingança] [fogo corporal]
a) O fogo pertencia a uma velha que comia cru e era temida por todos, mas emprestava o fogo. Dois irmãos, netos dela, iludem a velha, subindo nas árvores para pegar Pássaros e jogar para ela comer; e roubam o fogo dela. Mas a velha volta e começa a subir; eles viram Pássaros e voam para a casa do pai, no céu. O pai era Pinom, dono do cipó. Pegam Peixes para cortar o cipó em que a velha subia, e só conseguem com a Piranha. A velha cai no próprio fogo e dela saem Jaguares e demais carnívoros. Todos que seguiram os irmãos ficam presos no céu (porque cortaram o cipó). E vão virando animais. Quando descem (uma árvore foi semeada e cresceu) tornam a ser gente e ainda não têm fogo. Os irmãos viram Inambus (e engolem o fogo).
b) Pinom imita o Inambu e mata os irmãos, pegando o fogo para si.
c) As pessoas ainda não têm fogo. Um pajé vira um grande Sapo, e, quando Pinom lança uma centelha, o Sapo lança a língua e rouba o fogo. Pinom tenta recuperar, mas o Sapo distribui o fogo. Pinom diz então que todos moquearão os próprios filhos; e o pajé-sapo diz o mesmo. E daí todos moqueiam os mortos e os comem.
[Conklin]

R 174 [Tupinambá; *tupi*] [Bahia]
bem: segredo / ladrão: humano / método: agressão / dono: ave necrófaga
[origem alta]
S.H.V.A
Os primeiros povoadores do mundo não tinham fogo. Quando morrem vários deles, os pássaros se reúnem ao redor dos cadáveres, querendo comê-los, mas sem ter certeza de que estavam mortos. O Carcará arranha o rosto e arranca os olhos dos corpos, para testar. É quando vem a ave de rapina chamada Guaricuja, o Urubu-Rei, que é avô do Urubutinga e só come carne cozida. O Guaricuja traz uns paus e com eles faz fogo, para moquear a carne (noutra versão, para assarem os olhos). Nisso, chega ao local um rapaz, que tinha ido até lá para visitar a mãe e o tio (noutra versão, há só um morto e

é o filho do morto quem chega). Vendo o que acontece, espanta os pássaros, inclusive o Guaricuja, e rouba o fogo, além de ter aprendido a feri-lo com os paus. O Jacu pega as brasas e as espalha pelo mundo, e por isso tem até hoje o pescoço vermelho (noutra versão, o fogo fica naquele tipo de pau e no papo do Jacu).
[Monteiro]

R 175 [Tapieté; *tupi*] [Bolívia]
bem: posse / ladrão: anfíbio / método: oportunismo / dono: ave necrófaga
[origem alta] [queda] [fogo corporal]
P.ex.I.A
O Urubu obteve fogo do relâmpago. Os tapietés não tinham fogo. O pássaro Caca roubou o fogo, mas ele se apagou. Os tapietés ficaram de novo sem fogo. A Rã, então, com pena, chegou perto da fogueira do Urubu e roubou o fogo, que escondeu na boca. Os tapietés passaram a ter fogo outra vez. Mas o Urubu ficou sem fogo e chorou. Os pássaros decidiram que ninguém mais daria fogo ao Urubu.
[Frazer]

R 176 [Nhandeva; *tupi*] [Paraná]
bem: posse / ladrão: anfíbio / método: trapaça / dono: ave necrófaga
bem: posse / ladrão: humano / método: trapaça / dono: anfíbio
[origem alta] [queda] [fogo corporal]
P.ex.I.A
P.H.I.ex

a) No princípio, os Urubus eram senhores do fogo. Nhanderyqueý resolveu roubá-lo com ajuda do Sapo. Fingiu-se de morto. Os Urubus se aproximaram e acenderam uma fogueira para moqueá-lo. O Gavião percebeu que o homem piscava o olho e advertiu os Urubus. Mas estes não ligaram. Quando vão levá-lo ao fogo, o homem se mexe e joga as achas e brasas para todos os lados, espantando os Urubus. O chefe deles, todavia, manda que eles se reúnam e juntem as brasas. E Nhanderyqueý pergunta se o Sapo engoliu as brasas (presume-se que sim, porque Nhanderyqueý não as vê).

b) Ele no início se recusa a entregar. Mas Nhanderyqueý dá ao Sapo certa poção que o faz vomitar as brasas. Assim, Nhanderyqueý reacende o fogo.
[Frazer]

R 177 [Kaiowá; *tupi*] [Mato Grosso do Sul]
fogo: indefinido / ladrão: demiurgo / método: agressão / dono: homem-veado
[queda]
1.D.V.ce
O Veado era dono do fogo; Kwarahi foi com Jacy à casa dele; e ele disse para não mexerem no fogo; Kwarahi o transformou em bicho (embora ele quisesse ser gente); e por isso não tem mais fogo.
[Schaden]

R 178 [Kaiowá; *tupi*] [Mato Grosso do Sul]
bem: posse / ladrão: demiurgo / método: agressão / dono: felino
[queda]
P.D.V.fe
A Onça era dona do fogo. Depois que o Tamanduá tira os olhos dela, pondo no alto da árvore, Kwaraho a transforma em bicho e tira dela o fogo, porque senão os olhos dela, que eram de água, apagariam o fogo.
[Schaden]

R 179 [Mbyá; *tupi*] [Paraguai]
bem: posse / ladrão: demiurgo / método: trapaça / dono: homem-pássaro
[origem alta] [queda] [fogo corporal]
P.D.I.A
Antigamente, Kawahiva secava comida ao Sol. Bahira, o chefe, foi no mato e se cobriu de cupins. A Mosca-Varejeira avisou ao Urubu, que era dono do fogo. O Urubu era gente, tinha mão; e sempre carregava o fogo debaixo da asa. Fez um moquém e pediu aos filhos que vigiassem. Os filhos viram que Bahira estava bolindo. Mas o Urubu não acreditou. Quando o fogo ficou quente, Bahira saltou e roubou o fogo. O Urubu o perseguiu, mas ele conseguiu escapar. Chegou na beira de um grande rio. O povo estava do outro lado. Ele pediu auxílio aos animais. Primeiro à Cobra-Surradeira; que não resistiu ao calor. Depois, às outras cobras. Depois, ao Camarão, ao Caranguejo, à Saracura. Ninguém resistiu. Por fim, pediu ao Cururu, que conseguiu alcançar a outra margem. Os kawahiva pegam o fogo e o levam para a maloca. Então, Bahira, que era um grande pajé, estreita a margem do rio e dá um pulo, atingindo a outra margem. Desde então, todos têm fogo. E o Cururu virou pajé.
[Costa e Silva]

R 180 [Guarayo; *tupi*] [Bolívia]
bem: posse / ladrão: humano / método: trapaça / dono: ave necrófaga
[origem alta] [queda] [fogo corporal]
P.H.I.A

Um homem toma banho numa água podre, deita e atrai os Urubus. Eles fazem uma fogueira, mas o homem levanta de repente e lança as brasas na direção do Sapo, seu cúmplice. O Sapo engole uma brasa, os Urubus tentam recuperá-la, mas o Sapo se esconde e o homem passa a ter fogo.
[Baldus (2)]

R 181 [Guajajara; *tupi*] [Maranhão]
fogo: indefinido / ladrão: humano / método: trapaça / dono: ave necrófaga
[origem alta] [queda]
1.H.I.A

Fogo roubado dos Urubus, por um herói que se finge de morto.
[Lévi-Strauss (1)]

R 182 [Tembé; *tupi*] [Maranhão]
bem: posse / ladrão: humano / método: trapaça / dono: homem-pássaro
[origem alta] [queda]
P.H.I.A

No princípio, o dono do fogo era o Urubu-Rei. Os tembés comiam carne assada ao sol. Um dia, para roubar o fogo, mataram uma anta e a deixaram apodrecer. Vieram o Urubu-Rei e seus parentes. Saltaram de suas roupas de pena e tomaram forma humana. Acenderam fogo e começaram a assar os vermes que comiam a anta. Os tembés saíram do esconderijo, assustaram os Urubus, mas eles fugiram, levando o fogo. Da outra vez, eles fizeram um abrigo próximo da carniça. E um pajé velho se escondeu ali. Quando os Urubus tiraram suas roupas de pena, ele saltou do lugar e roubou uma acha. Os Urubus levaram o resto do fogo. E o pajé pôs o fogo nas árvores, de onde hoje o tiram os tembés.
[Frazer]

R 183 [Tapirapé; *tupi*] [Tocantins]
fogo: indefinido / ladrão: humano / método: trapaça / dono: ave necrófaga
[origem alta] [queda]
1.H.I.A

Fogo roubado dos Urubus, por um herói que se finge de morto.
[Lévi-Strauss (1)]

R 184 [Xipaia; *tupi*] [Pará]
bem: segredo / ladrão: demiurgo / método: trapaça / dono: ave necrófaga
[origem alta] [queda]
S.D.I.A

O Gavião-de-Anta (Abutre? Urubu-Rei?) passou com uma acha e zombou de Kumaphari, que não tinha fogo. Percebendo que o Urubu gostava de carniça, Kumaphari deita no chão e morre, chegando a apodrecer. O Gavião-de-Anta veio com os Urubus para comê-lo, mas deixaram o fogo num tronco, longe de Kumaphari. Eles comeram a carne toda, deixando só os ossos. Então, Kumaphari se transformou num veado e morreu de novo. As aves vieram, mas o Gavião-de-Anta desconfiou. E, quando se aproximou do Veado, viu que ele piscava o olho. Fugiu, então, com o fogo. Pela terceira vez, Kumaphari deitou numa pedra e morreu. Estendeu os braços e eles penetraram a terra, saindo em forma de grelha. O Gavião-de-Anta achou aquilo muito apropriado para fazer uma fogueira e pôs fogo nas mãos de Kumaphari. Este, então, se levantou, na posse do fogo. O Gavião-de-Anta zomba de Kumaphari, dizendo que ele não sabia como acender fogo, mesmo sendo filho de Kumaphari, o Velho. E assim acaba ensinado como fazer. Mas Kumaphari, mesmo assim, rouba o fogo do Gavião-de-Anta.
[Frazer]

R 185 [Caiapó-Gorotire; *jê*] [Pará]
bem: posse / ladrão: humano / método: oportunismo / dono: felino
[origem alta] [vingança] [queda]
P.H.I.fe

No tempo em que os homens comiam carne crua, um homem leva Botoque, seu jovem cunhado, para pegar filhotes de Arara no alto de um rochedo. O rapaz diz que só há dois ovos. O homem manda jogá-los. Os ovos viram pedras e machucam as mãos do homem. O homem, furioso (sem saber que as Araras eram encantadas), puxa a escada. Botoque passa fome e tem que comer os próprios excrementos. Vê uma Onça passando com arco, flechas e todo tipo de caça. A Onça vê a sombra de Botoque, tenta pegá-la, descobre Botoque no alto da pedra e procura convencê-lo a descer. Botoque tem medo, mas desce. A Onça leva Botoque nas costas para a sua aldeia, e, depois de adotá-lo como filho, dá a ele carne moqueada, num fogo que ardia num jatobá. A índia, mulher da Onça, não gosta de Botoque. E dá ao rapaz carne velha. Botoque reclama, e ela lhe arranha o rosto. Ele se refugia na floresta. A Onça dá um arco a Botoque, ensina a atirar e manda atacar a mulher, se ela agir mal. Botoque mata a madrasta. Com medo, foge, levando as armas e a carne moqueada. Chega à aldeia de noite, deita na esteira da mãe, e ela demora a reconhecê-lo; no dia seguinte, distribui a carne, e os índios decidem roubar o fogo. Chegam na aldeia da Onça, que estava fora, e roubam o fogo. A Onça passa a odiar os humanos pela traição do filho adotivo, que roubou também o segredo do arco e flecha. Do fogo, ficou a Onça com um reflexo nos olhos. E jurou só comer carne crua e caçar com os dentes.

[Lévi-Strauss (1)]

R 186   [Caiapó-Kubenkranken; *jê*]   [Pará]
bem: posse / ladrão: homem-tapir / método: indefinido / dono: felino
[origem alta] [queda] [vingança]
P.tp.3.fe

No tempo em que os índios comiam carne tostada ao sol e madeira podre, um homem vê duas Araras saindo do buraco de um rochedo. Manda o jovem cunhado subir num tronco para pegar os ovos. Ele diz que só há pedras. Discutem. O rapaz joga as pedras e atinge o homem. O homem retira o tronco e diz para a mulher que se perdeu do cunhado. O rapaz, isolado no alto, passa fome e sede e come e bebe os próprios excrementos. Passa uma Onça carregando um Caititu. Tenta pegar a sombra do rapaz. Ele recua e reaparece. Até que a Onça tapa a boca e levanta a cabeça, conseguindo ver o rapaz no alto. A Onça manda ele descer, amistosa. Ele tem medo mas aceita descer para ir nas costas do Caititu. A Onça chega na aldeia. A mulher da Onça está fiando e reclama que o marido trouxe o filho de outro. A mulher só dá carne de Veado ao rapaz e não a de Anta. E sempre o ameaça. Aconselhado pela Onça, que lhe dá arco e flechas, o rapaz mata a mulher. Volta para casa com os bens da Onça: algodão fiado, carne, brasas. É reconhecido pela irmã e pela mãe. Na casa dos homens, conta sua história. Os índios se transformam em animais e vão roubar o fogo. A Anta leva o tronco (que tem o fogo), o Jaó apaga as brasas, o Veado leva a carne, e o Caititu, o algodão. Os índios passam a ter o fogo.

[Lévi-Strauss (1)]

R 187 [Timbira; *jê*] [Maranhão]
bem: posse / ladrão: humano / método: oportunismo / dono: felino
[origem alta] [queda] [vingança]
P.H.I.fe

Um homem vai com o jovem cunhado para pegar filhotes de Arara no alto de uma rocha. Os filhotes se defendem. O homem se aborrece e retira o tronco. O rapaz fica isolado. As Araras cobrem ele de excrementos, a ponto de nascerem larvas nele. Depois, se acostumam com ele. Passa uma Onça, vê a sombra e tenta pegá-la em vão. O rapaz cospe para chamar a atenção da Onça. A Onça pede os filhotes, o rapaz joga e ela os devora. Repõe o tronco e convida o rapaz a descer. Com medo, ele desce e vai nas costas da Onça. Ela o leva a um rio, ele bebe água e é lavado pela Onça, que quer adotá-lo como filho. Na casa da Onça, há um tronco de jatobá queimando. O rapaz não conhecia o fogo, porque os índios comiam carne moqueada ao Sol (noutra versão, a história começa com Pud e Pudleré abandonando os homens e levando consigo o fogo, daí terem passado a comer carne moqueada ao Sol com pau puba). A Onça dá carne moqueada no fogo ao rapaz. Mas a mulher da Onça, que estrava grávida, não suporta o barulho da mastigação (noutra versão, a mulher apenas se diverte assustando o rapaz). A Onça dá armas a ele e ele fere a mulher na pata. Ele foge; e ela, com o peso da gravidez, não consegue persegui-lo. O rapaz conta a história ao pai. Os índios dispõem corredores a intervalos regulares até a casa da Onça, para levar a tora como numa corrida de revezamento. A mulher pede que lhe deixem uma brasa. Mas o Sapo apagou todas que caíram.
[Lévi-Strauss (1)]

R 188 [Xerente; *jê*] [Tocantins]
bem: posse / ladrão: humano / método: indefinido / dono: felino
[origem alta] [queda] [vingança]
P.H.3.fe

Um homem leva o jovem cunhado para pegar filhotes de Arara numa árvore. O rapaz mente dizendo que só tem ovos. O homem insiste. O rapaz pega uma pedra branca com a boca e joga. A pedra vira ovo e cai no chão. O homem abandona o rapaz. Passa uma Onça. Pede os filhotes e pede para ele descer; como o rapaz não dá nem desce, ela o agarra. Leva o rapaz sem fazer mal a ele. Passam por três rios: o do Urubu, o dos Passarinhos e o do Jacaré. O rapaz sedento só bebe a água do último, deixando o Jacaré sem água, apesar de ele suplicar. A mulher da Onça o trata mal; manda tirar

seus piolhos; e o assusta. A Onça dá ao rapaz arco e flechas, enfeites e carne moqueada. E o manda voltar para casa, e atirar na mulher se ela o perseguir. Dito e feito. No caminho, é reconhecido por dois dos seus irmãos. Avisam a mãe. Mas o rapaz só se apresenta a todos na festa funerária aikman. Ele de início se recusa a dizer como foi a carne moqueada, mas depois confessa a verdade ao tio. Preparam uma expedição para roubar o fogo. A tora incandescente é trazida pelo Mutum e pela Galinha-d'Água, enquanto o Jacu apaga as brasas.
[Lévi-Strauss (1)]

R 189 [Kaingang; *jê*] [Paraná]
bem: posse / ladrão: ave / método: trapaça / dono: humano
P.A.I.H
Só Ming-ra tinha fogo. Para que ninguém pudesse roubá-lo, usava sempre lenha grossa e pesada. Ming-ra tinha duas filhas. O pequeno Pica-Pau chamou todos os pássaros, que tinham frio e não podiam cozinhar, para discutirem como podiam fazer fogo. Tramaram um plano. O Pica-Pau foi se banhar num ponto acima de onde as filhas de Ming-ra costumavam buscar água. Quando elas chegaram, ele se jogou no rio. Elas também se jogaram para socorrê-lo e pediram ajuda ao pai. Ming-ra leva o Pica-Pau para casa e o põe num lugar seco de modo que não pudesse alcançar o fogo. O Pica-Pau tremia de frio. E começou a picar a madeira. Se Ming-ra visse, continuaria tremendo de frio e ele não suspeitaria que estivesse, na verdade, picando intencionalmente. Quando sentiu que estava totalmente seco, deu uma picada mais forte e lançou um pedaço de madeira no chão. E chamou o Beija-Flor, que esperava ao lado da casa. O Beija-Flor carregou a brasa para um campo aberto, mas a brasa caiu e incendiou tudo. Ming-ra correu para pegá-los, mas não conseguiu. Tentou apagar o incêndio, mas também não conseguiu extinguir todo o fogo. Restou o suficiente para os outros pássaros.
[*Lévi-Strauss afirma que Ming-ra é um Jaguar, mas não sei onde obteve a informação*]
[Baldus (1)]

R 190 [Ofaié; *jê*] [Mato Grosso do Sul]
bem: segredo / ladrão: roedor / método: trapaça / dono: felino
[vingança]
S.ro.I.fe
A mãe da Onça é dona do fogo. Os bichos combinam roubar. Vai primeiro o Tatu: diz que está com frio, faz cócegas na mãe para ela dormir, rouba o fogo, mas a mãe acorda

e assovia, chamando o filho, que recupera o fogo. Isso acontece depois com a Cutia, a Anta, o Macaco, o Bugio, com outros bichos. Aí vem o Preá. Ele simplesmente chega e pega o fogo, mas a Onça não consegue alcançá-lo. Quando finalmente o alcança, o Preá a engana, dizendo que carne crua é melhor. E a Onça dá uma patada que arranca o focinho do Preá (por isso hoje é curto). A Onça ensina o Preá a cozinhar, e quando o tição se apaga, porque demoram muito conversando, a Onça ensina o Preá a fazer fogo. E este o distribui, mas fez várias queimadas no campo (que estão lá até hoje).
[Lévi-Strauss (1)]

R 191 [Botocudo; jê] [Mato Grosso]
fogo: indefinido / ladrão: humano / método: trapaça / dono: ave necrófaga
[origem alta]
1.H.I.A
Fogo roubado dos Urubus, por um herói que se finge de morto.
[Lévi-Strauss (1)]

R 192 [Carajá; jê] [Mato Grosso]
fogo: indefinido / ladrão: anfíbio / método: indefinido / dono: demiurgo
1.ex.3.D
Canaxívue era o dono do fogo. Os Carajás pediram a ele, mas ele não deu. O Sapo foi lá e roubou o fogo para os Carajás.
[Baldus (3)]

R 193 [Lengua; lengua-mascoy] [Paraguai]
bem: posse / ladrão: humano / método: oportunismo / dono: ave
[origem alta] [queda] [vingança]
P.H.I.A
No princípio, não havia fogo e os homens comiam cru. Um índio estava num pântano catando Caramujos quando viu um Pássaro com um Caramujo no bico voar para o mato. Isso aconteceu várias vezes e o índio viu fumaça. Foi espionar e viu uma fogueira com Caramujos perto. Experimentou e gostou. Roubou o fogo. O Pássaro, incapaz de produzir fogo de novo, se revoltou. Vendo que agora havia fogo na aldeia dos índios (o homem dera fogo a todos) entrou na mata e produziu o trovão e o relâmpago, para aterrorizar os índios. O Pássaro passou a comer cru.
[Frazer]

R 194 [Mataco; *mataco*] [Paraguai]
bem: posse / ladrão: roedor / método: oportunismo / dono: felino
P.ro.I.fe
No princípio, o fogo era da Onça. Um dia, quando os índios pescavam, a "Cobaia" (Preá? Cutia?) foi visitar a Onça levando Peixe. Pediu fogo, mas a Onça não deu. A Cobaia roubou o fogo sorrateiramente. A Onça perguntou se ela levava algo. A Cobaia negou. E fez depois um enorme fogo, onde assou seu peixe. As Onças vieram correndo apagar o incêndio com água. Os índios pegaram achas e desde então têm fogo.
[Frazer]

R 195 [Toba; *guaicuru*] [Argentina]
fogo: indefinido / ladrão: ave / método: indefinido / dono: indefinido
1.A.3.4
O Beija-Flor rouba o fogo.
[LS 1]

6.
o fogo doado

Mitos do fogo doado constituem uma forma direta de abrandamento do roubo do fogo. A operação consiste em alterar o caráter da personagem do detentor original: de egoísta para generoso. O ladrão, assim, passa ser apenas um donatário.

Algumas dessas narrativas são claramente plasmadas sobre material mítico anterior, as do fogo roubado. Por exemplo:

D 010 ← R 073 (motivo do Cão que busca abrigo)
D 014 ← R 032 (motivo da Cambaxirra que vai ao céu buscar o fogo)
D 022 ← R 051 (motivo da guerra entre o fogo e a água)
D 024 ← R 076 (motivo da luta de Maui com sua antepassada subterrânea)
D 025 ← R 075 (motivo do raio que cai numa árvore de espinhos e fica preso nela)
D 029 ← R 086 (motivo do Cão que nada até uma ilha onde mulheres cozinham)
D 031 ← R 096 (motivo do homem que tem fogo na ponta do indicador)
D 037 ← R 099 (motivo do Falcão que sabe fazer fogo e provoca grande incêndio)
D 055 ← R 185 (motivo do catador de ovos de Arara que é adotado pela Onça)

Em outras, a doação do fogo inclui a de outros bens culturais, como D 002, D 005, D 007, D 008, D 012, D 013, D 015, D 043, D 044 e D 055, consistindo num outro princípio de criação de narrativas do fogo doado.

Há correspondência entre as personagens do dono (dos mitos do roubo) e as do doador (dos mitos da dádiva): ambos são, na maioria das ocorrências, demiurgos.

O mesmo não ocorre relativamente à correlação *ladrão* ↔ *donatário*. Com um detentor original generoso, deixa de ser necessário o deslocamento do donatário até o céu. Assim, 79% dos donatários são humanos, e não aviformes, como os ladrões.

Na passagem do roubo para a dádiva, aumentam muito os percentuais do fogo produzido, relativamente aos índices do roubo: de 18% para 50%. Do ponto de vista narrativo, é uma mudança natural, pois o detentor generoso, dominando o processo de produção, doa esse conhecimento.

inventário
[56]

D 001 [!Kung; *kx'a*] [Angola]
bem: posse / donatário: humano / doador: humano
#Gao!na cria primeiro a mulher; depois, o homem; e diz a ambos para respirarem; quando o homem pede à mulher que dê a ele fogo, ela dá; e ele se casa com ela.
[Scheub]

D 002 *[Dogon]* [Mali]
bem: segredo / donatário: humano / doador: demiurgo
Depois que uma mulher provoca o grande afastamento entre o céu e a terra, Amma, o criador, envia um ferreiro do céu, que desce por uma cadeia de ferro, com um saco de sementes. Esse ferreiro é aquele que se vê durante os temporais, quando o relâmpago faísca da sua bigorna. Esse ferreiro ensina os homens a ferirem fogo, daí nunca mais precisarem conservar o fogo aceso.
[Belcher]

D 003 [Gbaya; *afro-atlântico*] [R Centro-Africana]
bem: segredo / donatário: humano / doador: demiurgo
Zambi e Zelo, o casal criador, procriam e ensinam aos filhos como fazer fogo.
[Scheub]

D 004 [Ila; *bantu, afro-atlântico*] [Zâmbia]
bem: posse / donatário: inseto alado / doador: demiurgo
No princípio, as aves não tinham fogo e decidiram procurar o fogo no céu, pois podia estar com Deus. Vão o Abutre, a Águia, o Corvo e o Marimbondo. No caminho, morrem o Abutre, a Águia e o Corvo. Sobra o Marimbondo, que pousa nas nuvens mas não atinge o fim do céu. Deus vem ao seu encontro e o abençoa, dizendo que ele não carregará filhos, mas que encontre uma Lagarta e faça uma casa para ela, no lugar onde os homens cozinham, e ela se transformará em Marimbondo.
[Frazer]

D 005 [Luba; *afro-atlântico*] [RD Congo]
bem: segredo / donatário: humano / doador: demiurgo
Kabezya Mpungu, o criador, faz o primeiro homem, Kyomba. Põe as sementes das plantas no cabelo dele e o ensina a fazer fogo e a cozinhar.
[Frazer]

D 006 [Chaga; *afro-atlântico*] [Tanzânia]
bem: segredo / donatário: demiurgo / doador: humano
Murile era o filho mais velho de três. Um dia, quando estavam estocando inhame, disse à mãe que o inhame parecia com o irmão menor. Ela ri. Mas Murile pega um inhame e, cantando e aspergindo água, o transforma numa criança. Começa a alimentá-lo secretamente com sua própria porção de comida e passa fome. Os irmãos descobrem e contam para a mãe, que mata a criança de Murile. Murile chora. No dia seguinte, a mãe pergunta por que ele ainda chora, e ele diz que é por causa da fumaça do fogo. Ela manda ele se afastar. Ele cada vez se afasta mais, porque não para de chorar. Até que o banco do pai dele o leva para o céu. Lá, ele encontra pessoas colhendo plantas para comer. Elas o convidam e ele se surpreende quando vê que ali comem cru. Ele ensina como ferir fogo. Todos preferem a comida cozida. A Lua, rainha do lugar, dá a ele esposas e gado como recompensa. Um dia ele volta para a terra. E promete não comer a carne do touro que o levou de volta. Mas a mãe o engana e ele come a gordura do touro. E é engolido pela terra.
[Belcher]

D 007 [Nyarwanda; *afro-atlântico*] [Ruanda]
bem: posse / donatário: humano / doador: demiurgo
Por ter revelado à irmã o segredo da criação de seus filhos por Imana, a mulher indiscreta é castigada e seus três filhos são enviados do céu à terra, onde têm uma vida difícil. A mãe e a tia, todavia, intercedem, e Imana acaba enviando um raio que põe fogo numa árvore. A partir daí, os três obtêm fogo. Outros bens culturais, como plantas e a fundição do ferro são recebidos também como dádiva da Imana, o criador.
[Belcher]

D 008 [Zulu; *afro-atlântico*] [África do Sul]
bem: segredo / donatário: humano / doador: demiurgo
Nkulunkulu ensina tudo aos homens, inclusive como fazer fogo.
[Scheub]

D 009 [Pokomo; *bantu, afro-atlântico*] [Quênia]
bem: segredo / donatário: humano / doador: demiurgo
Vere, o ancestral sem pai nem mãe, andava pela terra. Comia cru e não conhecia o fogo. Encontrou com Mitsotsozini, que era do povo wasanye (habitantes sobrenaturais da floresta). Ele ensinou Vere a fazer fogo.
[Scheub]

D 010 [Anuak; *nilótico*] [Sudão]
bem: posse / donatário: humano / doador: homem-cão
Não havia fogo. As pessoas comiam comida assada ao Sol. Um Cão, durante uma enorme tempestade, procurou abrigo nas casas. Todos o enxotaram. Uma mulher o acolheu (dizendo à filha que o Cão era como homem). O Cão perguntou pelo fogo. Ela não sabia o que era. Ele urinou num monte de grama, e surgiu o fogo. O Cão, então, ensinou a mulher a mantê-lo. E disse para ela não dar de graça, mas vender. Os outros foram lá comprar e o fogo se tornou universal.
[*a ênfase dessa narrativa está na doação do Cão à mulher, não na "venda" posterior, que funciona como coda*]
[Scheub]

D 011 [Lugbara; *sudânico*] [Uganda]
bem: posse / donatário: demiurgo / doador: humano
Os demiurgos Jaki e Dribidu (esse era coberto de pelos e comia os próprios filhos) encontram uma mulher com lepra e a curam. Ela lhes dá o fogo; eles têm relações sexuais com ela. Surgem a guerra e o alembamento entre esses dois clãs.
[Scheub]

D 012 [Uduk; *komânico*] [Sudão]
fogo: indefinido / donatário: humano / doador: canídeo
A Raposa trouxe o fogo para os homens, no princípio do mundo; e também os ensinou a falar.
[Scheub]

D 013 [Cabila; *afro-asiático*] [Argélia]
bem: segredo / donatário: humano / doador: inseto
A Formiga ensina, entre outras coisas que doa ao primeiro casal que vivia embaixo da terra, o cultivo de plantas e o método de ferir fogo com pedras.
[Frobenius]

D 014 [Normando; *indo-europeu*] [França]
bem: posse / donatário: ave / doador: demiurgo
Quando não havia mais fogo e ninguém sabia fazer, as pessoas decidiram apanhá-lo com o Bom-Deus. Mas ele morava longe. Pediram aos grandes pássaros, que recusaram. Pediram aos médios, que recusaram. A pequena Cambaxirra se ofereceu. Era pequena e não acreditaram nela. Mas ela foi. O Bom-Deus ficou surpreso, deu o fogo e advertiu que ela voasse devagar para não se queimar. Quando se aproxima da terra, ela acaba acelerando o voo. E perde as penas. Os pássaros tiram uma pena de cada um para dar à Cambaxirra. Menos a Coruja. Por isso, ela só sai à noite. Se sair de dia, os pássaros a afugentam. Ninguém pode matar ou desaninhar a Cambaxirra.
[Frazer]

D 015 [Hitita; *indo-europeu*] [Turquia]
bem: posse / donatário: humano / doador: demiurgo
Telepinu, filho de um deus meteorológico, desaparece. Então, os fogos se apagam nas lareiras; homens e deuses ficam sufocados; ovelhas e vacas abandonam as crias; grãos não amadurecem; nascentes e pastos ressecam; homens e animais não copulam. O Deus-Sol pede que a Águia e o Deus do Tempo o encontrem, sem sucesso. Depois, a Deusa-Mãe manda uma Abelha, que encontra Telepinu dormindo e lhe dá uma ferroada. As coisas ficam ainda piores, com o ódio que Telepinu sente. Mas a sacerdotisa Kamrushepa controla a fúria do deus e restabelece sua boa vontade em relação aos homens. O mundo volta ao que era antes. Depois, Telepinu dá toda a sua riqueza ao rei hitita.
[Hoffner]

D 016 [Persa; *indo-europeu*] [Irã]
bem: segredo / donatário: humano / doador: demiurgo
Durante o reinado de Hushang, num dia em que o rei e seus companheiros cavalgavam pelas montanhas, viram uma Cobra negra com olhos vermelhos como sangue, que sol-

tava fumaça pela boca, escurecendo o dia. Hushang pega uma pedra e com toda a sua força lança na direção da Cobra. Erra o alvo, mas a pedra colide com o solo pedregoso e explode uma centelha, surgindo o fogo. Hushang agradece essa dádiva a Deus; e institui a festa chamada Sadeh (andando em círculos ao redor de uma enorme fogueira). Criou também a arte dos ferreiros.
[a estrutura geral é dos mitos do fogo inventado; todavia, o agradecimento de Hushang a Deus introduz um conceito comum aos monoteísmos de que a divindade age sempre intencionalmente e é a responsável pelos aparentes acasos]
[Firdusi: *Shahnameh*, cap. 1]

D 017 [Balochi; *indo-europeu*] [Paquistão]
bem: segredo / donatário: humano / doador: demiurgo
[pedido]
Foi dádiva de Deus a Davi, que produziu o fogo do purgatório, quando Davi implorou recursos para fundir o ferro.
[Frazer]

D 018 [*coreano*] [Coreia]
bem: segredo / donatário: humano / doador: humano
No tempo imemorial, quando Céu e Terra foram criados, o Sol, a Lua e inumeráveis estrelas começaram a aparecer no céu e iluminar a Terra. Pela graça do Criador, nasceram a vegetação que cobriu a terra e as criaturas que andaram nela. Depois que surgiu o ancestral da humanidade, cada um dos seus nove irmãos tomou conta de um domínio: Suin ensinou como fazer fogo esfregando gravetos; e a cozinhar os alimentos.
[Pae-Gang]

D 019 [Jinghpaw; *tibeto-sínico*] [Birmânia]
bem: segredo / donatário: humano / doador: demiurgo
Os homens não tinham fogo, sentiam frio, comiam cru e eram magros. Mas após o rio havia o espírito dito Wun Lawa Makam, que tinha fogo. Mandaram o homem chamado Kumthan Kumthoi Makam buscar o fogo. Wun Lawa não queria dar, porque o fogo traria grandes problemas aos homens. Mas acabou cedendo. Em vez de dar o espírito do fogo, ensinou como feri-lo: "Chame um homem chamado Tu e uma mulher chamada Thu e mande os dois friccionarem bambus juntos." E assim foi feito. E os homens passaram a ter fogo.
[Frazer]

D 020 [Galo; *tibeto-sínico*] [Índia]
fogo: indefinido / donatário: humano / doador: indefinido
Certa pessoa dá fogo ao povo, e ensina como obtê-lo, ou demonstra como cozinhar.
[Berezkin 2: D3]

D 021 [Miao; *hmong-mien*] [China]
bem: posse / donatário: indefinido / doador: demiurgo
Depois da fixação de uma ponte de pedra, entre outros eventos primais da criação do mundo, nasce, de mãe indeterminada, um ovo que demora 70 mil anos para rachar. Racha em cinco partes. Cada parte foi posta num lugar diferente. Nasceram, assim, cinco deuses: Fu Fang, cuja tarefa foi sustentar o céu e a terra; Bu Pa, que sabia cavar e fez as montanhas e abriu os rios; Ye Xing, que deu ao povo os "princípios"; Niu Dliang, que mediu a terra (segundo o compilador, é a deusa que descascou o arroz); e Hu Li, que "trouxe as primeiras centelhas de fogo".
[Bender]

D 022 [Toraja; *austronésio*] [Celebes]
bem: segredo / donatário: humano / doador: vegetal; doador: mineral
Houve uma guerra entre o fogo e a água, e o fogo foi vencido, tendo que fugir. Se escondeu na pedra e no bambu. Quando o primeiro homem, Ponh Moola, procurou o fogo, o bambu e a pedra ensinaram como fazer, com cada um.
[Frazer]

D 023 [Murut; *austronésio*] [Bornéu]
bem: segredo / donatário: humano / doador: canídeo
Após o dilúvio, sobraram um menino e uma menina, irmãos. Se casaram e tiveram um Cão. Um dia, o Cão pegou uma raiz chamada kilian e pôs ao sol para secar. Mandou o menino fazer um furo no meio e ali rolou um pedaço de pau, fazendo fogo. Depois, nasceu do casal outro casal, que saiu pelo mundo levando o conhecimento do fogo. O Cão ainda ensinaria outros métodos de fazer fogo.
[Frazer]

D 024 [Maori; *austronésio*] [Nova Zelândia]
bem: segredo / donatário: indefinido / doador: demiurgo

Maui desejou destruir o fogo da sua ancestral, Mahu-ika, deusa do fogo, e apagou o fogo de todas as casas. Depois, gritou que estava com fome e pediu comida. Como ninguém pudesse cozinhar, a mãe de Maui lhe ensinou como ir até Mahu-ika. Lá, Maui pediu fogo. Mahu-ika deu a ele, arrancando uma unha. Ele volta e diz que o fogo apagou. Ela dá de novo, arrancando outra unha. E a coisa se repete até que Mahu-ika fica só com as unhas dos dedões dos pés. E conclui que Maui estava lhe pregando uma peça. Cria, então, um grande incêndio, com a penúltima unha, e Maui foge, transformado em Águia. Cai na água, mas a água ferve no incêndio universal. Maui pede, com enorme grito, a seus antepassados que lhe mandem ventania e chuva (noutra versão, o grito é o próprio Trovão, que traz as chuvas). O incêndio acaba e Mahu-ika morre, mas esconde fagulhas de fogo em algumas árvores (ou nas árvores e na pederneira).
[Frazer]

D 025 [*austronésio*] [Ilhas Carolinas]
bem: segredo / donatário: humano / doador: demiurgo
Os homens comiam banana e taro assados no sol e sentiam dor no estômago. Pediram ao grande deus Yalafath, que vivia nos céus, uma solução. Caiu então um raio numa árvore do gênero *Pandanus* (noutra versão, hibisco), de onde saíram espinhos. O Deus do Raio (noutra versão, Derra, o relâmpago) ficou preso no tronco. E pediu ajuda. Uma mulher veio em socorro, e o Deus do Raio ensinou como ferir fogo e como fazer cerâmica para cozinhar (noutra versão, o relâmpago não pede socorro, dá o fogo e quando este se apaga ensina a ferir).
[Frazer]

D 026 [*austronésio*] [Ilhas Carolinas]
bem: posse / donatário: indefinido / doador: demiurgo
O mau espírito Morogrog, expulso do céu por sua má conduta, trouxe o fogo para a terra, então desconhecido.
[Frazer]

D 027 [*austronésio*] [Kiribati]
bem: segredo / donatário: humano / doador: demiurgo
Uma velha senhora buscou o fogo com Tangaloa, nos céus, e o pôs numa árvore, ensinando aos homens como feri-lo.
[Frazer]

D 028 [Makira; *austronésio*] [Ilhas Salomão]
bem: segredo / donatário: humano / doador: ofídio
O criador, Agunua, encarnado numa Serpente, tinha um irmão gêmeo que era humano. Ele ensina ao homem como cultivar. O homem aprende mas diz que inhames, bananas e outros alimentos são ruins de comer. Agunua entrega a ele o seu cajado e diz para o homem atritá-lo e ver o que acontece. Assim surgem o fogo e a arte culinária.
[Frazer]

D 029 [*austronésio*] [Ilhas D'Entrecasteaux]
bem: posse / donatário: canídeo / doador: humano
Alguns cães pescavam na ilha de Wagifa mas não sabiam fazer fogo com paus. Um deles, chamado Galualua, subiu num rochedo para se aquecer ao sol e viu fumaça em outra ilha, Kukuya. Foi até lá e viu um pote cozinhando no fogo. Uma mulher varria o seu quintal, perto. O cão pede fogo. Ela amarra uma acha no rabo. O fogo apaga na água. Amarra nas costas; o fogo apaga. Por fim, amarra na cabeça. Os cães passam a ter fogo. Mas depois o fogo deles virou pedra. Eles entram numa caverna e saem às vezes de tarde para uivar. Desde então há fogo em Wagifa.
[Frazer]

D 030 [Tami; *austronésio*] [Nova Guiné]
bem: segredo / donatário: indefinido / doador: humano
Um feiticeiro ensinou como fazer fogo.
[Frazer]

D 031 [*kiwai*] [Nova Guiné]
bem: segredo / donatário: humano / doador: demiurgo
Homem tem fogo na ponta do indicador. Vai visitar outros e percebe que não têm fogo. Ele ensina como fazer.
[Frazer]

D 032 [*kiwai*] [Nova Guiné]
bem: posse / donatário: humano / doador: demiurgo
Um ente subterrâneo e mítico, com pena de um homem, o convida para o seu mundo e lhe dá o fogo. O homem dá a ele colares e instrumentos de pedra, em troca da mão da filha do ente. A noiva não suporta a noite de núpcias.
[Frazer]

D 033 [*kiwai*] [Nova Guiné]
bem: segredo / donatário: humano / doador: demiurgo
Um espírito revela a certo homem, em sonho, que o fogo estava dentro do seu arco. Ele leva o fogo aos homens e explica seu uso.
[Frazer]

D 034 [*"melanésio"*] [Nova Guiné]
bem: posse / donatário: humano / doador: demiurgo
Os homens não tinham fogo. Sentiam frio e comiam cru. Se se pergunta quem deu a eles o fogo, uns dizem que uma mulher velha tinha fogo debaixo da saia de grama (presume-se no ânus ou vagina).
[Frazer]

D 035 [*"melanésio"*] [Nova Guiné]
bem: posse / donatário: humano / doador: lacertílio
Os homens não tinham fogo. Sentiam frio e comiam cru. Se se pergunta quem deu a eles o fogo, uns dizem que um pequeno Lagarto tinha o fogo embrulhado no sovaco.
[Frazer]

D 036 [*purari*] [Nova Guiné]
bem: posse / donatário: humano / doador: demiurgo
Um homem veio do oeste, do fundo das águas de um rio. Foi para o céu subindo numa árvore. Lá teve uma filha. Ela se apaixona por um homem morador da terra. E desce numa pancada de trovão. O pai desce no relâmpago e recebe o preço da noiva. Quando ela vai comer no dia seguinte, passa mal porque todos comem cru. O pai faz o fogo descer do céu numa árvore.
[Frazer]

D 037 [Warumungu; *pama-nyunga*] [Austrália]
bem: posse / donatário: indefinido / doador: ave
Dois Falcões ancestrais eram donos do fogo, que sabiam ferir com paus. Um deles, certo dia, fez um fogo maior do que pretendia e foi queimado; o outro, aflito, voou para muito longe. Veio, então, o Homem-Lua. Ele encontrou uma Mulher-Bandicoot perto do lugar do incêndio. E vagou com ela por ali. Sentados de costas para o fogo,

não sentiram que ele se aproximava. A Mulher-Bandicoot foi queimada e desmaiou (ou morreu). Mas o Homem-Lua a reavivou (ou ressuscitou) e a levou para o céu.
[*não se trata de fogo colhido porque neste mito ele é preexistente; os Falcões, sendo donos do fogo, não tentam impedir que outros dele se aproveitem; daí configurar doação, ainda que por negligência*]
[Frazer]

D 038 [Queensland; *pama-nyunga*] [Austrália]
bem: segredo / donatário: indefinido / doador: ave
Não havia fogo na terra. Uma espécie de Cambaxirra (*Atrichornithidae sp.*) foi buscar o fogo no céu. Mas não deu aos seus amigos, escondendo o fogo debaixo da cauda. E disse que o fogo podia ser tirado da madeira. Os amigos tentam, mas não conseguem. Um deles, por acaso, vê a mancha vermelha e acha que o fogo tinha pegado nas costas da Cambaxirra. Ela admite ter pegado o fogo e ensina de que madeira deve ser tirado.
[Frazer]

D 039 [Queensland; *pama-nyunga*] [Austrália]
bem: posse / donatário: humano / doador: demiurgo
Quando Birral pôs os homens na terra, eles perguntaram pelo calor e pelo fogo. Birral os mandou na direção do sol e ensinou que batendo nele teriam fogo. Eles foram e viram que o sol de manhã saía por um buraco e de noite entrava por outro. Fizeram como ensinado e obtiveram fogo.
[Frazer]

D 040 [Wergaia; *pama-nyunga*] [Austrália]
bem: posse / donatário: humano / doador: demiurgo
O fogo foi dado aos homens pelo Corvo, que é a estrela Canopus.
[Frazer]

D 041 [Oyster Bay; *óstrico*] [Tasmânia]
bem: posse / donatário: humano / doador: demiurgo
Dois homens, antepassados do povo, dormem no pé de uma montanha. Depois são vistos no alto. De lá, lançam fogo como estrelas. O povo foge com medo. Depois voltam com pressa (antes de o fogo se extinguir) e fazem fogo com madeira. Os dois antepassados ficam entre as nuvens, como estrelas.
[Frazer]

D 042 [Macquaire Harbour; *tasmânico ocidental*] [Tasmânia]
bem: posse / donatário: humano / doador: demiurgo
O fogo foi obtido quando um espírito (homem branco) apareceu entre o povo e tossiu, expelindo fogo da garganta.
[Witzel]

D 043 [Chukchi; *beríngico*] [Rússia]
bem: segredo / donatário: humano / doador: demiurgo
Uma moça se recusa a casar e é expulsa pelo pai; ela recria um mundo para ela: Focas, Morsas, Baleias. Com duas pedras, cria um casal. Eles a chamam de avó. O homem vai até ela. Ela diz que eles têm que comer. Ele pergunta o quê. Ela lhe dá um arpão (do pai) e o manda matar uma Foca. Ensina a cortar a Foca. Cria uma panela de pedra e acende um fogo, para cozinhar.
[Dolitsky, 1]

D 044 [*esquimó*] [Alasca]
bem: segredo / donatário: humano / doador: ave
O corvo, que participa da origem de muitas coisas, revela como ferir fogo para os homens.
[Frazer]

D 045 [*Haida*] [Canadá]
bem: posse / donatário: ave / doador: demiurgo
Quando o Corvo andava viajando, não havia fogo. Ele foi bem para o norte e percebeu na face do oceano uma enorme alga marinha crescendo, e viu nela o fogo pela primeira vez. Mergulhou no fundo do oceano e os Peixes tentaram matá-lo. Chegou na casa do dono do fogo. Pediu o fogo e o dono deu, numa cesta de pedra. Na superfície, Corvo pôs uma brasa num cedro. E fez fogo. Por ter posto no cedro, até hoje há fogo nele.
[Frazer]

D 046 [Whullemooch; *salish*] [Canadá]
bem: posse / donatário: humano / doador: ave
Os homens não tinham fogo. Um Pássaro, cuja cauda era de fogo, foi até eles e disse que se o apanhassem teriam a bênção do fogo. Mas só poderia obtê-lo quem não tivesse más ações. Eles o perseguem, mas o Pássaro foge de todos; e resolve dar o fogo

a uma boa mulher que cuidava de um ancião. A partir do fogo dela, todos pegaram o seu fogo.
[Frazer]

D 047 [Cheyenne; *álgico*] [EUA]
bem: segredo / donatário: humano / doador: demiurgo
Um dos ancestrais, Raiz-Doce, aprendeu a ferir fogo com o Trovão, que obteve do Búfalo um pedaço de madeira. Protegeu, assim, os homens do Homem do Inverno ou Temporal.
[Frazer]

D 048 [Ojibwa; *álgico*] [EUA]
bem: segredo / donatário: humano / doador: demiurgo
Os homens não tinham fogo e sofriam com frio. O Espírito mandou um mensageiro, que ensinou a ferir fogo e depois a cozinhar.
[Frazer]

D 049 [*sioux*] [EUA]
bem: posse / donatário: humano / doador: ave
Depois de um dilúvio, sobreviveu um casal, no alto de uma montanha. O Grande Espírito mandou o Corvo Branco levar fogo a eles. Mas ele parou para comer carniça e o fogo se apagou. Depois, o Grande Espírito mandou um pequeno Pássaro verde. Ele levou o fogo e ganhou dois traços negros ao lado dos olhos. Os índios não matam esse Pássaro e pintam o rosto do mesmo modo.
[Frazer]

D 050 [Rio Negro; *tucano*] [Amazonas]
bem: posse / donatário: humano / doador: demiurgo
No princípio, não havia fogo. Dois mariscadores vão pescar numa pedra no meio do rio e passam muito frio. De repente, sentem calor; e adormecem. Quando acordam, os peixes estão cozidos. Eles fazem vigília para descobrir o que aconteceu. E veem um rapaz com a cabeça luminosa se aproximar. Do corpo do rapaz vem o calor. O rapaz não tem "cuêio" (supõe-se o estojo peniano). Um dos mariscadores arranca seu próprio "cuêio" e atira na direção do rapaz, que se assusta e mergulha. O "cuêio" fica luzindo na pedra. Os mariscadores o alimentam e o levam para a aldeia. Na Lua Nova, voltam todos para

tentar encontrar o mesmo rapaz. Um deles o pesca. O corpo está frio. Eles o aquecem com o fogo. O rapaz se levanta, diz que o fogo que ele deixou ali é do Sol; e que o Sol vai mandar seu filho para instituir novos costumes. Depois, ensina a moquear a comida.
[Amorim]

D 051 [Chiriguano; *tupi*] [Bolívia]
bem: posse / donatário: humano / doador: anfíbio
Depois do dilúvio, o fogo se extinguiu e só sobrou um casal. O Sapo, todavia, escondeu brasas na boca; e as levou para um buraco, mantendo-as com seu sopro. Quando tudo secou, saiu do buraco e deu o fogo ao casal, de quem descendem todos os chiriguanos.
[Frazer]

D 052 [Kaiowá; *tupi*] [Mato Grosso do Sul]
bem: segredo / donatário: humano / doador: demiurgo
Paí Kuara Mbaejara mostrou a seu filho como fazer fogo. "Sopre, faça sair fogo para podermos comer." E o ensinou aos primeiros kaiowá.
[Schaden]

D 053 [Mbyá; *tupi*] [Paraguai]
bem: segredo / donatário: humano / doador: demiurgo
Nhandejara ensinou como fazer fogo aos primeiros guaranis. Nhandejara toma conta dos guaranis. Mas não fez ninguém rico.
[Schaden]

D 054 [Nhandeva; *tupi*] [Paraná]
bem: segredo / donatário: humano / doador: demiurgo
O pajé perguntou a Nhanderu como achar o fogo. Este mandou buscar um talo de palmeira e ensinou como ferir fogo.
[Schaden]

D 055 [Apinajé; *jê*] [Tocantins]
bem: posse / donatário: humano / doador: felino
Um homem descobre no alto de um rochedo um ninho de Araras com dois filhotes. Manda o jovem cunhado subir num tronco e pegá-los. Os pássaros o enfrentam. O homem, irritado, tira o tronco. O rapaz fica parado de medo por cinco dias e as Araras

o cobrem de excrementos. Passa uma Onça, vê a sombra e tenta pegá-la em vão. O rapaz cospe para chamar a atenção da Onça. A Onça pede os filhotes, o rapaz joga e ela os devora. Repõe o tronco e convida o rapaz a descer. Com medo, ele desce e vai nas costas da Onça. Ela o leva a um rio, ele bebe água e é lavado pela Onça, que quer adotá-lo como filho. Na casa da Onça, há um tronco de jatobá queimando. O rapaz não conhecia o fogo, porque os índios comiam carne moqueada no sol. A Onça sai para caçar. O rapaz pede comida à mulher da Onça. Ela se irrita. Isso se repete. A Onça dá arco e flechas e o aconselha a matar a mulher (numa segunda versão, a mulher da Onça, ótima fiandeira, primeiro trata bem o rapaz mas depois o trata mal e ela o mata, o que aborrece a Onça). A Onça dá a ele carne assada e explica o caminho da aldeia dele, recomendando que não atendesse ao doce chamado da árvore podre, só ao do rochedo e ao da aroeira. Porém, depois desses dois, ele responde ao da árvore podre. Por isso, os homens morrem (numa segunda versão, ele escuta o chamado da Onça, que o orienta, o da pedra e o da madeira podre). Depois, ele responde ao grito de um espírito feio, Me-galõ-kamdure. O espírito o leva num cesto, mas ele foge pondo pedras em seu lugar. Na sua aldeia, conta a história, e os homens saem para pegar o fogo auxiliados pelo Jacu e o Jaó, que apagarão as brasas, e a Anta, que carregará o tronco. Mas a Onça os recebe bem e dá o fogo aos homens (numa segunda versão, é a própria Onça quem chama pássaros para apagar as brasas e recusa a ajuda de caititu e Queixada para carregar o tronco, só aceitando o Tapir).
[Baldus (4); Lévi-Strauss (1)]

D 056 [Chorote; *mataco*] [Argentina]
bem: posse / donatário: humano / doador: ave
No princípio, houve um grande incêndio que devastou tudo. Sobreviveu um casal, que se escondeu num buraco. Depois, o casal subiu de novo, mas já não havia fogo. O Urubu, todavia, levou uma acha para o ninho. O ninho pegou fogo, a árvore pegou fogo. E o fogo ficou queimando lentamente na árvore. O Urubu deu fogo ao casal, de quem descendem todos os chorotes.
[Lévi-Strauss (1)]

7.
o fogo buscado

O fogo buscado pode ser uma primeira derivação do roubo do fogo, que se obtém pela supressão do dono. O fogo, todavia, é preexistente no cosmo.

A grande quantidade de categorias pelas quais se distribui a personagem do portador é similar à dos relatos do fogo roubado. É o caso dos mitos da Cambaxirra e do Pintarroxo (B 005 a B008); de mitos austronésios (B 013, B 014 e B 017); e de mitos da Nova Guiné (B 018 a B 020). Em todos esses exemplos, a conexão B ← R é evidente.

Embora não haja conflito propriamente dito, mitos da busca conservam a aventura em que consiste o deslocamento, quase sempre difícil e perigoso, do herói até o *locus* do fogo.

O predomínio da origem celeste do fogo persiste nos mitos da busca: quase metade do *corpus*. Todos os fogos buscados são, naturalmente, mantidos.

Caso curioso, que merece menção, é do dos mitos "inacabados", quando potenciais portadores do fogo fracassam nessa missão (B 001, B 010 e B 012, por exemplo). Incluí todos no *corpus*, por apresentarem os caracteres mínimos que nos permitem classificá-los como mitos do fogo buscado.

inventário
[28]

B 001 [Bangala; *afro-atlântico*] [RD Congo]
fogo: indefinido / portador: indefinido / lugar: Terra
Os pássaros e animais moravam no céu. Como estivessem com frio, mandaram o Cão à terra buscar fogo. Chegando à terra, viu ossos espalhados no chão e se esqueceu da missão. Os pássaros mandaram a Galinha apressar o Cão; mas ela se distraiu com nozes, cocos e grãos e esqueceu a missão. Por isso, a Garça e outros pássaros desprezam e zombam hoje da Galinha e do Cão.
[Frazer]

B 002 [Congo; *afro-atlântico*] [RD Congo]
bem: posse / portador: indefinido / lugar: céu
Quando não havia fogo na terra, um homem mandou o Chacal ir buscar fogo do Sol, onde ele se põe; mas o Chacal se distraiu e não voltou. Dizem ainda que há um povo (que nunca viram) que ainda vive sem fogo e come cru.
[Frazer]

B 003 [Congo; *afro-atlântico*] [RD Congo]
bem: posse / portador: humano / lugar: céu
Certa vez a Aranha teceu um longuíssimo fio. O vento carregou uma ponta até o céu. O Pica-Pau subiu pelo fio e picou o céu. No lugar onde ele bateu estão os buracos que chamamos estrelas. Depois, subiu o homem e trouxe o fogo do céu.
[Frazer]

B 004 [Congo; *afro-atlântico*] [Congo]
bem: posse / portador: aracnídeo / lugar: céu
A Aranha faz um fio até o céu e de lá traz o fogo.
[Gray, L. 7º v.]

B 005 [Bretanha; *indo-europeu*] [França]
bem: posse / portador: ave / lugar: céu
A Cambaxirra traz o fogo do céu. Por isso, há vários castigos para quem maltrata a Cambaxirra.
[Frazer]

B 006 [Bretanha; *indo-europeu*] [França]
bem: posse / portador: ave / lugar: céu
O Pintarroxo foi apanhar o fogo no céu. Ao trazê-lo para a terra, queima todas as suas penas. Os outros pássaros têm piedade e dão a ele uma pena cada um. Exceto a Coruja, que, por isso, quando sai de dia, tem de escutar o grito dos outros pássaros, que a recriminam.
[*numa outra versão, o Pintarroxo traz o fogo e a Cambaxirra, depois, o acende*]
[Frazer]

B 007 [Bretanha; *indo-europeu*] [França]
bem: posse / portador: ave / lugar: submundo
A Cambaxirra foi buscar o fogo no Inferno e se queimou quando saiu do buraco.
[Frazer]

B 008 [Normando; *indo-europeu*] [Ilha de Guernsey]
bem: posse / portador: ave / lugar: indefinido
O Pintarroxo foi o primeiro a trazer o fogo para a ilha, mas queimou o peito. As pessoas têm por ele grande veneração.
[Frazer]

B 009 [Latim; *indo-europeu*] [Itália]
bem: posse / portador: demiurgo / lugar: céu
Prometeu obteve o fogo subindo aos céus e acendendo uma tocha na roda solar.
[Frazer]

B 010 [Sinhala; *indo-europeu*] [Sri Lanka]
bem: posse / portador: ave / lugar: céu
O Papa-Moscas (pássaro muscicapídeo) trouxe o fogo do céu para os homens. O Corvo, com inveja daquela honra, jogou água e apagou o fogo. Por isso, são inimigos mortais.
[Frazer]

B 011 [Finlandês; *urálico*] [Finlândia]
bem: posse / portador: demiurgo / lugar: céu
Louhi rouba a Lua, o Sol e o Fogo, deixando o norte todo escuro. Ukko, com sua espada de fogo, no céu, bate de um lado a outro e escapam relâmpagos. Surge um fogo, que é embalado por uma virgem do Éter. Mas ela deixa o fogo, filho de Ukko, cair de entre suas mãos. Wainamoinem e Ilmarinem, o ferreiro, vão atrás do fogo. Um Peixe engole o fogo. Eles tentam pescá-lo, mas não conseguem. A fuga do fogo provoca um rastro de destruição. Por fim, Wainamoinem encontra o fogo numa árvore, dormindo. E diz que, em vez de causar destruição, vá para as fogueiras de Kalevala, no norte.
[Kalevala, runas 47 e 48]

B 012 [Akar-bale; *andamânico*] [Ilhas Andamã]
bem: posse / portador: teriantropo aquático / lugar: indefinido
Não havia fogo. Um homem chamado Dim-dori pegou fogo no lugar dos espíritos mortos e lançou nas pessoas. Elas queimaram e correram para a água, virando peixes. Dim-dori foi flechá-los mas também virou peixe.
[Frazer]

B 013 [Tsou; *austronésio*] [Formosa]
bem: posse / portador: roedor / lugar: ilha
Após o dilúvio, os humanos sobreviventes ficaram no alto de uma montanha. Mas não havia mais fogo. Viram que no topo de uma outra montanha brilhava algo como uma estrela. Perguntaram quem pegaria o fogo para eles. O Bode se apresentou; foi a nado e voltou com o fogo queimando numa corda amarrada no chifre; mas sucumbiu à medida que o fogo se aproximava da sua cabeça. Foi depois o Taoron (animal muito pequeno e de pelo brilhante, provavelmente roedor) e trouxe o fogo. Por isso o acarinharam.
[Frazer]

B 014 [*austronésio*] [Tonga]
bem: posse / portador: demiurgo / lugar: submundo
No princípio, os homens comiam cru. Maui tinha dois filhos: Atalonga e Kijikiji. Kijikiji obteve fogo da terra (ou seja, indo ao fundo da terra). E para conservá-lo, mandou que ele entrasse em certas árvores.
[Frazer]

B 015 [*austronésio*] [Ilhas Almirante]
bem: posse / portador: ave / lugar: céu
Uma mulher mandou a Águia-Marinha e o Estorninho irem buscar o fogo no céu. A Águia apanhou o fogo e no meio do caminho passou para o Estorninho, que o transportou atrás do pescoço. Soprou o vento e chamuscou o Estorninho. Por isso, ele é menor. Se não fosse o fogo, seria maior que a Águia. Os homens passaram a cozinhar.
[Frazer]

B 016 [Toraja; *austronésio*] [Celebes]
bem: posse / portador: ave / lugar: céu
No princípio, o primeiro homem, chamado Pong Moola, mandou o Pássaro "Ladrão de Arroz" (em holandês "*rijstdiefje*") buscar o fogo no céu. E prometeu como paga que ele pudesse comer do arroz plantado por Pong Moola.
[Frazer]

B 017 [Are; *austronésio*] [Nova Guiné]
bem: posse / portador: canídeo / lugar: ilha
O Cão foi buscar o fogo numa ilha, indo de canoa, para não submergir o fogo na água. Aportou perto de uma montanha e pôs fogo na grama (talvez acidentalmente); os homens vieram e pegaram o fogo.
[Frazer]

B 018 [Masingara; *trans-fly oriental*] [Nova Guiné]
bem: posse / portador: lacertílio / lugar: ilha
Os homens não tinham fogo e comiam cru ou seco ao sol. Mandam animais buscarem o fogo. Dão para isso a bebida kava. O primeiro é o Rato, que vai para a floresta e não acha o fogo. Depois, o Iguana e a Cobra. Por fim, dão kava ao Ingua (espécie de iguana) que em vez de ir à floresta mergulha no mar e vai até uma ilha, de onde traz o fogo.
[Frazer]

B 019 [Orokaiva; *trans-papua*] [Nova Guiné]
bem: posse / portador: canídeo / lugar: ilha
Os homens não tinham fogo. E viram fumaça numa ilha. Um dos seus Cães disse que iria buscar. Foi e trouxe uma acha na boca. O fogo se apagou no mar. Vários tentaram e aconteceu o mesmo. Um Vira-Lata magro se propôs a ir; e riram dele. Em vez de levar na boca, pôs o fogo no rabo. Quando chegou, o Bandicoot ainda tentou roubar dele. Mas ele deu o fogo aos donos. E os homens passaram a ter fogo.
[Frazer]

B 020 ["*melanésio*"] [Nova Guiné]
bem: posse / portador: ave / lugar: indefinido

Os homens não tinham fogo. Sentiam frio e comiam cru. Se se pergunta quem deu a eles o fogo, uns dizem que a Cacatua trouxe no bico.
[Frazer]

B 021 [Lago Condah; *pama-nyunga*] [Austrália]
bem: posse / portador: humano / lugar: céu
Um homem prendeu uma corda numa lança e a atirou contra as nuvens. O homem subiu pela corda e trouxe o fogo do sol para a terra.
[Frazer]

B 022 [Chukchi; *beríngico*] [Rússia]
bem: posse / portador: homem-lobo / lugar: confim
O Andejo dos Mares (*Sea-Jumper*), a certa altura de suas aventuras, encontra duas canoas, pertencentes a duas moças, uma humana e outra filha do Corvo. Elas estão em outro lugar, catando frutos. Ele encontra frutos na canoa da humana; e na Filha--Corvo, frutos misturados com folhas e galhos. Come frutos da humana e deixa lá a maior parte da sua carga de carne; na canoa da Filha-Corvo ele deixa pouca carne e pouca gordura. A Filha-Corvo acha que ele se casará com ela, porque deixou carne e gordura na canoa; e a humana não diz nada. O Pulador chega à aldeia delas. E entra na cabana humana e se casa com a garota humana (e os humanos dali expulsam a Filha-Corvo, humilhando ela). O Corvo quer vingança. Convida o Pulador para caçar aves; e, no dia seguinte, tendo pegado as penas das aves caçadas pelo Pulador, diz que foi ele quem caçou, que o Pulador não serve para genro. O pai da moça humana, então, sabendo a verdade, manda o Pulador ir visitar os pais. Ele vai com a mulher, levando enorme rebanho de renas dado pelo sogro. No caminho, manda a mulher fazer uma tenda para passar a noite. Ela arma a tenda no lugar indicado e vê que não tem fogo. Então, se transforma numa loba e vai em casa buscar fogo. Quando o Pulador chega, a comida está pronta. Ele se assusta com ela, porque o acendedor de fogo tinha ficado com ele. Isso se repete. Ele vê depois como as coisas se dão e tenta matá-la. No fim, tudo se acerta, ele não liga mais se ela se transforma em loba para buscar fogo.
[Bogoras]

B 023 [Tlingit; *na-dene*] [Canadá]
bem: posse / portador: ave / lugar: ilha

O Corvo constatou algo boiando e viu que era o fogo. Pediu ao Falcão para ir buscar. Ele apanhou e queimou o bico, por isso tem o bico curto. O Corvo pôs o fogo em pedras e árvores.
[Frazer]

B 024 [Nlaka'pamux; *salish*] [Canadá]
bem: posse / portador: indefinido / lugar: céu
Antes do Castor e da Águia roubarem o fogo, os homens mandaram mensageiros buscar fogo no sol. E depois alguns aprenderam a fazer o fogo solar vir à Terra sem que eles fossem fazer a longa viagem.
[Frazer]

B 025 [Cherokee; *iroquês*] [EUA]
bem: posse / portador: aracnídeo aquático / lugar: ilha
Não havia fogo e os trovões mandaram relâmpagos que puseram fogo no fundo do buraco de um sicômoro que crescia numa ilha. Os animais que podiam nadar ou voar se apresentaram para pegar o fogo. Primeiro o Corvo, que desistiu quando sentiu o calor e ficou com as penas pretas; depois vão três tipos de corujas (Screech, Hooting e Horned Owl) e fracassam, ficando queimadas. Depois foram nadando a Pequena Cobra Preta e a Grande Cobra Preta, que fracassaram e ficaram pretas. Outro concílio foi feito, e a Aranha-d'Água decidiu ir. Fez uma teia e pôs uma brasa num prato de madeira, trazendo o fogo.
[Frazer]

B 026 [Cakchiquel; *maia*] [México]
bem: posse / portador: demiurgo / lugar: submundo
Gagavitz, o primeiro homem, desceu pela boca de um vulcão e trouxe o fogo para os homens.
[Bingham]

B 027 [Pareci; *aruaque*] [Mato Grosso]
bem: posse / portador: ave / lugar: confim
Os fogos praticamente se apagaram, só sobrou uma brasa, num lugar bem distante. A Juruva foi pegar, por ser rápida, e trouxe a brasa presa na cauda. Por isso tem a cauda queimada.
[Ihering]

B 028 [Tamoio; *tupi*] [Rio de Janeiro]
bem: posse / portador: humano / lugar: árvore
Depois de um grande dilúvio, dois irmãos, com suas respectivas mulheres, se salvam. O fogo é posto nas costas da Preguiça pelo criador Umuana (o Velho). Quando as águas baixam, os dois casais tiram o fogo de lá. A Preguiça conserva a marca do fogo. Mais tarde, o grande feiticeiro Ibitu (o Vento) ensina, em sonho, como fazer fogo por fricção.
[Thevet]

8.
o fogo inventado

O fogo inventado é inexistente, no início da narrativa, não tendo, portanto, um detentor original. O núcleo da trama consiste precisamente em revelar o modo como o fogo ingressa na ordem cósmica. Ou, mais propriamente, no mundo da cultura humana: 72% dos inventores do fogo são humanos.

Mitos do fogo inventado tendem a racionalizar o processo de obtenção do fogo pela humanidade. Daí talvez decorra o baixo índice de inventores demiurgos (apenas três casos), relacionáveis aos donos do fogo roubado e aos doadores do fogo doado.

Decorrentes da invenção, os fogos são quase sempre produzidos, atingindo 88% do *corpus*.

inventário
[25]

I 001 [Ohendo; *afro-atlântico*] [RD Congo]
bem: segredo / inventor: humano
Um homem, ao fazer uma armadilha de pesca com ráfia, fere fogo acidentalmente e descobre o meio de produzi-lo.
[Frazer]

I 002 [Chaga; *afro-atlântico*] [Quênia]
bem: segredo / inventor: humano
Um grupo de rapazes brincava de atirar flechas. Um deles atira numa árvore e a flecha fica presa. Ele, ao fazê-la rodar para puxá-la, produz fogo. Eles então ensinaram a todos.
[Frazer]

I 003 [Fenício; *afro-asiático*] [Líbano]
bem: segredo / inventor: humano
De Aeon (que descobriu a nutrição pelas frutas) e Protogonos, primeiros mortais, nascem Genos e Genea, que povoaram a Fenícia. Deste casal, nasceram três filhos também

mortais: Luz, Fogo e Chama. Estes irmãos descobriram o fogo esfregando gravetos e depois ensinaram sua utilidade.
[Biblos]

I 004 [Grego; *indo-europeu*] [Grécia]
bem: segredo / inventor: demiurgo
Hermes rouba cinquenta novilhas de Apolo e inventa o processo de ferir fogo com paus para sacrificar duas delas, quando consegue chegar às margens do rio Alfeu. O truque consistiu em reverter os próprios cascos, fazendo com que andasse como Curupira.
[Gray, L. 1º v.]

I 005 [Grego; *indo-europeu*] [Grécia]
bem: segredo / inventor: humano
Foroneu, o primeiro homem, filho do deus Ínaco e da ninfa Mélia, foi o primeiro a reunir os homens em cidades e a ensinar o uso do fogo, que ele descobriu.
[Brandão]

I 006 [Sumério; *sumérico*] [Iraque]
bem: segredo / inventor: humano
Lugalbanda lidera sua tropa para sitiar Arata. De repente, fica paralisado. Seus companheiros o abandonam, deixando comida e armas. E prometendo voltar para resgatá-lo, com vida ou não. Ele reza para os deuses; e "bons demônios" (*jinn*?) lhe restauram a saúde. Esses espíritos o ajudam a achar a árvore da vida e a fonte da vida. Com saúde e força, ele parte pelas montanhas. Pega algo para comer. Mas não tem fogo para cozinhar. Então, após alguns experimentos, ele atrita pedras e produz uma centelha.
[Leick]

I 007 [Tártaro; *turcaico*] [Rússia]
bem: segredo / inventor: roedor
O Porco-Espinho inventa o fogo.
[Gray, L. 4º v.]

I 008 [Yakut ou Sakha; *turcaico*] [Rússia]
bem: segredo / inventor: humano
Um homem vagava a esmo num dia de calor. Sentou-se para descansar e, como não tinha nada para fazer, bateu duas pedras ao acaso. O fogo se alastrou. Mas a chuva o apagou. Os homens aprenderam como fazer e extinguir o fogo.
[Frazer]

I 009 [*andamânico*] [Ilhas Andamã]
bem: segredo / inventor: humano
Martim-Pescador foi o primeiro a fazer fogo atritando madeira podre na pedra. Deu fogo à Garça, que deu à outra espécie de Martim-Pescador. Este distribuiu.
[Frazer]

I 010 [Semang; *negrito*] [Malásia]
bem: segredo / inventor: humano
Foi descoberto pelo herói Chepampes quando cortava rattan para fazer serra.
[Frazer]

I 011 [Semang; *negrito*] [Malásia]
bem: posse / inventor: símio
O Macaco-do-Coco abriu um coco para dar à sua mulher, que estava dando à luz, e surgiu o fogo. Ele acabou pondo fogo na savana, por isso os semangs têm hoje cabelo crespo.
[Frazer]

I 012 [Toraja; *austronésio*] [Celebes]
bem: segredo / inventor: humano
Maradonde, pastor de búfalos, foi o homem que fez o primeiro fogo, atritando bambus, numa ilha lendária.
[Frazer]

I 013 [Iban; *austronésio*] [Bornéu]
bem: segredo / inventor: humano

Após o dilúvio, sobreviveu apenas uma mulher. Observando um cão que dormia ao lado de uma trepadeira, e percebendo que ali estava quente, imaginou que um pouco do fogo houvesse ficado ali. Pegou então dois galhos e feriu o primeiro fogo depois do dilúvio.
[Frazer]

I 014 [Malekula; *austronésio*] [Vanuatu]
bem: segredo / inventor: humano
Uma mulher estava no mato com seu filho. Ele reclama da comida crua e chora. Ela, para distraí-lo, esfrega um pau numa tábua. Surge o fogo. Ela cozinha a comida e os dois gostam. O povo passou a ter fogo.
[Frazer]

I 015 [Motu; *austronésio*] [Nova Guiné]
bem: segredo / inventor: humano
Um habitante das montanhas, sentado ao lado da mulher, acidentalmente feriu fogo esfregando paus.
[Frazer]

I 016 [*kiwai*] [Nova Guiné]
bem: segredo / inventor: humano
Homem, filho do Canguru, descobre fogo acidentalmente ao serrar madeira com corda de bambu. Depois, o Canguru revela a utilidade.
[Frazer]

I 017 [Marind; *anim*] [Nova Guiné]
bem: posse / inventor: demiurgo
Um homem iniciado abraçou sua mulher e ficou preso a ela, tal a força do abraço. Um espírito Dema veio separá-los e da fricção dos corpos nesse ato surgiu o fogo. Nesse mesmo momento, a mulher deu à luz um Casuar e uma Cegonha gigantes (que têm penas pretas; e um a crista, e o outro, o pé vermelho). O fogo se espalhou e por isso ainda há marcas dele na paisagem e na cabeça de alguns homens carecas.
[Frazer]

I 018 [Baía de Vitória; *pama-nyunga*] [Austrália]
bem: posse / inventor: humano
No princípio, quando certo número de jovens, ainda não completamente formados, estava sentado no chão, numa grande escuridão, o velho Pundyil atendeu ao pedido de sua filha Karakarok e estendeu a mão para o Sol, que passou a aquecer a terra e a tornou ampla como uma porta aberta. Pundyil, então, vendo a terra cheia de serpentes, deu a Karakarok um grande cajado, para matá-las. Antes que matasse todas, o pau quebrou e o fogo escapou (presume-se do atrito entre as metades do pau). Daquele mal, surgiu um bem: as pessoas começaram a cozinhar. Mas Wang, ser misterioso na forma de um Corvo, roubou o fogo, deixando todos num estado miserável. Karakarok, no entanto, o recuperou. Pundyil vive agora no céu, e seu fogo é Júpiter, também chamado Pundyil.
[*embora haja roubo, a ênfase da narrativa está no processo de invenção do fogo por Karakarok*]
[Frazer]

I 019 [Queensland; *pama-nyunga*] [Austrália]
bem: segredo / inventor: humano
Um grupo de negros fez uma caçada e matou muitos Cangurus. De repente, veio uma trovoada e um raio incendiou a grama seca, queimando os Cangurus. Quando voltaram, perceberam que a carne queimada era muito mais agradável que a crua. Mandaram uma mulher atrás do fogo, que ainda se alastrava. Ela voltou com um tição ardente. Passou a ser a guardiã. Mas um dia deixou o fogo apagar. Como castigo, foi obrigada a vagar sozinha, até encontrar fogo de novo. Um dia, com raiva de estar sofrendo tanto, partiu dois galhos de uma árvore e os atritou, descobrindo o fogo. Voltou em triunfo para seu povo.
[Frazer]

I 020 [Chukchi; *beríngico*] [Rússia]
bem: segredo / inventor: humano
Uma mulher faz uma bola e costura nela o Sol, a Lua e as estrelas. Há uma grande escuridão e pessoas começam a morrer. Um homem pega Cães, prende num trenó e leva uma vara e gordura em dois sacos de pele de foca. Sai atrás da mulher, no escuro, iluminando o caminho com a tocha que ele acende com a gordura na ponta da vara,

e mergulhando a vara na gordura todo o tempo. A mulher o avista e se admira de sua esperteza, de ele ter feito aquele procedimento para viajar (ou seja, sugere ter sido a primeira vez). E entra em casa, porque tem "pena" do esforço do homem. O homem encontra a mulher e a ameaça de morte, se não devolver a bola com os luminares. Ela aceita. A luz volta.
[Dolitsky]

I 021 [Omaha; *sioux*] [EUA]
bem: segredo / inventor: humano
Os homens não tinham fogo e sofriam com frio. Um homem achou uma raiz de olmo, fez um furo, girou um galho no furo e veio o fogo.
[Frazer]

I 022 [Gallinomero; *pomo*] [EUA]
bem: segredo / inventor: canídeo
O Coiote foi o primeiro a fazer fogo esfregando paus nas mandíbulas. Desde então guardou o fogo no oco das árvores.
[Frazer]

I 023 [Nahuatl; *uto-asteca*] [México]
bem: segredo / inventor: demiurgo
Depois do dilúvio e da restauração dos céus, Tezcatlipoca descobriu a arte de fazer fogo com varetas e a tirar fogo do âmago do sílex.
[Gray, L. 9º v.]

I 024 [*bororo*] [Mato Grosso]
bem: segredo / inventor: símio
Quando o Macaco era igual aos homens (não tinha pelo, andava de canoa, comia milho e dormia em redes) andava numa canoa com o Preá. O Preá comia milho no fundo do barco e furou o fundo. O Macaco caiu na água, mas se salvou se agarrando num peixe. Chegou à margem e uma Onça o convidou para comer o peixe. Mas ela perguntou pelo fogo. O Macaco mandou a Onça buscar o Sol. Ela foi e voltou várias vezes sem sucesso. Enquanto isso, ele inventou o modo de ferir fogo, comeu o peixe, deixou só espinhas e subiu numa árvore. A Onça voltou com raiva, comeu as espinhas e provocou vento para

o Macaco cair. Ele pediu para ela abrir bem a boca. Ele entrou pela goela dela. Lá dentro cortou a barriga com uma faca e saiu, fazendo adorno com a pele da Onça. Outra Onça hostil se aproximou, mas vendo o adorno ficou com medo. Depois, os homens aprenderam a fazer fogo com o Macaco.
[Lévi-Strauss (1)]

I 025   [*yamana*]   [Chile]
bem: segredo / inventor: humano
O irmão mais velho brincava com pedras e feriu fogo ao acaso. Disse que o fogo era bom e que deveriam dá-lo ao povo. O irmão menor discordou: espalhando as brasas, obrigou as pessoas a fazerem esforço para produzi-lo.
[Campbell]

9.
o fogo colhido

O fogo colhido se define por ser inexistente, no início da narrativa, não tendo, portanto, um detentor original. O núcleo da trama consiste precisamente em revelar o modo como o fogo ingressa na ordem cósmica.

São, em geral, mitos que racionalizam o fenômeno do controle do fogo. Há uma relativa vantagem dos fogos mantidos sobre os produzidos (50% contra 30%).

A origem é celeste ou decorrente de um atrito acidental de madeira, o que corresponde aos relatos científicos sobre o processo de controle do fogo.

O coletor inaugural desse fogo espontâneo é, quase sempre, humano. Algumas vezes, o próprio coletor descobre, depois, um método de ignição. As exceções são um canídeo, num mito de Bornéu; e um demiurgo, num mito da província de Yunnan, na China.

Origens demiúrgicas são relatadas no arquipélago japonês, entre os celtas da Irlanda e algonquinos da América do Norte, sendo o mito destes últimos semelhante ao do Japão. Tais narrativas podem corresponder à permanência subtextual dos donos e doadores do fogo, predominantemente demiurgos.

Destaca-se uma importante presença do fogo personificado, no arquipélago japonês, e outros lugares, como Madagascar e na antiga Pérsia.

inventário
[20]

C 001 [*Dogon*] [Mali]
bem: posse / coletor: humano / origem: celeste
Uma mulher é atraída pelo fogo resultante de um raio. Põe a mão e se queima. Depois, usa um pedaço de pau. Ela e os demais passam a comer cozido em vez de cru.
[Belcher]

C 002 [Congo; *afro-atlântico*] [RD Congo]
bem: posse / coletor: indefinido / origem: celeste
O primeiro fogo veio do relâmpago que incendiou uma árvore. O primeiro fogo produzido foi por atrito de madeira. Depois, por choque de pedra e metal.
[Frazer]

C 003 [Congo; *afro-atlântico*] [RD Congo]
bem: posse / coletor: humano / origem: celeste
O homem encontrou o fogo no lugar onde gotas ardentes caíram do céu.
[Frazer]

C 004 [Fenício; *afro-asiático*] [Líbano]
bem: posse / coletor: humano / origem: vegetal
Durante uma tremenda tempestade, com terríveis vendavais, as árvores na cidade de Tiro balançam tanto que se entrechocam e pegam fogo. O caçador Usous, irmão de Hipsurânios, fundador de Tiro, pega um tronco, tira os galhos, e é o primeiro a se aventurar no mar. Depois, ergue dois pilares, consagrados ao Fogo e ao Vento, onde derrama o sangue sacrificial dos animais que caça.
[Smith]

C 005 [Irlandês; *indo-europeu*] [Irlanda]
bem: posse / coletor: indefinido / origem: demiúrgica
Aiden (Aodh) torce as mãos, e de suas juntas saem faíscas do tamanho de maçãs que fazem o primeiro incêndio.
[Gray, L. 3º v.]

C 006 [Persa; *indo-europeu*] [Irã]
fogo: indefinido / coletor: indefinido / origem: demiúrgica
Atar, o fogo, é filho de Ahura Mazda, o criador, que o enviou à Terra.
[Hinnels]

C 007 [Chinês; *tibeto-sínico*] [China]
bem: segredo / coletor: humano / origem: vegetal
Um sábio passeava nos confins das terras do sol e da lua. Viu uma árvore e uma ave que tirava fogo batendo nela com o bico. Admirado, pegou uma tocha; e feriu fogo depois.
[Frazer]

C 008 [Miao; *hmong-mien*] [China]
bem: posse / coletor: demiurgo / origem: demiúrgica
Depois do mito do dilúvio, Jang Vang (herói civilizador, chamado de *trickster*) comete incesto com a irmã para repovoar o mundo; nasce um bebê monstruoso, uma bola de carne, com pernas, mas sem braços, com olhos, mas sem rosto; segundo o texto, "parece um feixe de fogo", ou seja, um feixe de grama ou palha usado para transportar brasa ardente pelos miaos (segundo o compilador). Jang Vang corta o filho em nove pedaços; de cada pedaço surgem povos. Alguns não sabiam falar. Ele manda um mensageiro sondar seu inimigo, o deus do Trovão, que revela o método de criar a fala: queimando bambus. Jang Vang então pega uma tocha e queima cinco ou seis florestas de bambus nos cimos das montanhas. Os homens começam a falar.
[Bender]

C 009 [Japonês; *japônico*] [Japão]
fogo: indefinido / coletor: indefinido / origem: demiúrgica
Izanagi e Izanami vão criando o mundo a partir do caos. Entre os filhos que Izanami dá à luz está o kami do fogo, Kagutsuchi. A mãe morre queimada no parto. Furioso, Izanagi corta a cabeça do filho. Do sangue embebido na espada caem gotas e criam-se oito kami guerreiros; do corpo e dos membros nascem oito kami, todos ligados às montanhas e ao ferro.
[*Kojiki*]

C 010 [*ainu*] [Japão]
fogo: indefinido / coletor: indefinido / origem: celeste
A deusa do fogo, Kamui Fuchi, desce dos céus acompanhada do kamui do trovão e do relâmpago, este sob a forma de uma serpente ígnea.
[Ashkenazi]

C 011 [*ainu*] [Japão]
bem: segredo / coletor: indefinido / origem: vegetal
A kamui do fogo nasceu da brocadeira de fogo (que produz fogo, sendo irmã da kamui da caça).
[Ashkenazi]

C 012 [*ainu*] [Japão]
fogo: indefinido / coletor: indefinido / origem: vegetal
A kamui do fogo nasceu do olmo engravidado por Kandakoro Kamui, o criador.
[Ashkenazi]

C 013 [Dusun; *austronésio*] [Bornéu]
bem: posse / coletor: canídeo / origem: vegetal
Dois pedaços de bambu se esfregaram no vento e surgiu o fogo. Um Cão passou e levou o fogo para o dono. Lá, o fogo cozinhou cereais. O dono do Cão aprendeu a fazer fogo e a cozinhar.
[Frazer]

C 014 [Tuvalu; *austronésio*] [Tuvalu]
bem: segredo / coletor: humano / origem: vegetal
Os homens descobriram o fogo vendo a fumaça que saía do encontro de dois troncos de árvore, balançados pelo vento forte.
[Frazer]

C 015 [Sakalava e Tsimihety; *austronésio*] [Madagascar]
bem: segredo / coletor: humano / origem: celeste
No princípio, havia chamas por toda a terra, que foram enviadas pelo sol. No céu, reinava o trovão. As chamas decidiram declarar guerra ao trovão. Batalharam duas vezes, sem vencedor. Na terceira, o trovão pediu auxílio às nuvens. As chamas fugiram para não perecer; algumas se esconderam no alto de montanhas (são os vulcões); e as mais fracas, em pedras e madeira. Delas os homens tiram fogo.
[Frazer]

C 016 ["*melanésio*"] [Nova Guiné]
bem: posse / coletor: humano / origem: celeste
No princípio, o fogo veio do interior da terra. Mas se perdeu. Uma mulher teve filho e sentiu frio. E desejou calor. Caiu do céu oportunamente o fogo. O pai da mulher alimentou o fogo com folhas secas. Os que vieram felicitá-la pelo nascimento do bebê receberam um tição.
[Frazer]

C 017 ["*melanésio*"] [Nova Guiné]
bem: posse / coletor: humano / origem: celeste
Os homens não tinham fogo. Sentiam frio e comiam cru. Se se pergunta quem deu a eles o fogo, uns dizem que veio do céu.
[Frazer]

C 018 [Potawatomi; *álgico*] [EUA]
bem: segredo / coletor: indefinido / origem: demiúrgica
Um grande Manitô veio para a terra e escolheu uma mulher entre os filhos dos homens. Teve quatro filhos: Nanabuju, amigo da humanidade e mediador entre esta e o Grande Espírito; Chipiapus, o chefe dos mortos; Wabasso, que fugiu para o norte e se transformou num Coelho branco, quando viu a luz; e Chakekenapok, dono da pederneira, que matou a mãe quando nasceu. Nanabuju, para vingar a mãe, mata Chakekenapok, destroçando seu corpo, que se transforma em grandes rochedos e árvores de grandes raízes. As pederneiras encontradas hoje pelo chão são as marcas dessas batalhas.
[Gray, L. 10º v.]

C 019 [*pomo*] [EUA]
bem: segredo / coletor: humano / origem: celeste
Um relâmpago primordial caiu numa árvore e desde então há fogo nas árvores, se se atritam dois pedaços de pau.
[Frazer]

C 020 [Toba; *guaicuru*] [Bolívia]
bem: posse / coletor: humano / origem: indefinida
No princípio, quando não havia tobas, um incêndio destruiu tudo. Os primeiros tobas saíram da terra e pegaram achas com fogo desse grande incêndio. Outros tobas subiram para a superfície. Passaram a viver de uma raiz dita "tannara", e da pesca. Mas ainda não havia mulheres.
[Frazer]

10.
o fogo vendido

Optei pela expressão *fogo vendido* — e não *fogo trocado*, como seria mais adequado — para evitar confusão com o conceito de troca decorrente do compartilhamento social. Como expliquei na primeira parte, mitos do fogo vendido se opõem radicalmente às demais categorias, por não haver neles dádiva espontânea.

inventário
[4]

V 001 [Kikuyu; *afro-atlântico*] [Quênia]
bem: posse / comprador: humano / vendedor: humano
Um homem pede a outro uma lança emprestada para caçar. Acerta um porco-espinho, que leva a lança presa no corpo para dentro de uma toca. O homem explica o ocorrido ao dono da lança, mas ele exige a devolução da mesma lança, não aceitando outra em troca. O caçador desce pela toca, e chega ao submundo, chamado Miri ya Mikeongoi. Lá, vê que há fogo. Pega a lança de volta e traz um pouco de fogo (presume-se, na lança). Quando retorna, trepando pela raiz da árvore Mugumu, devolve a lança, mas diz que o dono dela tem que devolver o fogo trepando pela fumaça. Os outros, então, decidem que o fogo será de uso coletivo, e em compensação o caçador será o chefe de todos.
[Frazer]

V 002 [Lamba; *afro-atlântico*] [Zâmbia]
bem: segredo / comprador: humano / vendedor: humano
No princípio, quando as pessoas só plantavam painço e não conheciam o fogo, homens do clã do Bode encontraram uma mulher do clã do Cabelo, Kinelungu, que estava perdida. O chefe do Bode, Lwabasununu, se casa com ela. A mulher leva sementes de vários cereais, mas só aceita revelar o segredo do fogo se o clã do Bode abandonar a filiação patrilinear. E exigiu ainda que, depois da morte do marido, sua autoridade fosse dividida: o poder legal continuaria em linha paterna; mas o sagrado passaria a ser transmitido em linha materna. Nasce um filho desse casamento, Kabunda. E Kabunda mata o filho mais velho de Lwabasununu, seu meio-irmão. Todo o clã do Bode se lança no Zambezi.
[Scheub]

V 003 [*kiwai*] [Nova Guiné]
bem: posse / comprador: humano / vendedor: humano
Um homem perdeu o filho, levado por um Crocodilo. Foi procurar seu espírito. Chega a Kiwai. Lá, um Velho não tinha fogo e secava peixes ao sol. O homem tinha uma Cacatua que falava e sabia muitas coisas. Ele promete trazer fogo ao velho (presume-se em troca do espírito do filho). A Cacatua vai, pega o fogo e dá ao Velho. O Velho até hoje o conserva (e presume-se que o homem encontrou o filho).
[Frazer]

V 004 [Quiché; *maia*] [Guatemala]
bem: posse / comprador: humano / vendedor: demiurgo
Uma tribo (cuja criação não é clara) tinha o fogo. Quando Jaguar Quiché e Jaguar Noite o avistam em Tula, o desejam. E Tohil dá o fogo a eles, que aquecem as tribos todas. Depois, uma chuva negra e o granizo apagam o fogo e eles ficam com frio. Conseguem o fogo de volta com Tohil, que em troca exige sacrifício humano (sugar o coração por baixo da axila).
[Medeiros; *Popol Vuh*, 52 a 54]

11.
correlatos do fogo

Estão arrolados neste capítulo alguns poucos mitos que parecem derivar do roubo do fogo. Analisei quatro deles na primeira parte: S 001, S 004, S 006 e S 014.

Alguns mitos tratam do roubo ou de outros métodos de obtenção dos luminares, cuja relação com o fogo é óbvia: S 002, S 003, S 012, S 013 e S 015 (este nitidamente ligado a R 174).

O mito dos tuaregues (S 005), que trata da origem da metalurgia, recua essa arte ao tempo de Adão. Como essa técnica pressupõe o fogo, pode haver relação com algum mito perdido da origem do fogo.

O mito S 007 também trata da metalurgia e se liga ao motivo caucasiano do herói amarrado numa alta montanha, como Prometeu, que tem forte vinculação com o roubo do fogo.

O mito S 008 relaciona o surgimento do fogo (não fica claro se pela primeira vez) ao corpo de um exotérmico.

Por fim, há os mitos árabes S 009 e S 010, que associam o fogo aos *jinn*. No caso de S 009, como Iblis foi lançado à Terra, é possível que haja nesse motivo alguma latência de um mito sobre a origem celeste do fogo. Já S 010 tem conexões com o mito bíblico S 006 (Torre de Babel) pois liga o fogo à construção de prédios colossais.

Não afirmo, contudo, que todos esses mitos derivem necessariamente de mitos do fogo. São meras possibilidades, talvez sugestões de linhas de pesquisa. Quem mergulhou nos mitos do fogo certamente perceberá as semelhanças.

inventário
[16]

S 001 [Mandinga; *mandê*] [Mali]
Os caçadores perguntaram: qual é o sacrifício?
Maghan Konfara respondeu (lendo na areia): oferecer três pilhas de amendoim;
vá e pegue um pouco de palha velha do teto de uma casa;
ponha fogo na palha e torre os amendoins;

chame as crianças para comer;

enquanto as crianças comem,

fique de pé, ao lado delas, com sua aljava de flechas;

quando as crianças terminarem de comer o amendoim,

espere que se levantem, e digam: que Allah responda a esse sacrifício.

[...]

Ele ofereceu os amendoins.

Ele os dividiu em três pilhas.

Ele foi até a cozinha de suas esposas.

Ele apanhou um pouco de palha velha do teto.

Ele acendeu o fogo.

[Condé]

S 002 [Krachi; *afro-atlântico*] [Gana]

No princípio, Wulbari, deus do céu, vivia com os homens bem perto da Terra. Mas a humanidade o incomodava: as mulheres batiam nele com suas mãos de pilão; o fogo da cozinha fazia os olhos dele arderem; os homens secavam as mãos nele; e uma mulher muito velha fazia pior: cortava pedaços dele para engrossar a sopa. Assim, Wulbari se afastou da humanidade e foi viver com os animais. Um dia, Ananse, a Aranha, pede a Wulbari uma espiga de milho, em troca de mil escravos. Wulbari duvida. Depois de várias peripécias, em que ilude as pessoas com trapaças, a Aranha cumpre a promessa. E recebe títulos e homenagens. Mas Ananse começa a espalhar que é mais esperta que o próprio Wulbari. Ele, então, indignado, pede a Ananse que lhe traga "alguma coisa". Mas não diz o que isso significa. Ananse pega penas de pássaros diversos e faz um manto. Veste e sobe numa árvore perto da casa de Wulbari. Todos os animais se admiram e querem saber que pássaro é aquele. Alguém sugere que se pergunte a Ananse (que sabe muitas coisas). Wulbari ri, diz que mandou a Aranha atrás de "alguma coisa", mas não explicou que essa "alguma coisa" é o Sol, a Lua e a Escuridão. Ananse, então, desce da árvore e traz para Wulbari os três elementos na sua sacola. Tira primeiro a Escuridão e todos deixam de ver. Tira depois a Lua e ilumina um pouco. Depois, quando tira o Sol, quem estava olhando fica cego.

[Belcher]

S 003 [Mongo; *afro-atlântico*] [RD Congo]
Bokele nasce de um ovo. Sua aldeia vivia na escuridão, apenas iluminada pela Lua. Mas eles ouviram falar do Sol, que era guardado além das águas por um Velho e seu povo. Ele pega sua canoa e vai até lá, com apoio das Vespas (para lutarem), da Tartaruga (porque é feiticeira), do Falcão (que pode levar o Sol) e do Rato (que descobre segredos). Bokele vai e lá propõe comprar o Sol. Os conselheiros do Velho recomendam que matem Bokele. E mandam mensageiro à filha do Velho, Bolumbu, que o cozinhe no seu pote mágico. O Rato escuta e o avisa. Bokele seduz Bolumbu e se torna seu amante. Ao ouvir a ordem de matar Bokele, ela dissimula e adia a morte. Enquanto isso, a Tartaruga descobre o esconderijo do Sol num buraco. O Falcão leva o Sol até a canoa, onde Bokele e Bolumbu esperam. E vão todos embora. Os homens do Velho os perseguem, mas as Vespas os enfrentam. Algumas morrem, mas não todas. E Bokele vence os inimigos e alcança a sua aldeia com o Sol.
[Belcher]

S 004 [Yao; *afro-atlântico*] [Moçambique]
Mulungu não criou os homens, só os animais. Um dia, o Camaleão pegou o primeiro homem e a primeira mulher na sua rede de pesca. Mulungu disse para o Camaleão observá-los. Ele viu as pessoas fazerem fogo. O fogo assustou todos os animais, que fugiram. O Camaleão subiu na árvore; e Mulungu teve que pedir ajuda à Aranha, que fez uma teia para ele subir ao céu. Lá, decretou que os homens, quando morressem, fossem também ao céu.
[Scheub]

S 005 [Tuaregue; *afro-asiático*] [Argélia]
Ferreiros bidan atribuem a Adão a doação dos instrumentos como martelo, pinças e outros objetos de ferreiros; e que foi o profeta Dawud quem ensinou a arte da forja, tendo sido o primeiro ferreiro.
[Rasmussen]

S 006 [Hebraico; *afro-asiático*] [Israel]
Depois do dilúvio, os filhos de Cam, Sem e Jafé emigram para o Oriente, para a terra de Senaar (Babel). Lá, decidem construir uma torre, para atingir o céu. E cozinham tijolos com esse propósito. Javé desce; vê que formam um povo único; e que tudo será possível para eles. Então, confunde as línguas. E eles se dispersam.
[Bíblia]

S 007 [Etíope; *afro-asiático*] [Etiópia]
Azazel, anjo caído, ensina aos homens o segredo de forjar armas, e às mulheres, o dos adornos e cosméticos, corrompendo as almas. Azazel e outros anjos descem à terra e têm sexo com as mulheres, que dão à luz gigantes. Azazel é preso com cadeias a um monte. E Yaweh manda avisar a Noé que haverá o dilúvio.
[*Enoch*]

S 008 [Kush; *afro-asiático*] [Etiópia]
Uma terrível Serpente, Wainaba, vivia perto de Axum, a capital da antiga Abissínia. Quando os axumitas souberam que o monstro vinha na direção da cidade, e iria destruí-la, o herói Angabo, pai da rainha de Sabá, prometeu ao povo que mataria Wainaba se eles concordassem em fazê-lo rei. Todos aceitam. E Angabo põe um objeto mágico, ou uma arma, sob o caminho onde Wainaba iria passar. Quando a Serpente passa, coleando, por cima do objeto, surge o fogo, em função do atrito. E Wainaba morre queimada.
[Scheub]

S 009 [Árabe; *afro-asiático*] [Arábia]
Allah criou os *jinn* do fogo sem fumaça. Mais tarde, deu a Sulayman ibn Dawud poder sobre eles. E os *jinn* construíram para Sulayman, no deserto, a cidade de Tadmur, com pilares e lajes.
[*Alcorão*]

S 010 [Árabe; *afro-asiático*] [Arábia]
Allah criou os anjos (malak) a partir da luz; e os *jinn* a partir do fogo. Houve batalhas diversas entre *jinn* e anjos; numa delas, os anjos levaram como refém Iblis. Ainda criança, cresceu como anjo; mas quando Allah ordenou que os anjos se curvassem diante de Adão, Iblis se recusou, revelando sua verdadeira natureza.
[al-Zein]

S 012 [Coreano; *coreico*] [Coreia]
Havia entre os muitos reinos celestes um que era o Reino Escuro. Lá não havia Sol nem Lua. O rei quis roubar os luminares da Terra. Havia lá uma raça de Cães ferozes e aterrorizantes chamada Pulgae (literalmente, "cão de fogo"). O rei manda um deles à Terra. Mas o Cão não consegue roubar o Sol, por ser muito quente na sua boca. Fracassa. Vai

de novo, para roubar a Lua. E fracassa, porque a Lua é muito fria para a sua boca. Os eclipses são as tentativas do cão Pulgae de roubar ou o Sol ou a Lua.
[Pae-gang]

S 013   [Inuit; *esquimó*]   [Alasca]
A terra caiu do céu; os homens saíam da terra e comiam da terra; veio um dilúvio, quando a terra estava excessivamente povoada; não havia sol; havia apenas luz dentro de casa, quando acendiam a água; morreram muitos; há conchas de mariscos nas montanhas, como prova; quando a população diminuiu, duas mulheres debateram; uma preferia não ter mais luz, para não haver morte; a outra queria luz e morte; e aí, quando a segunda falou, vieram luz e morte; com a luz puderam caçar e deixaram de comer da terra; e com a morte veio o sol, a lua e as estrelas, pois quem morre vai para o céu e brilha lá em cima.
[Campbell]

S 014   [*Quechua*]   [Peru]
No tempo em que os homens se odiavam e só davam valor a quem fosse rico, um moço pobre, filho de Pariacaca (um demiurgo), comia apenas batatas assadas na terra quente, e por isso era chamado Huatyacuri. Na mesma época vivia um poderoso chefe chamado Tamtañamca. Tinha uma casa enorme, telhada com asas de pássaros. E se dizia sábio (ou seja, xamã). Tamtañamca, contudo, ficou doente. Nenhum outro sábio o curava. Um dia, Huatyacuri dormiu numa picada; veio um Cão da parte de cima, outro da parte de baixo, e começaram a conversar. O Cão de cima, então, contou que Tamtañamca estava doente e que ninguém sabia a origem do mal. Mas ele, Cão, sabia: um grão de milho saltou do tostador e entrou na vagina da mulher de Tamtañamca; e ela mesmo assim deu o grão para outro homem comer. Desde então, duas Serpentes devoram as cordas (do teto) da casa, e um Sapo de duas cabeças habita embaixo do moedor. Huatyacuri ouviu os Cães. Sabia que Tamtañamca tinha duas filhas e que a mais velha já estava casada com um homem rico. Foi, então, até Tamtañamca. Encontra a filha mais nova e diz que, se ela se juntasse a ele, salvaria o pai. Ela aceita. Os outros sábios não acreditam que um homem pobre possa fazer o que eles não conseguiram. O genro fica furioso. Mas o doente promete dar a filha se ficar curado. Huatyacuri revela o adultério da mulher e o esconderijo dos animais que estão provocando a enfermidade. As Serpentes são mortas, e o Sapo foge para um lago. Huatyacuri leva a filha mais nova e faz sexo com ela na picada que leva ao lugar onde seu pai, Pariacaca, tinha posto cinco

ovos, ovos de que nasceriam cinco Falcões que se transformariam em cinco homens (segundo outras fontes, Pariacaca teria nascido de um desses ovos, e os ventos, dos outros quatro).
[Arguedas]

S 015 [Carajá; *jê*] [Tocantins]
No princípio, os carajás viviam num mundo subterrâneo, onde não havia morte. Certo dia, alguns carajás observaram uma Seriema, através de um pequeno furo entre as pedras, que permitia vislumbrar o mundo superior. Atraídos por ela, Kaboi, o avô, decide ir explorar a terra. Alguns carajás passam pelo furo, exceto Kaboi, que fica entalado nele. Os carajás percorrem a terra, que era escura, e trazem de volta galhos e frutos secos. Kaboi desiste de viver na superfície, porque lá haveria morte, como provavam os frutos e galhos secos. Mas alguns carajás resolvem ir. Um deles, Kanaxívue, se casa com Marehico. Certo dia, sua sogra se fere nos espinhos; e xinga Kanaxívue, dizendo que ele não prestava para nada, que não era capaz de trazer luz para iluminar a terra. Ele parte. E, já longe de casa, deita no chão e morre. O Carcará come seus olhos. O Urubu come a carne do seu braço. Até que vem o Urubu-Rei e sobe no peito de Kanaxívue. Então, o herói revive; e, num gesto rápido, o captura. O Urubu-Rei tinha segredos. Um deles era o seu cocar, feito com o Sol, a Lua e as estrelas. Kanaxívue exige que o Urubu-Rei lhe dê o cocar. Ele dá uma parte, correspondente às estrelas; Kanívue acha pouco. Ele dá a Lua; Kanavívue acha pouco. Ele dá, enfim, o Sol. E ensina outros segredos, antes de voar na direção do céu. A sogra de Kanaxívue se lembra de perguntar ao Urubu-Rei qual o segredo da vida eterna — mas ele já estava muito alto, e ninguém consegue ouvir a resposta.
[Ehrenreich; Baldus]

APÊNDICES

etnolinguística do fogo

Algumas observações importantes para entender as tábuas: pus entradas à parte no caso raro de etnias que se mantiveram relativamente isoladas, do ponto de vista genético, mas abandonaram seus antigos idiomas para adotar o de povos vizinhos, como os pigmeus (que hoje falam línguas bantas, sudânicas e ubanguianas) e os "negritos" da Malásia (que falam línguas austro-asiáticas). No caso de mitos colhidos em terreiros de candomblé do Brasil, preferi considerá-los de língua iorubá, da família afro-atlântica, ainda que tenham sido narrados em português. Quando foi impossível identificar a etnia exata correspondente a dado mito (como acontece em exemplos de Frazer), a atribuição linguística seguiu critérios geográficos. Isso resolveu a grande maioria dos problemas. Restaram cinco mitos da Nova Guiné, que entraram na segunda tábua com a denominação genérica de melanésios, entre aspas.

tábua 1

distribuição dos mitos do fogo
por filos linguísticos
segundo Ruhlen

	R	D	B	I	C	V
	195	56	28	25	20	4
khoisan	6	1	0	0	0	0
pigmeu	3	0	0	0	0	0
nígero-kordofaniano	14	8	4	2	3	2
nilo-saariano	4	3	0	0	0	0
afro-asiático	1	1	0	1	1	0
indo-europeu	8	4	6	2	2	0
caucásico	2	0	0	0	0	0
sumérico	1	0	0	1	0	0
dravídico	2	0	0	0	0	0
urálico	1	0	1	0	0	0
altaico	8	1	0	2	4	0
tibeto-sínico	4	2	0	0	1	0
áustrico	25	10	5	4	4	0
negrito	2	0	0	2	0	0
indo-pacífico	16	8	4	3	2	1
austrálico	18	4	1	2	0	0
beríngico	0	1	1	1	0	0
esquimó	1	1	0	0	0	0
na-dene	10	1	1	0	0	0
ameríndio	69	11	5	5	3	1
famílias	*19*	*14*	*9*	*11*	*8*	*3*

tábua 2
distribuição dos mitos do fogo
por famílias linguísticas
conforme o Glottolog

	R	D	B	I	C	V
	195	56	28	25	20	4
khoe-kwadi	1	0	0	0	0	0
kx'a	3	1	0	0	0	0
sandawe	1	0	0	0	0	0
hadza	1	0	0	0	0	0
pigmeu	3	0	0	0	0	0
dogon	2	1	0	0	1	0
afro-atlântico	12	7	4	2	2	2
nilótico	3	1	0	0	0	0
sudânico	1	1	0	0	0	0
komânico	0	1	0	0	0	0
afro-asiático	1	1	0	1	1	0
indo-europeu	8	4	6	2	2	0
circássico	2	0	0	0	0	0
sumérico	1	0	0	1	0	0
dravídico	2	0	0	0	0	0
urálico	1	0	1	0	0	0
turcaico	4	0	0	2	0	0
mongólico	2	0	0	0	0	0
tungúsico	2	0	0	0	0	0
coreano	0	1	0	0	0	0
japônico	0	0	0	0	1	0
ainu	0	0	0	0	3	0
tibeto-sínico	4	2	0	0	1	0
hmong-mien	0	1	0	0	1	0
tai-kadai	2	0	0	0	0	0
austro-asiático	3	0	0	0	0	0

austronésio	20	9	5	4	3	0
negrito	2	0	0	2	0	0
andamânico	6	0	1	1	0	0
trans-papua	0	0	1	0	0	0
bougainvílico sul	1	0	0	0	0	0
trans-fly	1	0	1	0	0	0
kiwai	8	3	0	1	0	1
purari	0	1	0	0	0	0
anim	0	0	0	1	0	0
"melanésio"	0	2	1	0	2	0
tasmânico ocidental	0	1	0	0	0	0
óstrico	0	1	0	0	0	0
pama-nyunga	16	4	1	2	0	0
gunwinygua	1	0	0	0	0	0
mangarrayi-mara	1	0	0	0	0	0
beríngico	0	1	1	1	0	0
esquimó	1	1	0	0	0	0
haida	1	1	0	0	0	0
na-dene	9	0	1	0	0	0
wakash	8	0	0	0	0	0
salish	8	1	1	0	0	0
iroquês	0	0	1	0	0	0
álgico	0	2	0	0	1	0
sioux	0	1	0	1	0	0
tsimshian	1	0	0	0	0	0
keres	1	0	0	0	0	0
karok	1	0	0	0	0	0
palaihnih	1	0	0	0	0	0
maidu	2	0	0	0	0	0
muscogeano	4	0	0	0	0	0
pomo	0	0	0	1	1	0
uto-asteca	2	0	0	1	0	0
maia	1	0	1	0	0	1
chibcha	1	0	0	0	0	0
caribe	5	0	0	0	0	0

aruaque	2	0	1	0	0	0
tucano	2	1	0	0	0	0
warrau	1	0	0	0	0	0
taruma	1	0	0	0	0	0
ianomâmi	2	0	0	0	0	0
ticuna	1	0	0	0	0	0
bora	1	0	0	0	0	0
jívaro	1	0	0	0	0	0
txapacura	1	0	0	0	0	0
tupi	11	4	1	0	0	0
jê	8	1	0	0	0	0
bororo	0	0	0	1	0	0
guaicuru	1	0	0	0	1	0
mataco	1	1	0	0	0	0
lengua-mascoy	1	0	0	0	0	0
yamana	0	0	0	1	0	0
famílias	***59***	***28***	***16***	***17***	***13***	***3***

aritmética
do
fogo

tábua 3
tipos de fogo

	mantido	produzido
roubo	134	37
doação	26	28
busca	27	0
invenção	3	22
coleta	10	6
venda	3	1

tábua 4
métodos de roubo

astúcia		114
	trapaça	83
	oportunismo	28
	indiscrição	3
violência		38
	agressão	22
	coação	12
	traição	4

321

tábua 5

personagens

	ladr.	dono	donat.	doador	porta.	inven.	coletor	Σ
humano	450	30	44	6	3	18	10	*155*
demiurgo	29	62	2	34	4	3	1	*135*
alado	52	34	3	6	10	0	0	*104*
ave	34	29	2	6	10	0	0	*80*
homem-pássaro	12	4	0	0	0	0	0	*16*
inseto alado	4	1	1	0	0	0	0	*6*
quiróptero	1	0	0	0	0	0	0	*1*
animal alado	1	0	0	0	0	0	0	*1*
canídeo	12	2	1	3	3	1	1	*23*
homem-cão	0	0	0	1	0	0	0	*1*
homem-lobo	0	0	0	0	1	0	0	*1*
stricto sensu	12	2	1	2	2	1	1	*21*
exotérmico	13	6	0	3	1	0	0	*23*
anfíbio	3	1	0	1	0	0	0	*5*
crocodiliano	0	3	0	0	0	0	0	*3*
homem-cobra	2	0	0	0	0	0	0	*2*
homem-crocodilo	1	0	0	0	0	0	0	*1*
homem-lagarto	2	0	0	0	0	0	0	*2*
homem-sapo	1	1	0	0	0	0	0	*2*
lacertílio	3	0	0	1	1	0	0	*5*
ofídio	0	1	0	1	0	0	0	*2*
quelônio	1	0	0	0	0	0	0	*1*
roedor	12	1	0	0	1	1	0	*15*
homem-castor	1	0	0	0	0	0	0	*1*
stricto sensu	11	1	0	0	1	1	0	*14*

felino	0	11	0	1	0	0	0	*12*
stricto sensu	0	10	0	1	0	0	0	*11*
homem-onça	0	1	0	0	0	0	0	*1*
aquático	2	7	0	0	2	0	0	*11*
aracnídeo aquático	0	0	0	0	1	0	0	*1*
crustáceo	0	1	0	0	0	0	0	*1*
fauna aquática	0	1	0	0	0	0	0	*1*
homem-baleia	1	1	0	0	0	0	0	*2*
teriantropo aquático	1	1	0	0	1	0	0	*3*
molusco	0	1	0	0	0	0	0	*1*
peixe	0	1	0	0	0	0	0	*1*
roedor aquático	0	1	0	0	0	0	0	*1*
cervídeo	9	2	0	0	0	0	0	*11*
homem-veado	3	1	0	0	0	0	0	*4*
stricto sensu	6	1	0	0	0	0	0	*7*
símio	2	2	0	0	0	2	0	*6*
homem-macaco	1	1	0	0	0	0	0	*2*
stricto sensu	1	1	0	0	0	2	0	*4*
aracnídeo	1	3	0	0	1	0	0	*5*
homem-aranha	1	0	0	0	0	0	0	*1*
stricto sensu	0	3	0	0	1	0	0	*4*
marsupial	2	2	0	0	0	0	0	*4*
homem-euro	1	0	0	0	0	0	0	*2*
stricto sensu	1	2	0	0	0	0	0	*2*
mustelídeo	3	1	0	0	0	0	0	*4*
gigante	0	2	0	0	0	0	0	*2*

ursídeo	0	2	0	0	0	0	0	2
vegetal	1	0	0	0	1	0	0	2
inseto	0	0	0	1	0	0	0	1
mefitídeo	1	0	0	0	0	0	0	1
mineral	0	0	0	1	0	0	0	1
monstro	0	1	0	0	0	0	0	1
tapirídeo	1	0	0	0	0	0	0	1
homem-tapir	1	0	0	0	0	0	0	1

genótipos
do
roubo
do
fogo

Cada mito ou *plot* foi analisado em função dos principais elementos narrativos que os estruturam: bem roubado, tipo de ladrão, método de roubo e tipo de dono.

Os inventários dos capítulos indicam textualmente todos esses elementos. O "genoma" de cada mito, portanto, pode ser descrito em função de quatro posições, ocupáveis por "letras" que representam os referidos elementos (a exemplo do que se faz relativamente ao DNA humano).

Eis as letras, com suas respectivas definições:

posição 1

P posse do fogo
S segredo do fogo
1 bem indefinido

posições 2 e 4

A *alado* / **ar** *aracnídeo* / **aq** *aquático* / **ca** *canídeo* / **ce** *cervídeo* / **ex** *exotérmico* /
fe felino / **gg** *gigante* / H *humano* / D *demiurgo* / **ma** *marsupial* / **me** *mefitídeo* /
mo *monstro* / **mu** *mustelídeo* / **ro** *roedor* / **si** *símio* / **tp** *tapirídeo* / **ur** ursídeo /
vg *vegetal* / 2 *ladrão indefinido* / 4 *dono indefinido*

posição 3

I método baseado na astúcia (inteligência)
V método baseado na violência
3 método indefinido

ladrão alado = 52

P.A.I.D	8	P.A.V.D	1	P.A.3.D	4	S.A.I.D	3
S.A.V.D	1	S.A.3.D	1	1.A.3.D	1		
P.A.I.H	6	P.A.V.H	1				
P.A.I.A	4	P.A.V.A	2				
P.A.I.aq	3	P.A.3.aq	1	S.A.V.aq	1		
1.A.3.ar	1						
P.A.I.ca	1						
P.A.I.ce	1						
P.A.I.ex	4						
P.A.I.ma	1						
P.A.I.fe	1	S.A.I.ur	1				
P.A.I.4	1	P.A.3.4	2	1.A.3.4	2		

ladrão humano = 45

P.H.I.D	3	P.H.V.D	1	S.H.I.D	2	S.H.V.D	5
P.H.I.H	3	P.H.V.H	3	P.H.3.H	2	S.H.I.H	2
P.H.I.A	5	P.H.V.A	1	S.H.V.A	1	1.H.I.A	4
P.H.V.aq	1	P.H.I.ex	1	P.H.I.gg	1	P.H.I.mo	1
P.H.I.mu	1	P.H.I.ur	1	P.H.I.fe	3	P.H.3.fe	1
S.H.I.fe	1	P.H.I.si	1	S.H.I.si	1		

ladrão demiurgo = 29

P.D.I.D	1	P.D.V.D	3	P.D.3.D	4	S.D.I.D	1
S.D.V.D	5	S.D.3.D	1				
P.D.3.H	1						
P.D.I.A	6	P.D.V.A	1	S.D.I.A	2	S.D.V.A	1
P.D.V.fe	1	1.D.V.ce	1				
P.D.3.4	1						

outros ladrões = 58

ex = 13

P.ex.I.D	3	S.ex.I.D	2	1.ex.3.D	1	S.ex.V.H	1
P.ex.I.A	2	P.ex.V.ex	1	P.ex.I.gg	1	P.ex.3.fe	1
P.ex.3.4	1						

ca = 12

P.ca.I.D	3	S.ca.I.H	1	P.ca.3.H	1	P.ca.I.H	1
P.ca.I.A	1	P.ca.I.ar	1	1.ca.3.ro	1	P.ca.I.4	2
P.ca.3.4	1						

ro = 11

P.ro.I.D	3	P.ro.I.H	4	P.ro.I.fe	1	S.ro.I.fe	1
P.ro.I.4	1	P.ro.3.4	1				

ce = 9

P.ce.I.D	1	P.ce.I.H	1	P.ce.I.A	2	P.ce.3.aq	1
P.ce.I.4	4						

mu = 3

P.mu.V.D	1	S.mu.V.D	1	1.mu.V.H	1

aq = 2
P.aq.I.A   1   P.aq.I.ca   1

ma = 2
P.ma.I.A   1   S.ma.V.ma   1

si = 2
P.si.I.D   1   P.si.3.D   1

ar = 1
P.ar.I.H   1

me = 1
P.me.I.ar   1

tp = 1
P.tp.3.fe   1

vg = 1
P.vg.I.H   1

tábua 6
ladrão × bem roubado

A × P = 41	H × P = 29	D × P = 18
A × S = 7	H × S = 12	D × S = 10

tábua 7
ladrão × método

A × L = 34	H × L = 30	D × L = 10
A × V = 6	H × V = 12	D × V = 12

tábua 8
ladrão: inteligência / violência

ex: 8 / 2   ca: 9 / 0   ro: 10 / 0   ce: 8 / 0   mu: 0 / 3   aq: 2 / 0
ma: 1 / 1   si: 1 / 0   ar: 1 / 0   me: 1 / 0   vg: 1 / 0

$$I = 42 / V = 6$$

tábua 9
ladrão x dono

A × D = 19   H x D = 11   D × D = 15
A × H = 7   H x H = 10   D × H = 1
A × A = 6   H x A = 11   D × A = 10

fontes, leituras, menções

Estão listados na seção das *fontes* os livros dos quais retirei ao menos um mito constante dos inventários dos capítulos 5 a 11. Algumas dessas obras, no entanto, constituíram importantes leituras teóricas sobre mitologia e seus métodos comparativos, com destaque para os tratados de Claude Lévi-Strauss e Michael Witzel.

Supondo que possam interessar a alguém, mantive na relação das *fontes* os livros nos quais não encontrei mitos sobre a origem do fogo; assim como os que decidi não incluir no *corpus*, para não distorcer a amostra, quando a quantidade de mitos colecionados em determinadas áreas geográficas (como Oceânia e Américas) pareceu ser suficientemente grande.

a) fontes

Amorim, Antônio Brandão de. *Lendas em nheengatu e em português*. Manaus: Associação Comercial do Amazonas, 1987.

Araújo, Emanuel. *Escrito para a eternidade: a literatura faraônica do Antigo Egito*. Brasília: UnB, 2000.

Ashkenazi, Michael. *Handbook of japanese mythology*. Oxford: Oxford University Press, 2003.

Baldus, Herbert (1). *Die Jaguarzwillinge*. Bayreuth: Erich Röth Verlag, 1958.

_____(2). *Ensaios de Etnologia Brasileira*. Prefácio de Afonso Taunay. Apresentação de Egon Schaden. São Paulo: Cia. Editora Nacional, 1979.

_____(3). *Estórias e lendas dos índios*. São Paulo: Edigraf, 1963.

_____(4). *Lendas dos índios do Brasil*. São Paulo: Brasiliense, 1946.

Ballester, Anne (org.). *O surgimento dos pássaros: ou o livro das transformações contadas pelos yanomami do grupo Parahiteri*. São Paulo: Hedra, 2016.

Barroso, Gustavo. *Mythes, contes et légendes des indiens: folk-lore brésilien*. Paris: Librairie des Amateurs, 1930.

Belcher, Stephen. *African myths of origin*. Londres: Penguin, 2005.

Berezkin, Yuri. *Tale type and motif índices: maps*. Disponível em: <http://starling.rinet.ru/kozmin/tales/index.php?index=berezkin&searchterm=-Theft+of+fireof+fire&type=D4A>. Acesso em: 16 de julho de 2018.

Byblos, Philo de. *The Phoenician history*. Introdução, texto crítico, tradução e notas de Harold Attridge e Robert Oden Jr. Washington: The Catholic Biblical Association of America, 1981.

Bierhorst, John (1). *The Mythology of Mexico and Central America*. Oxford: Oxford University Press, 2002.

_____(2). *The Mythology of North America*. Oxford: Oxford University Press, 2002.

_____(3). *The Mythology of South America*. Oxford: Oxford University Press, 2002.

Bingham, Ann. *South and Meso-American Mythology A to Z*. Nova York: Chelsea House, 2010.

Bleek, Wilhelm; Lloyd, Lucy. *Specimens of Bushman folklore*. Londres: Forgotten Books, 2007.

Bogoras, Waldemar. *Chukchee mythology*. Londres: Forgotten Books, 2007.

Bonnefoy, Yves (org.). *Dictionnaire des Mythologies*. Paris: Flammarion, 1999.

Born, A. van den. *Dicionário enciclopédico da Bíblia*. Tradução de Frederico Stein. Petrópolis: Vozes, 1992.

Brandão, Junito. *Dicionário mítico-etimológico*. Petrópolis: Vozes, 1997.

Burland, Cottie. *North American Indian Mythology*. Londres: Hamlyn, 1975.

Campbell, Joseph. *Historical Atlas of world mythology*. Nova York: HarperCollins, 1988.

Colarusso, John. *Nart sagas*. Princeton: Princeton University Press, 2002.

Condé, Djanka Tassey. *Sunjata*. Tradução, introdução e notas de David Conrad. Indianápolis: Hackett, 2004.

Christie, Anthony. *Chinese mythology*: Library of the world's myths and legends. Londres: Chancellor, 1997.

Conklin, Beth. *Consuming grief*. Austin: University of Texas Press, 2001.

Craig, Robert. *Handbook of Polynesian Mythology*. Santa Barbara: ABC Clio, 2004.

Dan, Jin; Xueliang, Ma (orgs.). *Butterfly mother*. Tradução de Mark Bender. Indianápolis: Hackett, 2006.

Davidson, H. R. Ellis. *Viking and Norse Mythology*. Library of the world's myths and legends. Nova York: Barnes and Noble, 1982.

Diakuru e Kisibi. *A mitologia sagrada dos Desana-Wari Dihputiro Põrã*. São Gabriel da Cachoeira: União das Nações Indígenas do Rio Tiquié e Federação das Organizações Indígenas do Rio Negro, 1996. (Narradores Indígenas do Rio Negro, v. 2.)

Dolitsky, Alexander. *Fairy tales and myths of the Bering Strait Chukchi*. Tradução de Henry Michael. Juneau: Alaska-Siberia Research Center, 1997.

Ehrenreich, Paul. *Contribuições para a etnologia do Brasil*. Tradução de Egon Schaden; introdução e notas de Herbert Baldus. In: *Revista do Museu Paulista*, v. 2, Nova Série, 1948.

Firdusi, Abu al-Qasim. *Shahnameh*. Tradução de Dick Davis. Londres: Penguin, 2016.

Frazer, James George. *Myths of the origin of fire*. Londres: Routledge Courzon, 1994.

Frobenius, Leo; Fox, Douglas. *A gênese africana*. Prefácio de Alberto da Costa e Silva. Tradução de Dinah de Abreu Azevedo. São Paulo: Landy, 2005.

Goldstein, David. *Jewish Mythology*. Library of the world's myths and legends. Londres: Hamlyn, 1987.

Gorgulho, Gilberto; Storniolo, Ivo; Anderson, Ana Flora (coords.). *A Bíblia de Jerusalém*. São Paulo: Edições Paulinas, 1987.

Gray, John. *Near Eastern Mythology*. Library of the world's myths and legends. Nova York: Peter Bedrick Books, 1988.

Gray, Louis H. (org.). *The mythology of all races*. 13 v. Lanham: Cooper Square Press, 1964.

Grummond, Nancy de. *Etruscan myth, sacred history and legend*. Filadélfia: University of Pennsylvania Museum of Archeology and Anthropology, 2006.

Guenther, Mathias. *Tricksters and trancers*. Bloomington: Indiana University Press, 1999.

Hesíodo. *Teogonia; Trabalhos e dias*. Tradução de Sueli Maria de Regino. São Paulo: Martin Claret, 2010.

Hinnels, John R. *Persian Mythology*. Londres: Hamlyn, 1973.

Hoffner Jr., Harry. *Hittite myths*. Atlanta: Society of Biblical Literature, 1998.

Ihering, Rodolpho von. *Dicionário dos animais do Brasil*. Rio de Janeiro: Difel, 2002.

Ions, Veronica (1). *Egyptian mythology*. Library of the world's myths and legends. Nova York: Peter Bedrick Books, 1982.

_____(2). *Indian Mythology*. Library of the world's myths and legends. Nova York: Peter Bedrick Books, 1983.

Jacobsen, Thorkild. *The harps that once...* New Haven: Yale University Press, 1987.

The Kalevala. Compilação e redação final de Elias Lönnrot. Tradução, introdução e notas de Keith Bosley. Prefácio de Albert Lord. Oxford: Oxford University Press, 2008.

Knappert, Jan. *Myths and legends of the Congo*. Portsmouth: Heinemann, 1971.

Kramer, Samuel Noah. *Sumerian mythology*. Filadélfia: University of Pennsylvania, 1997.

Leick, Gwendolyn. *A dictionary of Ancient Near Eastern mythology*. Londres: Routledge, 1991.

Leeming, David. *The Oxford companion to world mythology*. Oxford: Oxford University Press, 2005.

Lévi-Strauss, Claude (1). *O cru e o cozido*. Tradução de Beatriz Perrone-Moisés. São Paulo: Cosac Naify, 2010.

_____(2). *Do mel às cinzas*. Tradução de Beatriz Perrone-Moisés e Carlos Eugênio Marcondes de Moura. São Paulo: Cosac Naify, 2004.

_____(3). *A origem dos modos à mesa*. Tradução de Beatriz Perrone-Moisés. São Paulo: Cosac Naify, 2006.

_____(4). *O homem nu*. Tradução de Beatriz Perrone-Moisés. São Paulo: Cosac Naify, 2011.

Lindow, John. *Handbook of Norse mythology*. Santa Bárbara: ABC-Clio, 2001.

Lyall, Charles. *Translations of Ancient Arabian Poetry*. Westport: Hyperion, 1981.

MacCana, Proinsias. *Celtic Mythology*. Library of the world's myths and legends. Nova York: Peter Bedrick Books, 1985.

MacDonell, Arthur. *Vedic mythology*. Londres: Forgotten Books, 2012.

Matsumura, Kazuo. Can japanese mythology contribute to comparative eurasian mythology? In: *Quest: an african journal of philosophy — revue africaine de philosophie*, 2013. New perspectives on myth. Edição de Wim van Binsbergen e Eric Venbrux.

Métraux, Alfred. *A religião dos tupinambás*. Prefácio, tradução e notas de Estêvão Pinto. São Paulo: Edusp, 1979.

Monteiro, Jácome. "Relação da província do Brasil, de 1610". In: Leite, Serafim. *História da Companhia de Jesus no Brasil*. t. 8. Rio de Janeiro: Instituto Nacional do Livro, 1949.

Monteiro, Mariana. *Legends and popular tales of the basque people*. Londres: Forgotten Books, 2007.

Mussa, Alberto. *Meu destino é ser onça*. Rio de Janeiro: Record, 2009.

Nicholson, Irene. *Mexican and Central American Mythology*. Library of the world's myths and legends. Nova York: Peter Bedrick Books, 1987.

Osborn, Harold. *South American Mythology*. Londres: Hamlyn, 1968.

Pae-gang, Hwang. *Korean myths and folk legends*. Tradução de Han Young-hie. Freemont: Jain, 2006.

Parrinder, Geoffrey. *African mythology*: Library of the world's myths and legends. Oxford: Newnes Books, 1967.

Pereira, Nunes. *Moronguetá: um decameron indígena*. 2 v. Rio de Janeiro: Civilização Brasileira, 1967.

Perowne, Stewart. *Roman Mythology*. Library of the world's myths and legends. Nova York: Peter Bedrick Books, 1988.

Piggot, Juliet. *Japanese Mythology*. Library of the world's myths and legends. Nova York: Peter Bedrick Books, 1982.

Pinch, Geraldine. *Egyptian Mythology: a guide to the Gods, Goddesses and traditions of Ancient Egypt*. Oxford: Oxford University Press, 2013.

Pinsent, John. *Greek mythology*. Londres: Hamlyn, 1973.

Platão. *Protágoras*. Tradução, introdução e notas de Ana da Piedade Pinheiro. Lisboa: Relógio D'Água, 1999.

Poignant, Roslyn. *Oceanic and Australasian Mythology*. Library of the world's myths and legends. Londres: Hamlyn, 1985.

Popol Vuh. Tradução de Sérgio Monteiro. São Paulo: Iluminuras, 2007.

Post, Laurens van der. *The heart of the hunter*. Eugene: Harvest, 1980.

Prandi, Reginaldo. *Mitologia dos orixás*. São Paulo: Companhia das Letras, 2001.

Rasmussen, Susan. *Neighbors, strangers, witches and culture heroes*. Lanham: University Press of America, 2013.

Roberto, Maximiano José. "A lenda de Jurupari". Tradução de Aurora Bernardini, a partir da tradução italiana de Ermanno Stradelli do manuscrito original nheengatu. In: *Makunaíma e Jurupari: cosmologias ameríndias*. Organização de Sérgio Medeiros. São Paulo: Perspectiva, 2002.

Schaden, Egon. *Leituras de etnologia brasileira*. São Paulo: Companhia Editora Nacional, 1976.

Scheub, Harold. *A dictionary of african mythology*. Oxford: Oxford University Press, 2000.

Simpson, Jacqueline. *European Mythology*. Library of the world's myths and legends. Londres: Hamlyn, 1987.

Smith, William R. *Lectures on the religion of the semites (second and third series)*. Edição, introdução e apêndice de John Day. Sheffield: Sheffield Academic Press, 1995.

Soares, Francisco. *De algumas coisas mais notáveis do Brasil*. Edição e atribuição de autoria por Antônio Geraldo da Cunha. Rio de Janeiro: Instituto Nacional do Livro, 1966.

Spence, Lewis. *Ancient Egyptian myths and legends*. Com introdução de Paul Mirecki. Nova York: Barnes and Noble, 2015.

Steele, Paul. *Handbook of Inca Mythology*. Com assistência de Catherine Allen. Santa Barbara: ABC Clio, 2004.

Storm, Rachel. *Indian Mythology: myths and legends of India, Tibet and Sri Lanka*. Londres: Lorenz Books, 2000.

Sturluson, Snorri. *Edda*. Tradução de Anthony Faulkes. Londres: Everyman, 1995.

Sykes, Egerton. *Who's who in non-classical mythology*. Londres: Routledge, 1993.

The books of Enoch. Tradução e comentários de Joseph Lumpkin. Blounstville: Fifth Estate, 2011.

The Kojiki. Tradução de Basil Chamberlain. Londres: Forgotten Books, 2008.

Thevet, André. *Les Français en Amérique: le Brésil et les brésiliens*. Seleção de textos e comentários de Suzanne Lussagnet. Paris: Presses Universitaires de France, 1953.

Thompson, Stith. *Motif-Index of folk-literature*. Bloomington: Indiana University Press, 2011.

Úzquiza, José Ignacio (org.). *Manuscrito de Huarochirí: libro sagrado de los Andes peruanos*. Tradução de José Maria Arguedas. Madri: Biblioteca Nueva, 2011.

Verger, Pierre. *Notas sobre o culto aos orixás e voduns*. Tradução de Carlos Eugênio Marcondes de Moura. São Paulo: Edusp, 2000.

Villas Bôas, Orlando; Villas Bôas, Cláudio. *Xingu: os índios, seus mitos*. Porto Alegre: Kuarup, 1986.

Werner, Alice. *Myths and legends of the Bantu*. Sioux Falls: Nuvision, 2007.

Williams, George. *Handbook of Hindu Mythology*. Oxford: Oxford University Press, 2008.

Witzel, Michael. *The origins of the world's mythologies*. Oxford: Oxford University Press, 2012.

Yang, Lihui; An, Deming. *Handbook of chinese mythology*. Com Jessica Turner. Oxford: Oxford University Press, 2005.

Zein, Amira el-. *Islam, arabs, and the intelligent world of the Jinn*. Syracuse: Syracuse University Press, 2017.

b) teorias do mito

Armstrong, Karen. *A short history of myth*. Edimburgo: Canongate, 2005.

Berezkin, Yuri. The emergence of the first people from the underworld. In: *Quest: an african journal of philosophy — revue africaine de philosophie*, 2013. New perspectives on myth. Edição de Wim van Binsbergen e Eric Venbrux.

Coupe, Laurence. *Myth*. Londres: Routledge, 2009.

Csapo, Eric. *Theories of Mythology*. Oxford: Blackwell, 2005.

Hyde, Lewis. *A astúcia cria o mundo*. Tradução de Francisco Inocêncio. Rio de Janeiro: Civilização Brasileira, 2017.

Kuhn, Adalbert. *Die Herabkunft des Feuers und des Göttertranks*. Edição de Ernst Kuhn. Gutersloh: Bertelsmann, 1886 [fac-símile por Bibliolife, 2018].

McClure, Michael; e Leonard, Scott. *Myth and knowing: a introduction to world mythologies*. Nova York: McGraw Hill, 2004.

Raglan, F. R. Somerset. *The hero*. Nova York: Dover, 2003.

Segal, Robert. *Myth: a very short introduction*. Oxford: Oxford University Press, 2004.

Turner, Terence. *The fire of the jaguar*. Edição de Jane Fajans. Prefácio de David Graeber. Chicago: HAU Books, 2017.

Van Binsbergen, Wim. The continuity of african and eurasian mythologies. In: *Quest: an african journal of philosophy — revue africaine de philosophie*,

2013. New perspectives on myth. Edição de Wim van Binsbergen e Eric Venbrux.

Witzel, Michael. Pangaean flood myths. In: *Quest: an african journal of philosophy — revue africaine de philosophie*, 2013. New perspectives on myth. Edição de Wim van Binsbergen e Eric Venbrux.

c) pré-história

Bahn, Paul. *Archaeology: a very short introduction*. Oxford: Oxford University Press, 2012.

Barnard, Alan. *Genesis of symbolic thought*. Cambridge: Cambridge University Press, 2012.

Berna, Francesco et al. Microstratigraphic evidence of in situ fire in the acheulean strata of Wonderwerk Cave, Northern Cape Province, South Africa. In: *Proceedings of the National Academy of Sciences*, 2012. Disponível em: <http://www.pnas.org/content/109/20/E1215>. Acesso em: nov. 2018.

Chazan, Michael. Toward a long prehistory of fire. In: *Current anthropology*, v. 8, n. 16, ago. 2017. Disponível em: <https://www.journals.uchicago.edu/doi/10.1086/691988>. Acesso em: set. 2018.

Clark, Grahame. *A pré-história*. Tradução de Edmond Jorge. Rio de Janeiro: Zahar, 1975.

Chuvieco, Emilio; e outros. Global charactherization of fire activity: toward defining fire regimes from Earth observation data. In: *Global change biology*, fevereiro de 2008. Disponível em: <https://onlinelibrary.wiley.com/doi/pdf/10.1111/j.1365-2486.2008.01585.x>. Acesso em: set. 2018.

Gosden, Chris. *Prehistory: a very short introduction*. Oxford: Oxford University Press, 2003.

Gowlett, J. A. J. *The discovery of fire by humans: a long and convoluted process*. The Royal Society Publishing, 2016. Disponível em: <http://rstb.royalsocietypublishing.org/content/371/1696/20150164>. Acesso em: nov. 2018.

Johanson, Donald; Wong, Kate. *Lucy's legacy*. Cuba, MO: Three River, 2009.

Johnson, Scott; Balice, Randy. Seasons within the wildfire season. In: *Fire ecology*, v. 2, dez. 2006. Disponível em: <https://link.springer.com/article/10.4996/fireecology.0202060>.

Acesso em: set. 2018.

Joordens, Josephine; et al. *Homo erectus at Trinil on Java used shells for tool production and engraving*. Disponível em: <https://www.nature.com/articles/nature13962>. Acesso em: ago. 2018.

Lopes, Reinaldo. *1499: o Brasil antes de Cabral*. Rio de Janeiro: Harper Collins Brasil, 2017.

Neves, Walter; Luís Piló. *O povo de Luzia: em busca dos primeiros americanos*. São Paulo: Globo, 2008.

Perego, Ugo et al. *The initial peopling of the Americas*. Disponível em: <https://www.ncbi.nlm.nih.gov/pnc/articles/Pnc2928495/>. Acesso em: nov. 2018.

Prous, André. *Arqueologia brasileira*. Brasília: UnB, 2019.

Wrangham, Richard. *Pegando fogo*. Tradução de Maria Luiza Borges. Rio de Janeiro: Zahar, 2010.

Wood, Bernard. *Human evolution: a very short introduction*. Oxford: Oxford University Press, 2005.

d) genética

Cavalli-Sforza, Luca; Menozzi; Paolo; Piazza, Alberto. *The history and geography of human genes*. Edição condensada. Princeton: Princeton University Press, 1996.

Machado, Rafael Bisso; Maria Cátira Bortolini; e Francisco Mauro Salzano. *Uniparental genetic markers in South Amerindians*. Genetics and molecular biology, v. 35, n. 2. São Paulo, 2012. Disponível em: <http://www.scielo.br/scielo.php?script=sci_arttext&pid=S1415-47572012000300001#t7>. Acesso em: dez. 2018.

Pääbo, Svante. *Neanderthal man: in search of lost genomes*. Nova York: Basic Books, 2014.

Pena, Sérgio (org.). *Homo brasilis*. Natal: Funpec, 2002.

Phylotree. Disponível em: <http://www.phylotree.org/tree/>. Acesso em: jul. 2019.

Pickrell, Joseph; e outros. The genitic prehistory of southern Africa. In: *Nature*, v. 3, p. 1143, 2012. Disponível em: <https://www.nature.com/articles/ncomms2140>. Acesso em: out. 2018.

Poznik, David; e outros. "Sequencing Y chromossomes resolves discrepancy in time to common ancestor of males versus females". In: *Science*, v. 341, n.

6145, p. 562-565, 2 ago. 2013. Disponível em: <https://www.ncbi.nlm.nih.gov/pnc/articles/Pnc4032117/>. Acesso em: ago. 2018.

Reich, David. *Who we are and how we got here: ancient DNA and the science of the human past*. Nova York: Pantheon Books, 2018.

Rodriguez-Flores, Juan et al. "Indigenous Arabs are descendants of the earliest split from ancient Eurasian populations". In: *Genome Research*, v. 26, n. 2, p. 151-162, 2016. Disponível em: <https://genome.cshlp.org/content/early/2016/01/04/gr.191478.115>. Acesso em: mai. 2018.

Salles, Silvana. "*DNA antigo conta nova história sobre o povo de Luzia*". In: *Jornal da USP*, v. 8, 2018. Disponível em: <https://jornal.usp.br/ciencias/ciencias-biologicas/dna-antigo-conta-nova-historia-sobre-o-povo-de-luzia/>. Acesso em: dez. 2018.

Scozzari, Rosaria; e outros. "An unbiased resource of novel SNP markers provides a new chronology for the human Y chromossome and reveals a deep phylogenetic structure in Africa". Em *Genome Res*, v. 24, n. 3, p. 535-544, 2014. Disponível em: <https://www.ncbi.nlm.nih.gov/pnc/articles/Pnc3941117/>. Acesso em: ago. 2018.

Y Full. Disponível em: <https://www.yfull.com/mtree/L0/>. Acesso em: jul. 2019.

e) linguística

Dixon, Robert; Aikhenvald, Alexandra (orgs.). *The Amazonian languages*. Cambridge: Cambridge University Press, 1999.

Everett, Daniel. *How language began*. Londres: Liveright, 2017.

Glottolog. Editado por Harald Hammaström, Robert Forkel e Martin Haspelmath. Disponível em: <https://glottolog.org/glottolog/family>. Acesso em: jul. 2019.

Greenberg, Joseph. *Language in the Americas*. Redwood: Stanford University Press, 1987.

Hurford, James. *The origins of language*. Oxford: Oxford University Press, 2014.

Mamiani, Vincenzo. *Arte de gramática da língua brasílica da nação Kiriri*. Rio de Janeiro: Biblioteca Nacional, 1877. [reprodução por BiblioLife, 2010].

Pereltsvaig, Asya. *Languages of the world*. Cambridge: Cambridge University Press, 2017.

Rodrigues, Aryon. *Línguas brasileiras*. São Paulo: Loyola, 1986.
Ruhlen, Merrit. *A guide to the world's languages*. Redwood: Stanford University Press, 1987.

f) etnologia, sociologia, história

Eliade, Mircea. *História das crenças e das ideias religiosas: da Idade da Pedra aos mistérios de Elêusis*. Tradução de Roberto Cortes de Lacerda. Rio de Janeiro: Zahar, 2010.
Eliade, Mircea. *Shamanism: archaic techniques of ecstasy*. Tradução de Willard Trask. Princeton: Princeton University Press, 2004.
Langdon, E. J. Matteson (orgs.). *Xamanismo no Brasil*. Florianópolis: Edufsc, 1996.
Lee, Richard; Daly, Richard (orgs.). *The Cambridge Encyclopedia of Hunters and Gatherers*. Cambridge: Cambridge University Press, 2010.
Lévi-Strauss, Claude (5). *As estruturas elementares do parentesco*. Tradução de Mariano Ferreira. Petrópolis: Vozes, 2018.
Mauss, Marcel. *Ensaio sobre a dádiva*. Tradução de Paulo Neves. São Paulo: Cosac Naify, 2013.
Ribeiro, Darcy. *O processo civilizatório*. Rio de Janeiro: Civilização Brasileira, 1968.
Stearns, Peter (org.). *The Encyclopedia of World History*. Revisão e atualização completas do trabalho clássico de William Langer. Boston: Houghton Mifflin, 2001.

g) literatura em geral

'Attar, Farid ud-Din. *A linguagem dos pássaros*. Tradução de Álvaro de Souza Machado e Sérgio Rizek. São Paulo: Attar Editorial, 1991.
Bergua, Juan Bautista (edição crítica). *Romancero del Cid con el Cantar de Rodrigo*. Organização, prólogo, notas e apêndices de Luis Garner. Madri: Ediciones Ibéricas, 2015.
Heath, Peter. *The thirsty sword: Sirat Antar and the arabic popular epic*. Salt Lake City: University of Utah, 1996.
Homero. *Ilíada*. Tradução de Odorico Mendes. Organização, prefácio e notas de Sálvio Nienkötter. São Paulo/Campinas: Ateliê Editorial/Unicamp, 2008.

Alberto Mussa

biografia do autor

1961: Nasce no Rio de Janeiro, filho de David Mussa, juiz de direito, descendente de imigrantes árabes greco-ortodoxos; e de Marlene Baeta Neves Mussa, funcionária pública, com origens familiares em Minas Gerais e Alagoas. A família reside no Grajaú, Zona Norte da cidade.

1978: Conclui o ensino médio no Colégio Marista São José, na Tijuca. Nessa altura, já integra o Grupo de Capoeira Mangangá, do mestre Franklin Canela e frequenta assiduamente escolas de samba, acompanhando seu tio materno, Didi, célebre compositor do Salgueiro e da União da Ilha do Governador.

1979: Ingressa na Faculdade de Matemática da Universidade Federal do Rio de Janeiro.

1980: Assume o cargo de Ogã, num terreiro de Umbanda do Cachambi.

1981: Por razões pessoais, interrompe o curso de Matemática e começa a trabalhar no escritório carioca do estaleiro *Corena Metalurgia e Construções Navais*, na função de assistente financeiro.

1984: Retoma os estudos superiores, transferindo-se para a Faculdade de Letras da UFRJ.

1987: Obtém licenciatura em Letras, com ênfase em literatura brasileira.

1988: Curta experiência como professor da rede pública estadual e da Universidade Veiga de Almeida. No mesmo ano, passa a trabalhar como lexicógrafo no *Dicionário Houaiss*. É também pesquisador-bolsista do Centro de Estudos Afro-Asiáticos da Universidade Cândido Mendes, onde publica os ensaios "Estereótipos de negro na literatura brasileira: sistema e motivação histórica" e "Origens da poesia afro-brasileira".

1991: Obtém o título de Mestre em Letras, na UFRJ, com a dissertação *O papel das línguas africanas na história do português do Brasil*. No mesmo ano, é aceito no programa de Doutorado em Linguística da mesma universidade, com projeto de tese sobre a pré-história das línguas tupis-guaranis. Não chega, contudo, a começar o curso.

1992: Ingressa na carreira de auditoria do Ministério da Fazenda, da qual se exonera dez anos depois para se dedicar integralmente à literatura.

1997: Publica seu primeiro livro, *Elegbara* (contos), pela Editora Revan. No mesmo ano, ganha o concurso de "Bolsas para Autores com Obras em

Fase de Conclusão", da Biblioteca Nacional, pelo projeto do romance *O trono da rainha Jinga*.

1999: Publica *O trono da rainha Jinga*, pela Editora Nova Fronteira.

2000: Começa a colaborar com a revista *Ficções*, traduzindo contistas árabes e africanos.

2003: Sai a edição portuguesa de *Elegbara*. Publica o ensaio "Virilidade feminina e poesia árabe", na revista *Vozes Femininas*.

2004: Publica *O enigma de Qaf*, pela Editora Record, que vence os prêmios Casa de Las Américas e da Associação Paulista dos Críticos de Arte.

2005: Segunda edição de *O trono da rainha Jinga*, pela Editora Record, que passa a publicar toda a sua obra. Sai a edição cubana de *O enigma de Qaf*. Publica o ensaio "Invenção crioula: a imagem do negro na história do samba", na *Enciclopédia da Brasilidade*.

2006: Publica sua tradução comentada de poesia árabe pré-islâmica, *Os poemas suspensos* (finalista do prêmio Jabuti). No mesmo ano, publica *O movimento pendular*, vencedor dos prêmios Machado de Assis e da Associação Paulista dos Críticos de Arte. Saem as edições portuguesa e italiana de *O enigma de Qaf*. Publica, na Alemanha, o ensaio "Who is facing the mirror", na revista *ArabAmericas*.

2007: Segunda edição de *Elegbara*.

2008: É consagrado Babalaô, sacerdote do Culto de Ifá. Publica os contos "A leitura secreta", na antologia *Recontando Machado*, e "O princípio binário", em *Um homem célebre: Machado recriado*. Sai a edição inglesa de *O enigma de Qaf*.

2009: Publica *Meu destino é ser onça*, reconstituição da mitologia dos antigos tupinambás.

2010: Publica, com Luiz Antonio Simas, o ensaio *Samba de enredo: história e arte*. Publica o conto "De canibus quaestio" na antologia *Primos: histórias da herança árabe e judaica*. Sai a edição francesa de *O enigma de Qaf*.

2011: Publica *O senhor do lado esquerdo*, vencedor dos prêmios Ficção, da Academia Brasileira de Letras, e Machado de Assis, da Biblioteca Nacional, além de finalista do prêmio Portugal-Telecom. A publicação desse volume representa a retomada do projeto "Compêndio Mítico do Rio de Janeiro", série de cinco romances policiais, um para cada século da história carioca, iniciado com *O trono da rainha Jinga*. Saem as edições turca e romena de *O enigma de Qaf*, e a edição francesa de *O movimento pendular*.

2012: Publica o conto "A milhar do galo", na *Revista Brasileira*, da Academia Brasileira de Letras. Sai a edição búlgara de *O senhor do lado esquerdo*, e a edição romena de *O movimento pendular*.

2013: Saem as edições inglesa, norte-americana, armênia, romena e italiana de *O senhor do lado esquerdo*; e a edição argentina de *O enigma de Qaf*.

2014: Publica *A primeira história do mundo*, volume integrante do "Compêndio Mítico", que obtém a terceira colocação do prêmio Oceanos. Saem a edição catalã de *O senhor do lado esquerdo* e a edição turca de *O movimento pendular*.

2015: Saem as edições romenas de *Elegbara* e *O trono da rainha Jinga*; as edições egípcia, galega e albanesa de *O enigma de Qaf*; e as edições espanhola, francesa e etíope de *O senhor do lado esquerdo*.

2016: Publica *Os contos completos*, encerrando sua obra de contista.

2017: Publica *A hipótese humana*, quarto volume do "Compêndio Mítico". Passa a integrar o júri do Estandarte de Ouro, mais antigo prêmio do carnaval carioca.

2018: Publica *A biblioteca elementar*, quinto e último volume do "Compêndio Mítico". Sai a edição portuguesa de *A primeira história do mundo*.

2019: Sai a edição estoniana de *O enigma de Qaf*. Nessa altura, sua obra se acha publicada em 20 países e 16 idiomas.

Este livro foi composto na família tipográfica Minion Pro,
em corpo 11/16, e impresso em papel Pólen Soft 80g/m²
na Gráfica Santuário.